2026 NEW

박문각
공무원

이준
마법교정학·
형사정책

Dreams come true!

FINAL
적중모의고사

7·9급
공무원

실 전 동 형

12 회분
+3회 기출

마법교정학·형사정책을 사랑해 주시는 수험생님들께 감사합니다.

마법교정학·형사정책 기본서를 토대로 법령집, 암기장, 기출문제집, 익힘장까지 학습을 마친 수험생 여러분께서 시험 전 최종 마무리를 하실 수 있도록, 모의고사식으로 문제를 구성하였습니다.

기출을 토대로 응용한 문제를 수록하여 취약한 부분을 정리하고 확인할 수 있도록 구성하였으며, 교정학과 형사정책의 출제 비중에 맞춰 문제를 배분하였습니다.

또한, 해설을 충실히 수록하여 해설서만으로도 내용을 충분히 이해할 수 있도록 구성하였습니다.

여러분의 마지막까지의 노력이 합격의 결과로 이뤄지길 간절한 마음으로 기도합니다.
아울러, 항상 곁에서 응원해주는 윤희선님, 이기욱님께 감사함을 전합니다.

이준 드림

이 책의 차례
CONTENTS

문제편
실전동형

01 우리나라 근대 행형이 시작된 시기는 언제부터인가?

① 갑오경장 이후
② 조선감옥령 제정 및 실시 이후
③ 「행형법」 제정 및 실시 이후
④ 형집행법 제정 및 실시 이후

02 「형의 집행 및 수용자의 처우에 관한 법률」상 각종 위원회의 구성에 대한 설명으로 옳지 않은 것은?

① 귀휴심사위원회의 위원장은 소장이 되고, 위원은 소장이 소속 기관의 과장(지소의 경우에는 7급 이상의 교도관) 및 교정에 관한 학식과 경험이 풍부한 외부인사 중에서 임명 또는 위촉한다. 이 경우 외부위원은 3명이상으로 둔다.
② 분류처우위원회의 위원장은 소장이 되고, 위원은 위원장이 소속 기관의 부소장 및 과장(지소의 경우에는 7급 이상의 교도관) 중에서 임명한다.
③ 징벌위원회의 위원장은 소장의 바로 다음 순위자가 되고, 위원은 소장이 소속 기관의 과장(지소의 경우에는 7급 이상의 교도관) 및 교정에 관한 학식과 경험이 풍부한 외부인사 중에서 임명 또는 위촉한다.
④ 가석방심사위원회의 위원장은 법무부차관이 되고, 위원은 판사, 검사, 변호사, 법무부 소속 공무원, 교정에 관한 학식과 경험이 풍부한 사람 중에서 법무부장관이 임명 또는 위촉한다.

03 형사사법정책의 새로운 방향으로서 회복적 사법(Restorative Justice)에 대한 설명으로 옳지 않은 것은?

> ⊙ 범죄자의 사회재통합을 위해서 지역사회와의 의미 있는 접촉과 유대관계를 중시하므로 지역사회 교정을 강조한다.
> ⓒ 범죄를 개인 대 국가의 갈등으로 인식한다.
> ⓒ 사건의 처리과정이나 결과에 대한 보다 많은 정보를 피해자에게 제공해 줄 수 있다.
> ⓒ 회복적 사법은 범죄로 인한 손해의 복구를 위해 중재, 협상, 화합의 방법을 강조한다.
> ⓜ 회복적 사법은 범죄자의 교화개선이라는 교정의 이념을 실현시키기 위해 등장했으며 피해자 권리운동의 발전과는 관련이 없으며, 가해자 중심에 관심을 둔다.

① ⊙, ⓒ   ② ⊙, ⓒ
③ ⓒ, ⓒ   ④ ⓒ, ⓜ

04 선시제도에 대한 설명으로 옳지 않은 것은?

① 선시제도는 사회 내 처우에 해당한다.
② 수형자가 교도소에서 선행을 함으로써 스스로 노력과 행장에 따라 법률적 기준 하에 석방 시기가 단축되는 제도이다.
③ 개선갱생을 촉진시켜 시설 내의 행장이 우수한 수형자는 조기에 석방되므로 수형자의 선행을 장려할 수 있다.
④ 교도소의 질서유지, 작업능률의 향상으로 수익증대 효과를 거둘 수 있다.

05 「형의 집행 및 수용자의 처우에 관한 법률」의 내용으로 옳지 않은 것은?

① 판사는 교정시설을 시찰하고자 하는 때에는 정당한 이유를 명시하여 교정시설의 장의 허가를 받아야 한다.

② 수형자가 소년교도소에 수용 중에 19세가 된 경우에도 교육 · 교화프로그램, 작업, 직업훈련 등을 실시하기 위하여 특히 필요하다고 인정되면 23세가 되기 전까지는 계속하여 수용할 수 있다.

③ 소장은 교정시설의 운영, 교도관의 복무, 수용자의 처우 및 인권실태 등을 파악하기 위하여 매월 1회 이상 교정시설을 순회점검하거나 소속 공무원으로 하여금 순회점검하게 할 수 있다.

④ 법무부장관은 교정시설의 설치 및 운영에 관한 업무의 일부를 법인 또는 개인에게 위탁할 수 있다.

06 「형의 집행 및 수용자의 처우에 관한 법률」상 호송 시 분리해야 하는 경우를 모두 고른 것은?

> ㉠ 수형자와 미결수용자
> ㉡ 여성수용자와 남성수용자
> ㉢ 19세 미만 수용자와 19세 이상 수용자
> ㉣ 수형자와 노역장유치명령자
> ㉤ 사형확정자와 미결수용자

① ㉠, ㉡, ㉣   ② ㉠, ㉢, ㉣

③ ㉠, ㉡, ㉢   ④ ㉡, ㉢, ㉣, ㉤

07 「형의 집행 및 수용자의 처우에 관한 법률」상 조직폭력수용자에 대한 규정으로 틀린 것은?

① 소장은 조직폭력수용자로 지정된 사람이 공소장 변경 또는 재판 확정에 따라 지정사유가 해소되었다고 인정되는 경우에는 교도관회의의 심의 또는 교정자문위원회의 의결을 거쳐 지정을 해제한다.

② 소장은 조직폭력수용자로 지정된 자가 공소장 변경 또는 재판 확정에 따라 지정사유가 해소되었다고 인정하는 경우에는 교도관회의의 심의 또는 분류처우위원회의 의결을 거쳐 지정을 해제한다.

③ 소장은 조직폭력수형자가 작업장 등에서 다른 수형자와 음성적으로 세력을 형성하는 등 집단화할 우려가 있다고 인정하는 경우에는 법무부장관에게 해당 조직폭력수형자의 이송을 지체 없이 신청하여야 한다.

④ 사형확정자와 동일하게 수용자를 대표하는 직책 부여가 금지되고, 특이사항에 대해 검찰청과 경찰서 등 관계 기관에 통보할 수 있다.

08 「형의 집행 및 수용자의 처우에 관한 법률」상 여성수용자의 처우에 대한 설명으로 옳지 않은 것은?

① 소장은 생리 중인 여성수용자에 대하여는 위생에 필요한 물품을 지급하여야 한다

② 소장은 유아의 양육을 허가하지 아니하는 경우에는 수용자의 의사를 고려하여 유아보호에 적당하다고 인정하는 법인 또는 개인에게 그 유아를 보낼 수 있다.

③ 교정시설의 장은 여성수용자에 대하여 상담 · 교육 · 작업 등을 실시하는 때에는 여성교도관이 담당하도록 하여야 한다. 다만, 여성교도관이 부족하거나 그 밖의 부득이한 사정이 있으면 그러하지 아니하다.

④ 남성교도관이 1인의 여성수용자에 대하여 실내에서 상담 등을 하려면 투명한 창문이 설치된 장소에서 다른 여성을 입회시킨 후 실시할 수 있다.

09 「형의 집행 및 수용자의 처우에 관한 법률」상 수용자의 진정실 수용에 대한 설명 중 옳지 않은 것은?

① 소장은 수용자가 교정시설의 설비 또는 기구 등을 손괴하거나 손괴하려고 하는 때 또는 교도관의 제지에도 불구하고 소란행위를 계속하여 다른 수용자의 평온한 수용생활을 방해하는 때의 어느 하나에 해당하는 경우로서, 강제력을 행사하거나 제98조의 보호장비를 사용하여도 그 목적을 달성할 수 없는 경우에만 진정실에 수용할 수 있다.

② 소장은 수용자를 진정실에 수용할 경우에는 의무관의 의견을 고려하여야 한다.

③ 수용자의 진정실 수용기간은 24시간 이내로 한다. 다만, 소장은 특히 계속하여 수용할 필요가 있으면 의무관의 의견을 고려하여 1회당 12시간의 범위에서 기간을 연장할 수 있으며, 수용자를 진정실에 수용할 수 있는 기간은 계속하여 3일을 초과할 수 없다.

④ 의무관은 진정실 수용자의 건강상태를 수시로 확인하여야 하며, 소장은 진정실 수용사유가 소멸한 경우에는 진정실 수용을 즉시 중단하여야 한다.

10 「형의 집행 및 수용자의 처우에 관한 법률」상 수용자의 상벌제도에 대한 설명으로 옳은 것은?

① 9일 이하의 금치, 1개월의 작업장려금 삭감, 30일 이내의 실외운동 및 공동행사참가 정지는 징벌실효기간이 1년으로 동일하다.

② 징벌대상자가 위원회에 출석하여 충분한 진술을 할 수 있는 기회를 부여하여야 하며, 징벌대상자는 서면 또는 말로써 자기에게 유리한 사실을 진술하거나 증거를 제출하여야 한다.

③ 수용자가 사람의 생명을 구조하거나 도주를 방지한 때와 재난 시 응급용무 보조에 공로가 있는 때에는 소장표창 및 가족만남의 날 행사참여 대상자 선정기준에 해당된다.

④ 3개월 이내의 작업장려금 삭감부터 30일 이내의 금치까지의 징벌 집행 중인 수용자가 다른 교정시설로 이송되거나 법원 또는 검찰청 등에 출석하는 경우에는 징벌집행이 계속되는 것으로 본다.

11 「형의 집행 및 수용자의 처우에 관한 법률 시행규칙」상 분류심사에 관한 설명 중 옳지 않은 것은?

① 수형자의 분류심사는 형이 확정된 경우에 개별처우계획을 수립하기 위하여 하는 심사와 일정한 형기가 지나거나 상벌 또는 그 밖의 사유가 발생한 경우에 개별처우계획을 조정하기 위하여 하는 심사로 구분한다.

② 징역형·금고형이 확정된 사람으로서 집행할 형기가 형집행지휘서 접수일부터 3개월 미만인 사람 또는 구류형이 확정된 사람에 대해서는 분류심사를 하지 아니한다.

③ 소장은 수형자에 대한 개별처우계획을 합리적으로 수립하고 조정하기 위하여 수형자의 인성, 행동특성 및 자질 등을 과학적으로 조사·측정·평가하여야 한다.

④ 조정된 처우등급에 따른 처우는 그 조정이 확정된 날의 다음 달 초일부터 한다. 이 경우 조정된 처우등급은 그 달 초일부터 적용된 것으로 본다

12 「형의 집행 및 수용자의 처우에 관한 법률 시행규칙」상 외부통근 작업에 대한 설명으로 옳지 않은 것은?

① 외부기업체에 통근하며 작업하는 수형자는 18세 이상 65세 미만일 것을 갖춘 수형자 중에서 선정한다.

② 소장은 외부통근자가 법령에 위반되는 행위를 하거나 법무부장관 또는 소장이 정하는 지켜야 할 사항을 위반한 경우에는 외부통근자 선정을 취소할 수 있다.

③ 소장은 외부통근자의 사회적응능력을 기르고 원활한 사회복귀를 촉진하기 위하여 필요하다고 인정하는 경우에는 수형자 자치에 의한 활동을 허가할 수 있다.

④ 소장이 처우를 위하여 특히 필요하다고 인정하더라도 중경비처우급 수형자는 외부통근자로 선정할 수 있다.

13 「보호관찰 등에 관한 법률」 및 「소년법」상 결정전 조사 또는 판결 전 조사에 대한 설명으로 옳지 않은 것은?

① 「보호관찰 등에 관한 법률」에 의하면, 법원은 피고인에 대하여 「형법」 제59조의2 및 제62조의2에 따른 보호관찰, 사회봉사 또는 수강을 명하기 위하여 필요하다고 인정하면 보호관찰소의 장에게 범행동기 등 피고인에 관한 사항의 조사를 요구할 수 있다.

② 법원의 판결 전 조사 요구를 받은 보호관찰소의 장은 지체 없이 이를 조사하여 서면으로 해당 법원에 알려야 한다.

③ 보호관찰소의 장은 법원의 판결 전 조사 요구를 받더라도 피고인이나 그 밖의 관계인을 소환하여 심문할 수 없다.

④ 검사는 보호관찰소의 장 등으로부터 통보받은 조사결과를 참고하여 소년피의자를 교화·개선하는 데에 가장 적합한 처분을 결정하여야 한다.

14 「보호관찰 등에 관한 법률」상 보호관찰 대상자의 일반적인 준수사항에 해당하는 것만을 모두 고른 것은?

> ㉠ 주거지에 상주하고 생업에 종사할 것
> ㉡ 범죄행위로 인한 손해를 회복하기 위하여 노력할 것
> ㉢ 범죄로 이어지기 쉬운 나쁜 습관을 버리고 선행을 하며 범죄를 저지를 염려가 있는 사람들과 교제하거나 어울리지 말 것
> ㉣ 보호관찰관의 지도·감독에 따르고 방문하면 응대할 것
> ㉤ 주거를 이전하거나 1개월 이상 국내외 여행을 할 때에는 미리 보호관찰관에게 신고할 것
> ㉥ 일정량 이상의 음주를 하지 말 것

① ㉠, ㉡, ㉢, ㉣

② ㉠, ㉢, ㉣, ㉤

③ ㉡, ㉢, ㉣, ㉤, ㉥

④ ㉠, ㉡, ㉢, ㉣, ㉤, ㉥

15 「전자장치 부착 등에 관한 법률」상 전자장치 부착명령에 대한 설명으로 옳은 것은?

① 19세 미만의 자에 대하여 전자장치 부착명령을 선고한 때에는 19세에 이르기 전이라도 전자장치를 부착할 수 있다.

② 전자장치가 부착된 자는 주거를 이전하거나 7일 이상의 국내여행을 하거나 출국할 때에는 미리 보호관찰관의 허가를 받아야 한다.

③ 전자장치 부착명령의 임시해제 신청은 부착명령의 집행이 개시된 날부터 3개월이 경과한 후에 하여야 한다. 신청이 기각된 경우에는 기각된 날부터 6개월이 경과한 후에 다시 신청할 수 있다

④ 19세 미만의 사람에 대하여 성폭력범죄를 저지른 경우에는 전자장치 부착기간의 상한과 하한은 법률에서 정한 부착기간의 2배로 한다.

16 「소년법」상 보호처분에 대한 설명으로 옳지 않은 것은?

① 보호자 감호위탁처분, 아동복지시설 감호위탁처분, 병원 또는 요양소 감호위탁처분의 기간은 6개월로 하되, 6개월의 범위에서 한 번에 한하여 그 기간을 연장할 수 있다.

② 사회봉사명령은 12세 이상의 소년에게 할 수 있으며, 200시간을 초과할 수 없다.

③ 수강명령 및 사회봉사명령은 단기 보호관찰처분 또는 장기 보호관찰처분과 병합할 수 있다.

④ 단기 보호관찰처분의 기간은 1년이며, 장기 보호관찰처분은 2년으로 하되, 1년의 범위에서 한 번에 한하여 연장할 수 있다.

17 「치료감호 등에 관한 법률」상 치료감호와 치료명령에 대한 설명으로 옳은 것은?

① 치료감호와 형이 병과된 경우 형 집행 완료 후 치료감호를 집행한다.

② 피의자가 심신장애로 의사결정능력이 없기 때문에 벌할 수 없는 경우 검사는 공소제기 없이 치료감호만을 청구할 수 있다.

③ 소아성기호증 등 성적 성벽이 있는 장애인으로서 금고 이상의 형에 해당하는 성폭력범죄를 지은 자에 대한 치료감호의 기간은 7년을 초과할 수 없다.

④ 치료감호를 선고받은 자에 대한 치료감호가 가종료되었을 때에는 보호관찰이 시작되며, 이때 보호관찰의 기간은 2년으로 한다.

18 「보호소년 등의 처우에 관한 법률」에 대한 설명으로 옳은 것은?

① 소년원장은 보호소년이 23세가 되면 퇴원시켜야 한다.

② 소년원장이 필요하다고 판단하는 경우 수갑, 포승 등 보호장비를 징벌의 수단으로 사용할 수 있다.

③ 소년원장은 미성년자인 보호소년이 친권자나 후견인이 없거나 있어도 그 권리를 행사할 수 없을 때에는 법무부장관의 허가를 받아 그 보호소년을 위하여 친권자나 후견인의 직무를 행사할 수 있다.

④ 20일 이내의 기간 동안 지정된 실 안에서 근신하게 하는 징계처분은 14세 미만의 보호소년 등에게는 부과하지 못한다.

19 클라워드(Cloward)와 올린(Ohlin)의 차별기회이론(Differential Opportunity Theory)에 대한 설명으로 옳지 않은 것은?

① 합법적 수단뿐만 아니라 비합법적 수단에 대해서도 차별기회를 고려하였다.

② 머튼(Merton)의 아노미이론과 서덜랜드(Sutherland)의 차별적 접촉이론의 영향을 받았다.

③ 합법적 수단을 사용할 수 없는 사람들은 곧바로 불법적 수단을 사용할 것이라는 머튼(Merton)의 가정을 계승하고 있다.

④ 비행하위문화를 갈등 하위문화, 범죄 하위문화, 도피 하위문화로 구분하였다.

20 다음 중 낙인이론에 관한 설명 중 옳지 않은 것은?

① 낙인이론은 범죄행위 자체보다 사회가 그 행위에 부여하는 의미와 통제기관의 반응에 초점을 둔다.

② 레머트(Lemert)는 '일차적 일탈'과 '이차적 일탈'을 구분하였으며, 이차적 일탈은 행위자의 자기정체성 형성에 영향을 미친다고 보았다.

③ 낙인이론은 다이버전(diversion) 제도의 도입, 비범죄화·탈형사화 정책 등 인도주의적 형사정책을 뒷받침하는 이론적 근거가 된다.

④ 낙인이론은 범죄의 원인을 개인의 성격적 요인이나 심리적 특성 등 내적 요인에서 찾는 전통적 실증주의 범죄학 이론에 속한다.

01 교정의 이념에 대한 설명으로 옳지 않은 것은?

① 교화개선(rehabilitation)은 범죄자에 초점을 맞춘 것으로 재소자들에게 기술과 지식을 습득하게 하여 사회복귀를 도모하는 것이다.

② 선택적 무력화(selective incapacitation)는 범죄자의 특성에 기초하여 행해지고, 범죄자의 개선을 의도하지 않는 점에 특색이 있으며, 비슷한 정도의 범죄를 저지른 사람들에게 비슷한 정도의 장기형이 선고되어야 한다는 입장이다.

③ 응보주의(retribution)는 탈리오(Talio) 법칙과 같이 피해자에게 가해진 해악에 상응하는 처벌을 하는 것이다.

④ 억제(deterrence)는 처벌의 확실성, 엄중성, 신속성의 3가지 차원에서 결정되므로 재소자에 대한 엄정한 처벌이 강조된다.

02 「보호관찰 등에 관한 법률」상 보호관찰심사위원회에 대한 설명으로 옳은 것만을 모두 고른 것은?

> ㉠ 가석방과 그 취소에 관한 사항을 심사한다.
> ㉡ 보호관찰의 정지와 그 취소에 관한 사항을 심사한다.
> ㉢ 심사위원회의 위원은 판사, 검사, 변호사, 보호관찰소장, 지방교정청장, 교도소장, 소년원장 및 보호관찰에 관한 지식과 경험이 풍부한 사람 중에서 법무부차관이 임명하거나 위촉한다
> ㉣ 심사위원회는 위원장을 포함하여 5명 이상 9명 이하의 위원으로 구성한다.
> ㉤ 법무부 장관은 심사에 필요하다고 인정하면 국공립기관이나 그 밖의 단체에 사실을 알아보거나 관계인의 출석 및 증언과 관계 자료의 제출을 요청할 수 있다.

① ㉠, ㉡, ㉢　　　② ㉠, ㉡, ㉣
③ ㉠, ㉢, ㉤　　　④ ㉡, ㉢, ㉣

03 형의 집행 및 수용자의 처우에 관한 법령상 수용자의 접견에 대한 설명으로 옳은 것은?

① 교도관은 접견 중인 수용자 또는 그 상대방이 수용자의 처우 또는 교정시설의 운영에 관하여 거짓사실을 유포하는 때에는 접견을 중지하여야 한다.

② 소장은 범죄의 증거를 인멸하거나 형사 법령에 저촉되는 행위를 할 우려가 있을 때에는 교도관으로 하여금 수용자의 접견내용을 청취·기록·녹음 또는 녹화하게 할 수 있다.

③ 수용자가 「형사소송법」에 따른 상소권회복 또는 재심 청구사건의 대리인이 되려는 변호사와 접견할 수 있는 횟수는 월 4회이다.

④ 수용자와 교정시설 외부의 사람이 접견하는 경우에 접견내용이 청취·녹음 또는 녹화될 때에는 외국어를 사용해서는 아니 된다. 다만, 국어로 의사소통하기 곤란한 사정이 있는 경우에는 외국어를 사용하여야 한다.

04 다음 중 누진계급 측정방법의 명칭과 설명이 옳게 짝지어진 것은?

① 점수제는 일정한 기간을 경과하였을 때 행형성적을 심사하여 진급을 결정하는 방법으로 기간제라고도 하며, 진급과 가석방 심사의 구체적 타당성을 기대할 수 있으나, 진급이 교도관의 자의에 의하여 좌우되기 쉽다.

② 고사제는 최초 9개월의 독거구금 후 교도소에서 강제노동에 취업하는 수형자에게 고사급, 제3급, 제2급, 제1급, 특별급의 다섯 계급으로 나누어 상급에 진급함에 따라 우대를 더하는 방법으로 진급에는 지정된 책임점수를 소각하지 않으면 안 되는 방법이다.

③ 엘마이라제는 누진계급을 제1급, 제2급, 제3급으로 구분하고 신입자를 제2급에 편입시켜 작업, 교육 및 행장에 따라 매월 각 3점 이하의 점수를 채점하여 54점을 취득하였을 때 제1급에 진급시키는 방법이다.

④ 잉글랜드제는 수형자가 매월 취득해야 하는 지정점수를 소각하는 방법으로서 책임점수제라고도 하며, 진급척도로서의 점수를 매일이 아닌 매월 계산한다.

05 「형의 집행 및 수용자의 처우에 관한 법률」상 신입자의 수용에 관한 설명 중 옳은 것은?

① 신입자의 건강진단은 수용된 날부터 5일 이내에 하여야 한다. 다만, 휴무일이 연속되는 등 부득이한 사정이 있는 경우에는 예외로 한다.

② 소장은 신입자가 환자이거나 부득이한 사정이 있는 경우가 아니면 수용된 날부터 3일 동안 신입자거실에 수용하여야 한다.

③ 법무부장관은 법원·검찰청·경찰관서 등으로부터 처음으로 교정시설에 수용되는 사람(신입자)에 대하여는 집행지휘서, 재판서, 그 밖에 수용에 필요한 서류를 조사한 후 수용한다

④ 소장은 신입자에게 휴무일이 연속되는 등 부득이한 사정이 있는 경우가 아니면 지체 없이 목욕을 하게 하여야 한다.

06 「형의 집행 및 수용자의 처우에 관한 법률」상 (   ) 안에 들어갈 숫자의 합으로 옳은 것은?

> ㉠ 1주의 작업시간은 (   )시간을 초과할 수 없다. 다만, 수형자가 신청하는 경우에는 1주의 작업시간을 (   )시간 이내의 범위에서 연장할 수 있다.
>
> ㉡ 징벌위원회는 징벌을 의결하는 때에 행위의 동기 및 정황, 교정성적, 뉘우치는 정도 등 그 사정을 고려할 만한 사유가 있는 수용자에 대하여 (   )개월 이상 (   )개월 이하의 기간 내에서 징벌의 집행을 유예할 것을 의결할 수 있다.
>
> ㉢ 소장은 수용자가 사망한 사실을 알게 된 사람이 사망한 사실을 알게 된 날부터 (   )일 이내에 그 시신을 인수하지 아니하면 화장 후 봉안하여야 한다.
>
> ㉣ 상습적으로 주류·담배·화기·현금·수표·음란물·사행행위에 사용되는 물품을 수용자에게 전달할 목적으로 교정시설에 반입한 사람은 (   )년 이하의 징역 또는 (   )천만원 이하의 벌금에 처한다.

① 130　　　　　　② 132

③ 134　　　　　　④ 136

07 형의 집행 및 수용자의 처우에 관한 법령상 수용자의 금품관리에 대한 설명으로 옳지 않은 것은?

① 수용자 외의 사람이 수용자에게 주려는 금품을 수용자가 받지 아니하려는 경우, 금품을 보낸 사람을 알 수 없으면 금품을 다시 가지고 갈 것을 공고하여야 하며, 공고한 후 6개월이 지나도 금품을 돌려달라고 청구하는 사람이 없으면 그 금품은 국고에 귀속된다.

② 소장은 신입자의 휴대품을 팔 경우에는 그 비용을 제외한 나머지 대금을 보관할 수 있다.

③ 소장은 수용자의 보관품이 인장인 경우에는 잠금장치가 되어 있는 견고한 용기에 넣어 보관하여야 한다.

④ 소장은 수용자 이외의 사람의 신청에 따라 수용자에게 건네줄 것을 허가한 물품은 교도관으로 하여금 검사하게 할 필요가 없으나, 그 물품이 의약품인 경우에는 의무관으로 하여금 검사하게 해야 한다.

08 「형의 집행 및 수용자의 처우에 관한 법률」상 집필에 대한 설명으로 가장 옳은 것은?

① 집필용구의 구입비용은 수용자가 부담한다. 다만, 소장은 수용자가 그 비용을 부담할 수 없는 경우에는 필요한 집필용구를 지급하여야 한다.

② 수용자는 휴업일 및 휴게시간 내에 시간의 제한 없이 집필할 수 있다. 다만, 부득이한 사정이 있는 경우에는 그러하지 아니하다.

③ 수용자는 거실이나 그 밖에 지정된 장소에서 집필할 수 있지만, 작업장에서는 집필할 수 없다.

④ 소장은 집필한 문서가 법무부령으로 정하는 범위를 벗어난 물품으로서 교정시설에 특히 보관할 필요가 있다고 인정하지 아니하는 것은 즉시 폐기하여야 한다.

09 「형의 집행 및 수용자의 처우에 관한 법률」상 미결수용자의 처우에 대한 설명으로 옳지 않은 것은?

① 소장은 미결수용자의 신청에 따라 작업을 부과할 수 있으며, 이에 따라 작업이 부과된 미결수용자가 작업의 취소를 요청하는 경우에는 그 미결수용자의 의사, 건강 및 교도관의 의견 등을 고려하여 작업을 취소할 수 있다.

② 소장은 미결수용자가 도주하거나 도주한 미결수용자를 체포한 경우 및 미결수용자가 위독하거나 사망한 경우에는 그 사실을 검사에게 통보하고, 기소된 상태인 경우에는 법원에도 지체 없이 통보하여야 한다.

③ 미결수용자는 수사·재판·국정감사 또는 법률로 정하는 조사에 참석할 때에는 사복을 착용하여야 한다. 다만, 소장은 도주우려가 크거나 특히 부적당한 사유가 있다고 인정하면 교정시설에서 지급하는 의류를 입게 할 수 있다

④ 미결수용자의 머리카락과 수염은 특히 필요한 경우가 아니면 본인의 의사에 반하여 짧게 깎지 못한다.

10 「형의 집행 및 수용자의 처우에 관한 법률」상 수용자의 보호실 및 진정실 수용에 대한 설명으로 옳은 것은?

① 소장은 수용자가 신체적·정신적 질병으로 인하여 특별한 보호가 필요한 때에는 의무관의 의견을 들어 진정실에 수용하여야 한다.

② 소장은 수용자를 보호실 또는 진정실에 수용할 경우에는 변호인의 의견을 고려하여야 한다.

③ 소장은 수용자를 보호실 또는 진정실에 수용하거나 수용기간을 연장하는 경우에는 그 사유를 본인에게 알려 줄 수 있다.

④ 수용자의 보호실 수용기간은 15일 이내, 진정실 수용기간은 24시간 이내로 하되, 소장은 특히 계속하여 수용할 필요가 있으면 의무관의 의견을 고려하여 연장할 수 있다.

11 「형의 집행 및 수용자의 처우에 관한 법률」상 징벌집행의 정지·면제·유예에 대한 설명으로 옳지 않은 것은?

① 소장은 질병이나 그 밖의 사유로 징벌집행이 곤란하면 그 사유가 해소될 때까지 그 집행을 일시 정지할 수 있다.

② 소장은 징벌집행 중인 사람이 뉘우치는 빛이 뚜렷한 경우에는 그 징벌을 감경하거나 남은 기간의 징벌집행을 유예할 수 있다.

③ 수용자가 징벌집행을 유예받은 후 징벌을 받음이 없이 유예기간이 지나면 그 징벌의 집행은 종료된 것으로 본다.

④ 소장은 징벌집행을 일시 정지한 경우 그 정지사유가 해소되었을 때에는 지체 없이 징벌집행을 재개하여야 한다. 이 경우 집행을 정지한 다음날부터 집행을 재개한 전날까지의 일수는 징벌기간으로 계산하지 아니한다

12 「민영교도소 등의 설치·운영에 관한 법률」에 대한 설명으로 옳지 않은 것은?

① 교정법인은 민영교도소 등에 수용되는 자에게 특별한 사유가 있다는 이유로 수용을 거절할 수 없다. 다만, 수용·작업·교화, 그 밖의 처우를 위하여 특별히 필요하다고 인정되는 경우에는 법무부장관에게 수용자의 이송을 신청할 수 있다

② 교정법인의 대표자는 민영교도소의 장 및 대통령령으로 정하는 직원을 임면할 때에는 미리 법무부장관의 승인을 받아야 한다.

③ 법무부장관은 사전에 기획재정부장관과 협의하여 민영교도소를 운영하는 교정법인에 대하여 매년 그 교도소의 운영에 필요한 경비를 지급한다.

④ 교정법인의 대표자는 그 교정법인이 운영하는 민영교도소의 장이 될 수 있다.

13 암수범죄에 대한 설명 중 옳은 것들을 모두 묶은 것은?

> ㉠ 암수범죄를 파악하기 위해 범죄피해자로 하여금 범죄피해를 보고하게 하는 피해자 조사가 행해지기도 한다.
> ㉡ 살인, 강간 등의 중범죄는 가해자의 자기보고 방식을 통해서 암수범죄를 쉽게 파악해 낼 수 있다.
> ㉢ 피해자가 특정되지 않거나 간접적 피해자만 존재하는 경우, 암수범죄가 발생할 가능성이 높다.
> ㉣ 케틀레(A. Quetelet)는 암수범죄와 관련하여 반비례의 법칙을 주장하면서, 공식적 통계상의 범죄현상은 실제의 범죄현상을 징표하거나 대표하는 의미가 있다고 보았다.

① ㉠, ㉡   ② ㉠, ㉢
③ ㉡, ㉢   ④ ㉡, ㉣

14 다음 중 벌금형제도에 대한 설명으로 옳지 않은 것은?

① 일수벌금제도는 피고인의 일수(벌금 일수) 단위 금액을 산정할 때 피고인의 경제적 능력, 생활상태 등을 고려하므로 형벌효과의 균등을 도모할 수 있다.
② 총액벌금제도는 피고인의 재산상태나 소득과 무관하게 동일한 금액을 부과하므로 형벌의 실질적 평등에 한계가 있다.
③ 현행법상 법원은 벌금형 선고 시 피고인의 경제사정을 참작하여 분할납부 또는 납부연기를 허가할 수 있다.
④ 벌금은 5만원 이상으로 한다. 다만, 감경하는 경우에는 5만원 미만으로 할 수 있다.

15 다음 중 교정상담의 기법에 대한 설명으로 옳은 것은?

① 행동수정(behavior modifcation)은 교정시설의 환경을 통제하고 조절하여 재소자들의 행동의 변화를 추구한다.
② 물리요법(physical therapy)은 상담치료를 통하여 일정한 성과를 얻은 후 재소자의 자발적 참여를 전제로 이루어진다.
③ 사회요법 중 환경요법(mileu therapy)은 미래 지향적이며, 긍정적 강화와 부정적 강화를 통한 행위의 변화를 시도한다.
④ 현실요법(reality therapy)은 기본 원리를 쉽게 터득할 수 있다는 점에서 고도로 훈련된 전문가가 아니어도 사용할 수 있다.

16 범죄학이론 중 발달이론(Developmental Theory)에 대한 설명으로 옳지 않은 것은?

① 1930년대 글룩(Glueck)부부의 종단연구는 발달범죄학이론의 토대가 되었으며, 1990년대 샘슨(Sampson)과 라웁(Laub)이 글룩부부의 연구를 재분석하며 활성화된 이론이다.
② 범죄자의 삶의 궤적을 통해 범죄를 지속하는 요인과 중단하는 요인이 무엇인지를 찾아내는 데 관심이 있다.
③ 심리학자 모핏(Moffitt)은 범죄자를 청소년한정형 범죄자와 인생지속형 범죄자로 분류하면서 이들 중 인생지속형 범죄자는 아주 이른 나이에 비행을 시작하고 성인이 되어서도 범죄를 지속하는 유형이라고 정의하였다.
④ 인생지속형 범죄자보다 청소년한정형 범죄자가 정신건강상의 문제를 더 많이 가지고 있다.

17 「소년법」상 소년보호사건의 처리에 대한 설명으로 옳지 않은 것은?

① 법원은 소년에 대한 피고사건을 심리한 결과 보호처분에 해당할 사유가 있다고 인정하면, 결정으로써 사건을 관할 소년부에 송치하여야 한다.

② 소년부는 검사가 송치한 사건을 조사 또는 심리한 결과 그 동기와 죄질이 금고 이상의 형사처분을 할 필요가 있다고 인정하면 결정으로써 해당 검찰청 검사에게 송치할 수 있다.

③ 소년부는 조사 또는 심리한 결과 금고 이상의 형에 해당하는 범죄 사실이 발견되고 형사처분이 필요하다고 인정하면, 결정으로써 사건을 관할 지방법원에 대응한 검찰청 검사에게 송치하여야 한다.

④ 소년부는 법원으로부터 송치받은 사건을 조사 또는 심리한 결과 그 동기와 죄질이 금고 이상의 형사처분을 할 필요가 있다고 인정하면, 결정으로써 송치한 법원에 사건을 다시 이송할 수 있다.

18 「전자장치 부착 등에 관한 법률」상 스토킹행위자 전자장치 부착에 대한 설명으로 옳은 것은?

① 보호관찰소의 장은 잠정조치 집행을 종료한 날부터 5년이 경과한 때에는 스토킹행위자 수신자료를 폐기하여야 한다.

② 보호관찰관은 전자장치를 부착하는 경우 송부된 전자장치 스토킹행위자에 대한 결정문 등본을 확인한 후 전자장치를 부착할 수 있다.

③ 스토킹행위자에 대한 전자장치 부착은 잠정조치의 기간이 경과하거나 그 효력을 상실한 때 그 집행이 종료되며, 잠정조치가 변경 또는 취소된 때에는 그 집행이 종료되지 않는다.

④ 법원은 「스토킹범죄의 처벌 등에 관한 법률」상 긴급응급조치 또는 잠정조치로 전자장치의 부착을 결정한 경우 그 결정문의 등본을 스토킹행위자의 주거지를 관할하는 보호관찰소의 장에게 지체 없이 송부하여야 한다.

19 「치료감호 등에 관한 법률」상 치료감호와 치료명령에 대한 설명으로 옳은 것은?

① 치료감호와 형이 병과된 경우 형 집행 완료 후 치료감호를 집행한다.

② 피의자가 심신장애로 의사결정능력이 없기 때문에 벌할 수 없는 경우 검사는 공소제기 없이 치료감호만을 청구할 수 있다.

③ 소아성기호증 등 성적 성벽이 있는 장애인으로서 금고 이상의 형에 해당하는 성폭력범죄를 지은 자에 대한 치료감호의 기간은 2년을 초과할 수 없다.

④ 법원은 치료명령대상자에 대하여 형의 선고를 유예하는 경우 치료기간을 정하여 치료를 받을 것을 명할 수 있으며, 이때 보호관찰을 병과할 수 있다.

20 「소송촉진 등에 관한 특례법」상 배상명령에 대한 설명으로 옳지 않은 것은?

① 배상명령은 유죄판결의 선고와 동시에 하여야 하며, 가집행할 수 있음을 선고할 수 있다.

② 피해자는 제1심 또는 제2심 공판의 변론이 종결될 때까지 사건이 계속된 법원에 피해배상을 신청할 수 있다.

③ 법원은 피해 금액이 특정되지 아니한 경우에도 피해자의 구조에 특히 필요한 경우에는 배상명령을 할 수 있다.

④ 배상명령이 확정된 경우 피해자는 그 인용된 금액의 범위에서 다른 절차에 따른 손해배상을 청구할 수 없다.

01 억제이론(Deterrence Theory)에 대한 설명으로 옳지 않은 것은?

① 일반억제는 처벌의 위협에 의해 불특정 다수의 잠재적인 범죄자들의 범죄행위를 억제할 수 있다는 관점, 범죄자를 확실히 체포하여 신속하고 엄격하게 처벌할 경우에 범죄를 범할 생각을 포기하게 되기 때문에 결과적으로 범죄가 억제된다.

② 형벌의 특별적 억제효과란 범죄를 저지른 사람에 대한 처벌이 일반시민들로 하여금 처벌에 대한 두려움을 불러 일으켜서 결과적으로 범죄가 억제되는 효과를 말한다.

③ 인간은 자유의지를 가지고 합리적인 판단에 따라 행동한다고 가정한다.

④ 처벌의 신속성(swiftness)은 범죄행위와 처벌 경험의 시간적 간격을 말하는 것으로 범행 후 빨리 처벌될수록 범죄가 더 많이 제지될 것이라고 가정된다.

02 「형의 집행 및 수용자의 처우에 관한 법률」상 가석방심사위원회에 관한 설명 중 옳은 것은?

① 위원은 판사, 검사, 변호사, 법무부 소속 공무원, 교정에 관한 학식과 경험이 풍부한 사람 중에서 위원장이 임명 또는 위촉한다.

② 위원장이 부득이한 사정으로 직무를 수행할 수 없을 때에는 교정공무원인 위원이 그 직무를 대행한다.

③ 위원장은 위원회를 소집하고 위원회의 업무를 총괄하고, 위원장이 부득이한 사정으로 직무를 수행할 수 없을 때에는 교정본부장이 그 직무를 대행한다

④ 위원회의 회의는 재적위원 과반수의 출석으로 개의하고, 출석위원 과반수의 찬성으로 의결한다.

03 「형의 집행 및 수용자의 처우에 관한 법률」상 용어에 대한 설명으로 옳지 않은 것은?

① 수용자란 법률과 적법한 절차에 따라 교정시설에 수용된 사람으로서 수형자 및 미결수용자는 물론이고 사형확정자까지도 포함한다.

② 수형자란 징역형·금고형 또는 구류형의 선고를 받아 그 형이 확정되어 교정시설에 수용된 사람을 말하며, 벌금 또는 과료를 완납하지 아니하여 노역장 유치명령을 받아 교정시설에 수용된 사람은 제외한다.

③ 미결수용자란 형사피고인 또는 형사피의자로서 체포되거나 구속영장의 집행을 받아 교정시설에 수용된 사람을 말한다.

④ 사형확정자란 사형의 선고를 받아 그 형이 확정되어 교정시설에 수용된 사람을 말한다.

04 「치료감호 등에 관한 법률」상 옳은 것은?

① 마약·향정신성의약품·대마, 그 밖에 남용되거나 해독을 끼칠 우려가 있는 물질이나 알코올을 식음·섭취·흡입·흡연 또는 주입받는 습벽이 있거나 그에 중독된 자가 금고 이상의 형에 해당하는 죄를 범하여 치료감호의 선고를 받은 경우 치료감호시설 수용 기간은 1년을 초과할 수 없다.

② 구속영장에 의하여 구속된 피의자에 대하여 검사가 공소를 제기하지 아니하는 결정을 하고 치료감호 청구만을 하는 때에는 그 구속영장의 효력이 당연히 소멸하므로 검사는 법원으로부터 치료감호영장을 새로이 발부받아야 한다.

③ 치료감호와 형이 병과된 경우에는 치료감호를 먼저 집행하며, 이 경우 치료감호의 집행기간은 형 집행기간에 포함되지 않는다.

④ 피치료감호자의 텔레비전 시청, 라디오 청취, 신문·도서의 열람은 일과시간이나 취침시간 등을 제외하고는 자유롭게 보장된다.

05 「형의 집행 및 수용자의 처우에 관한 법률」상 종교와 문화에 관한 설명 중 옳지 않은 것은?

① 소장은 수용자의 신앙생활에 필요하다고 인정하는 경우에는 외부에서 제작된 휴대용 종교도서 및 성물을 수용자가 지니게 할 수 있다.

② 수용자는 신문은 월 5종 이내, 도서(잡지 포함)는 월 5권 이내 범위에서 구독을 신청할 수 있다.

③ 소장은 교정시설의 안전과 질서를 해치지 아니하는 범위에서 종교단체 또는 종교인이 주재하는 종교행사를 실시한다.

④ 소장은 수용자의 지식함양 및 교양습득에 필요한 도서를 비치하고 수용자가 이용할 수 있도록 하여야 한다.

06 「형의 집행 및 수용자의 처우에 관한 법률 시행규칙」상 '특별한 보호'에 관한 내용 중 틀린 것은?

① 남성교도관이 1명의 여성수용자에 대하여 실내에서 상담 등을 하려면 투명한 창문이 설치된 장소에서 여성교도관을 입회시킨 후 실시하여야 한다.

② 소장은 수용자가 임신 중이거나 출산(유산·사산을 포함)한 경우에는 모성보호 및 건강유지를 위하여 정기적인 검진 등 적절한 조치를 하여야 한다.

③ 장애인수용자의 거실은 시설부족 또는 그 밖의 부득이한 사정이 없으면 건물의 1층에 설치하고 특히 장애인이 이용할 수 있는 변기 등의 시설을 갖추도록 하여야 한다.

④ 소장은 외국인수용자의 종교 또는 생활관습이 다르거나 민족감정 등으로 분쟁의 소지가 있는 외국인은 분리수용하여야 한다.

07 「보호관찰 등에 관한 법률」상 사회봉사명령 및 수강명령에 대한 설명으로 옳지 않은 것은?

① 사회봉사명령 또는 수강명령은 보호관찰관이 집행한다. 다만, 보호관찰관은 국공립기관이나 그 밖의 단체에 그 집행의 전부 또는 일부를 위탁할 수 있다

② 법원은 사회봉사명령 또는 수강명령 대상자가 지켜야 할 준수사항을 서면으로 고지하여야 한다.

③ 사회봉사명령 및 수강명령 대상자는 법무부령으로 정하는 바에 따라 주거, 직업, 그 밖에 필요한 사항을 보호관찰소의 장에게 신고해야 한다.

④ 사회봉사·수강은 사회봉사·수강명령 대상자가 선고받은 형의 집행유예 기간이 지나면 종료한다.

08 「형의 집행 및 수용자의 처우에 관한 법령」상 수용자의 상벌제도에 대한 설명으로 옳은 것은?

① 수용자의 징벌대상행위에 대한 조사기간(조사를 시작한 날부터 징벌위원회의 의결이 있는 날까지를 말한다)은 10일 이내로 한다. 다만, 특히 필요하다고 인정하는 경우에는 1회에 한하여 7일을 초과하지 아니하는 범위에서 그 기간을 연장할 수 있다.

② 징벌위원회는 재적위원 과반수의 출석으로 개의하고, 출석위원 과반수의 찬성으로 의결한다. 이 경우 외부위원 3명 이상이 출석한 경우에만 개의할 수 있다.

③ 징벌대상자의 징벌을 결정하기 위하여 지방교정청에 징벌위원회를 둔다.

④ 소장은 징벌집행을 받고 있거나 집행을 앞둔 수용자가 같은 행위로 형사 법률에 따른 처벌이 확정되어 징벌을 집행할 필요가 없다고 인정하면 징벌위원회의 의결을 거쳐 징벌집행을 감경하거나 면제할 수 있다.

09 사이크스(Sykes)와 마짜(Matza)가 제시한 중화의 기법 중 '(A) 책임의 부인'과 '(B) 상위의 충성심에 호소'에 해당하는 것을 바르게 연결한 것은?

> ㉠ 무엇인가가 나를 그렇게 하도록 만들었어. 어쩔 수 없었잖아.
> ㉡ 난 단지 그것을 잠시 빌린 것뿐이야.
> ㉢ 다른 사람들은 더 나쁜 짓을 하고서도 처벌받지 않잖아.
> ㉣ 나는 내 가족의 생계를 위해서 훔쳤어.

	(A)	(B)
①	㉠	㉡
②	㉠	㉣
③	㉠, ㉡	㉢
④	㉠, ㉣	㉢

10 「형의 집행 및 수용자의 처우에 관한 법률 시행규칙」상 가족 만남의 날 행사 등에 대한 설명으로 옳은 것은?

① 수형자와 그 가족이 원칙적으로 교정시설 밖의 일정한 장소에서 다과와 음식을 함께 나누면서 대화의 시간을 갖는 행사를 말한다.

② 소장은 중경비처우급 수형자에 대하여 가족 만남의 날 행사에 참여하게 하거나 가족 만남의 집을 이용하게 할 수 있다.

③ 가족 만남의 날 행사에 참여하는 횟수만큼 수형자의 접견 허용횟수는 줄어든다.

④ 소장은 가족이 없는 수형자에 대하여는 결연을 맺었거나 그 밖에 가족에 준하는 사람으로 하여금 그 가족을 대신하게 할 수 있다.

11 「형의 집행 및 수용자의 처우에 관한 법률」 제12조(구분수용의 예외)에 따라 미결수용자를 교도소에 수용할 수 있는 경우에 해당하는 것을 모두 고른 것은?

> ㉠ 관할 법원 및 검찰청 소재지에 구치소가 없는 때
> ㉡ 구치소의 수용인원이 정원을 훨씬 초과하여 정상적인 운영이 곤란한 때
> ㉢ 범죄의 증거인멸을 방지하기 위하여 필요하거나 그 밖에 특별한 사정이 있는 때
> ㉣ 수용자의 생명 또는 신체의 보호, 정서적 안정을 위하여 필요한 때

① ㉠, ㉡, ㉢, ㉣ ② ㉠, ㉡, ㉢
③ ㉠, ㉢, ㉣ ④ ㉡, ㉢

12 「형의 집행 및 수용자의 처우에 관한 법률」상 교도작업에 대한 설명으로 옳은 것으로만 묶은 것은?

> ㉠ 취사 등 특히 필요한 작업을 제외하고는 공휴일·토요일과 그 밖의 휴일에는 작업을 부과하지 아니한다.
> ㉡ 수형자가 작업을 계속하기를 원하는 경우가 아니라면, 소장은 수형자의 가족 또는 배우자의 직계존속이 사망하면 2일간, 부모 또는 배우자의 제삿날에는 1일간 해당 수형자의 작업을 면제한다.
> ㉢ 소장은 법무부장관이 정하는 바에 따라 작업의 종류, 작업성적, 교정성적, 그 밖의 사정을 고려하여 수형자에게 작업장려금을 지급할 수 있다.
> ㉣ 소장은 수형자에게 작업을 부과하려면 나이·형기·건강상태·기술·성격·취미·경력·장래생계, 그 밖의 수형자의 사정을 고려하여 부과 할 수 있다.
> ㉤ 작업과정은 작업성적, 작업시간, 작업의 난이도 및 숙련도를 고려하여 정한다. 작업과정을 정하기 어려운 경우에는 작업종류를 작업과정으로 본다.

① ㉠, ㉡, ㉢ ② ㉠, ㉣, ㉤
③ ㉡, ㉢, ㉣ ④ ㉡, ㉢, ㉤

13 「형의 집행 및 수용자의 처우에 관한 법률」상 특별귀휴를 허가할 수 있는 사유를 모두 고른 것은?

> ㉠ 가족 또는 배우자의 직계존속이 사망한 때
> ㉡ 가족 또는 배우자의 직계존속이 위독한 때
> ㉢ 질병이나 사고로 외부의료시설에의 입원이 필요한 때
> ㉣ 직계비속의 혼례가 있는 때
> ㉤ 본인 또는 형제자매의 혼례가 있는 때

① ㉠, ㉡   ② ㉠, ㉣
③ ㉢, ㉣   ④ ㉢, ㉤

14 다음 중 「성폭력범죄자의 성충동 약물치료에 관한 법률」상 규정으로 틀린 것은?

① 검사의 치료명령의 청구는 공소가 제기되거나 치료감호가 독립청구된 성폭력범죄사건(피고사건)의 항소심 변론종결 시까지 하여야 한다.
② 피고사건에 대하여 판결의 확정 없이 공소가 제기되거나 치료감호가 독립청구된 때부터 15년이 지나면 치료명령을 청구할 수 없다.
③ 법원은 치료명령 청구가 이유 있다고 인정하는 때에는 10년의 범위에서 치료기간을 정하여 판결로 치료명령을 선고하여야 한다.
④ 성충동 약물치료명령 청구는 검사가 하며, 성충동 약물치료명령 청구대상자에 대하여 정신건강의학과 전문의의 진단이나 감정을 받은 후 치료명령을 청구하여야 한다.

15 「형의 집행 및 수용자의 처우에 관한 법률」상 수용자의 외부교통권으로 옳은 것을 모두 고르면?

> ㉠ 수용자는 소장의 허가를 받아 교정시설의 외부에 있는 사람과 접견, 편지수수, 전화통화를 할 수 있다.
> ㉡ 소장은 수형자의 교화 또는 건전한 사회복귀를 위하여 필요한 때에는 교도관으로 하여금 수용자의 접견내용을 청취·기록·녹음 또는 녹화하게 할 수 있다.
> ㉢ 법원의 재판업무 수행, 범죄의 수사와 공소의 제기 및 유지에 필요한 때는 관계기관으로부터의 접견기록물의 제출을 요청받은 경우 기록물을 제공하여야 한다.
> ㉣ 규율 위반으로 조사 중이거나 징벌집행 중인 수용자가 다른 수용자와 편지를 주고받을 때에는 그 내용을 검열할 수 있다.
> ㉤ 수용자 또는 수신자가 전화통화 내용의 청취·녹음에 동의하지 아니할 때는 전화통화의 허가를 취소할 수 있다.

① ㉠, ㉡, ㉣, ㉤   ② ㉡, ㉢, ㉣, ㉤
③ ㉠, ㉡, ㉢   ④ ㉡, ㉣, ㉤

16 「민영교도소 등의 설치·운영에 관한 법률」의 내용에 관한 설명 중 옳지 않은 것은?

① 법무부장관은 수탁자가 이 법 또는 이 법에 따른 명령이나 처분을 위반하면 6개월 이내의 기간을 정하여 위탁업무의 전부 또는 일부의 정지를 명할 수 있다.
② 법무부장관은 수탁자가 이 법 또는 이 법에 따른 명령이나 처분을 위반하면 6개월 이내의 기간을 정하여 위탁업무의 전부 또는 일부의 정지를 명할 수 있다.
③ 교정법인은 민영교도소 등에 수용되는 자에게 수용관리·처우 목적상 특별한 사유가 있을 경우 수용을 거절할 수 있다.
④ 교정법인 이사의 과반수는 대한민국 국민이어야 하며, 이사의 5분의 1 이상은 교정업무에 종사한 경력이 5년 이상이어야 한다.

제 03 회

17 다음 중 암수범죄의 조사에 관한 설명 중 옳은 것은?

① 상점절도를 숨긴 카메라로 촬영하거나 유리벽을 통해 관찰하는 등의 참여적 관찰 방법은 인위적 관찰 방법에 속한다.

② 중범죄나 사회적으로 금기시되는 범죄를 조사하는 유일한 방법은 행위자의 자기보고 방식이다.

③ 피해자를 개인으로 구체화할 수 없는 국가적·사회적 법익에 관한 범죄의 암수는 피해자 조사를 통해 명확하게 파악할 수 있다.

④ 정보제공자 조사는 법집행기관에 알려지지 않은 범죄나 비행을 인지하고 있는 제3자로 하여금 이를 보고하게 하는 방법이다.

18 다이버전(Diversion)에 대한 설명으로 옳지 않은 것은?

① 범죄학 이론 중 낙인이론의 정책적 함의와 관련이 있다.

② 다이버전에 대해서는 형사사법의 대상조차 되지 않을 문제가 다이버전의 대상이 된다는 점에서 오히려 사회적 통제가 강화된다는 비판이 있다.

③ 검찰 단계의 대표적 다이버전으로서 훈방과 통고처분이 있다.

④ 다이버전의 장점은 경미범죄를 형사사법절차에 의하지 아니하고 처리함으로써 낙인효과를 줄이는 것이다.

19 「보호소년 등의 처우에 관한 법률」상 보호소년의 수용·보호에 대한 설명으로 옳지 않은 것은?

① 소년원장은 미성년자인 보호소년이 친권자나 후견인이 없거나 있어도 그 권리를 행사할 수 없을 때에는 법원의 허가를 받아 적당한 자로 하여금 그 보호소년을 위하여 친권자나 후견인의 직무를 행사하게 하여야 한다.

② 20일 이내의 기간 동안 지정된 실(室) 안에서 근신하는 징계처분을 받은 보호소년에게 매주 1회 이상 실외운동을 할 수 있도록 개별적인 체육활동 시간을 보장하여야 한다.

③ 보호소년이 사용하는 목욕탕, 세면실 및 화장실에 전자영상장비를 설치하여 운영하는 것은 이탈·난동·폭행·자해·자살, 그 밖에 보호소년의 생명·신체를 해치거나 시설의 안전 또는 질서를 해치는 행위의 우려가 큰 때에만 할 수 있다.

④ 소년원장이 필요하다고 판단하는 경우 수갑, 포승 등 보호장비를 필요한 최소한의 범위에서 징벌의 수단으로 사용되어서는 아니 된다.

20 「소년법」상 소년보호사건에 대한 설명으로 옳지 않은 것만을 모두 고른 것은?

⊙ 형벌 법령에 저촉되는 행위를 한 12세 소년이 있을 때에 경찰서장은 직접 관할 소년부에 소년을 송치하여야 한다.
ⓛ 법으로 정한 사유가 있고 소년의 성격이나 환경에 비추어 향후 형벌 법령에 저촉되는 행위를 할 우려가 있더라도 10세 우범소년은 소년부에 송치할 수 없다.
ⓒ 「소년법」상 14세의 촉법소년은 소년부 보호사건의 대상이 되고, 정당한 이유 없이 가출하는 9세 소년은 소년부 보호사건의 대상에서 제외된다.
ⓔ 죄를 범한 소년을 발견한 보호자 또는 학교·사회복리 시설·보호관찰소(보호관찰지소 포함)의 장은 이를 관할 소년부에 통고할 수 있다.

① ⊙, ⓛ 　　　　② ⊙, ⓒ
③ ⓛ, ⓒ 　　　　④ ⓒ, ⓔ

01 비범죄화(Decriminalization)에 대한 설명으로 옳지 않은 것은?

① 비범죄화는 형법이 가지는 보충적 성격과 공식적 사회통제기능의 부담가중을 고려하여 일정한 범죄유형을 형벌에 의한 통제로부터 제외시키는 경향이다..

② 비범죄화 혹은 탈범죄화란 형사사법절차에서 특정범죄에 대한 형사처벌의 범위를 축소하는 것을 의미한다.

③ 비범죄화론은 행위에 대한 형사처벌의 폐지가 아니라 형사처벌의 완화를 목표로 한다.

④ 비범죄화가 주장되는 범죄로는 비영리적 공연음란죄, 음화판매죄, 사상범죄, 단순도박죄, 편의시설부정이용죄 등을 들 수 있다.

02 「형의 집행 및 수용자의 처우에 관한 법률 시행규칙」상 수형자 취업지원협의회에 대한 설명으로 옳지 않은 것은?

① 수형자의 건전한 사회복귀를 지원하기 위하여 교정시설에 취업알선 및 창업지원에 관한 협의기구를 둘 수 있다.

② 협의회는 회장 1명을 포함하여 3명 이상 5명 이하의 내부위원과 10명 이하의 외부위원으로 구성한다.

③ 협의회의 회장은 소장이 되고, 부회장은 2명을 두되 1명은 소장이 내부위원 중에서 지명하고 1명은 외부위원 중에서 호선한다.

④ 수형자의 사회복귀 지원을 위하여 협의가 필요한 때에는 임시회의를 개최할 수 있다.

03 「형의 집행 및 수용자의 처우에 관한 법률」상 사형확정자의 처우에 대한 설명으로 옳지 않은 것은 모두 몇 개인가?

⊙ 형사사건으로 수사 또는 재판을 받고 있는 수형자와 사형확정자에 대하여는 「형의 집행 및 수용자의 처우에 관한 법률」 제82조(사복착용), 제84조(변호인과의 접견 및 편지수수) 및 제85조(조사 등에서의 특칙)를 준용한다.

ⓛ 소장은 사형을 집행하였을 경우에는 시신을 검사한 후 30분이 지나지 아니하면 교수형에 사용한 줄을 풀지 못한다.

ⓒ 소장은 사형확정자의 자살·도주 등의 사고를 방지하기 위하여 필요한 경우에는 사형확정자와 수형자를 혼거수용할 수 있다.

ⓔ 소장은 사형확정자의 교육·교화프로그램, 작업 등을 위하여 필요하거나 교정시설의 안전과 질서유지를 위하여 특히 필요하다고 인정하는 경우에는 법무부장관의 승인을 받아 사형확정자를 다른 교정시설로 이송할 수 있다.

① ⊙, ⓒ

② ⓛ, ⓒ

③ ⓒ, ⓔ

④ ⊙, ⓛ, ⓔ

04 다음 중 이탈리아 실증주의학파에 대한 설명으로 옳지 않은 것은?

① 롬브로조(Lombroso)는 자유의지에 따라 이성적으로 행동하는 인간을 전제로 하여 범죄의 원인을 자연과학적 방법으로 분석하였다.

② 페리(Ferri)는 범죄포화의 법칙을 주장하였으며 사회적·경제적·정치적 요소도 범죄의 원인이라고 주장하였다.

③ 가로팔로(Garofalo)는 생물학적 요소에 사회심리학적 요소를 덧붙여 범죄인을 자연범과 법정범으로 구분하고, 그 죄질에 따라 다른 조치를 취할 것을 강조하였다.

④ 생래적 범죄인에 대한 대책으로 롬브로조(Lombroso)는 사형을 찬성하였지만 페리(Ferri)는 사형을 반대하였다.

05 다음 중 초기 생물학적 범죄원인론에 대한 설명으로 옳지 않은 것은?

① 고링(Goring)은 「영국의 수형자」를 통해 롬브로조의 격세유전에 의한 퇴행론을 비판하고 범죄행위는 신체적인 변이형태와 관계된 것이 아니라 이들의 유전학적 열등성에 의한 것이라고 주장하였다.

② 후튼(Hooton)은 인류학적(골상학적) 조사연구를 바탕으로 「범죄와 인간」이라는 저서를 통해 롬브로조의 이론을 지지하였다.

③ 체형이론은 크레취머(Kretschmer), 셸던(Sheldon), 글룩(Glueck)부부, 코르테(Cortes)를 중심으로 발전하였다.

④ 범죄인 가계연구, 쌍생아 연구, 양자 연구는 범죄원인에 있어 소질보다는 환경적 요인을 연구 중심과제로 하고 있다.

06 「형의 집행 및 수용자의 처우에 관한 법률 시행규칙」상 수형자 교육과정에 대한 설명으로 옳지 않은 것은?

① 의무교육을 받지 못한 수형자에 대하여는 본인의 의사·나이·지식정도 등을 고려하여 그에 알맞게 교육하여야 하며, 필요하면 외부교육기관에 통학하게 할 수 있다.

② 소장은 교육대상자의 성적불량, 학업태만 등으로 인하여 교육의 목적을 달성하기 어려운 경우에는 교육대상자 선발을 취소할 수 있다.

③ 소장은 개방처우급·완화경비처우급·일반경비처우급 수형자에게 다문화 시대에 대처할 수 있는 교육기회를 부여하기 위하여 외국어 교육과정을 설치·운영할 수 있다.

④ 방송통신대학과정과 전문대학 위탁교육과정의 교육대상자는 고등학교 졸업 이상 학력을 갖춘 개방처우급 수형자에 한하여 선발할 수 있다.

07 「형의 집행 및 수용자의 처우에 관한 법률」상 수용자의 위생과 의료에 대한 설명으로 옳지 않은 것은?

① 소장은 수용자를 외부 의료시설에 입원시키거나 입원 중인 수용자를 교정시설로 데려온 경우에는 그 사실을 법무부장관에게 지체 없이 보고하여야 한다.

② 소장은 수용자의 정신질환 치료를 위하여 필요하다고 인정하면 법무부장관의 승인을 받아 치료감호시설로 이송할 수 있다.

③ 소장은 수용자가 자신의 고의 또는 과실로 부상 등이 발생하여 외부의료시설에서 진료를 받는 경우에는 그 진료비의 전부 또는 일부를 그 수용자에게 부담하게 할 수 있다.

④ 소장은 거실·작업장·목욕탕, 그 밖에 수용자가 공동으로 사용하는 시설과 취사장, 주식·부식 저장고, 그 밖에 음식물 공급과 관련된 시설을 수시로 청소·소독하여야 한다.

08 「보호관찰 등에 관한 법률」상 보호관찰에 대한 설명으로 옳은 것은?

① 집행유예 선고시 보호관찰을 명할 경우 반드시 사회봉사명령과 수강명령을 동시에 명해야 한다.

② 보호관찰소의 장은 유치 허가를 받은 때부터 48시간 이내에 유치사유에 따른 신청을 하여야 한다.

③ 보호관찰 기간 중 금고 이상의 형의 집행을 받게 되면, 이는 보호관찰의 정지결정 사유에 해당한다.

④ 보호관찰을 조건으로 한 형의 집행유예가 실효 또는 취소된 때에는 보호관찰은 종료한다.

09 「치료감호 등에 관한 법률」상 치료감호 대상자가 아닌 자는?

① 형법 제10조 제1항에 따라 벌하지 아니하는 심신장애인으로서 금고 이상의 형에 해당하는 죄를 지은 자

② 알코올을 식음하는 습벽이 있는 자로서 금고 이상의 형에 해당하는 죄를 지은 자

③ 소아성기호증이 있는 정신성적 장애인으로서 금고 이상의 형에 해당하는 성폭력범죄를 지은 자

④ 마약류 중독 상태에 있지 아니한 정상적 상태에서 범한 마약판매 행위로 금고 이상의 형을 받았지만, 재범의 위험성이 인정되는 자

10 「전자장치 부착 등에 관한 법률」상 위치추적 전자장치에 대한 설명으로 옳지 않은 것은?

① 검사는 법원에 성폭력범죄, 미성년자 대상 유괴범죄, 살인범죄, 강도범죄 및 스토킹범죄(이하 '특정범죄'라고 한다)를 범하고 다시 범할 위험성이 있다고 인정되는 사람에 대하여 위치추적 전자장치를 부착하는 명령(이하 '부착명령'이라고 한다)을 청구할 수 있다.

② 부착명령의 청구는 특정범죄사건의 공소제기와 동시에 하여야 하고, 법원은 공소가 제기된 특정범죄사건을 심리한 결과 부착명령을 선고할 필요가 있다고 인정하는 때에는 직권으로 부착명령을 할 수 있다.

③ 법원은 특정범죄를 범한 자에 대하여 형의 집행을 유예하면서 보호관찰을 받을 것을 명할 때에는 보호관찰기간의 범위 내에서 기간을 정하여 준수사항의 이행여부 확인 등을 위하여 전자장치를 부착할 것을 명할 수 있다.

④ 보호관찰심사위원회가 필요하지 아니하다고 결정한 경우를 제외하고, 부착명령 판결을 선고받지 아니한 특정범죄자로서 형의 집행 중 가석방되어 보호관찰을 받게 되는 자는 준수사항 이행여부 확인 등을 위하여 가석방기간 동안 전자장치를 부착하여야 한다.

11 낙인이론(Labeling Theory)에 대한 설명으로 옳지 않은 것은?

① 부정적인 사회적 낙인은 자아정체성에 나쁜 영향을 끼쳐, 스스로 일탈자로 규정하고 일탈행위를 지속하게 만든다고 보았다.

② 낙인의 긍정적인 효과를 간과하였다는 비판을 보완하기 위해, 초범자에 대한 적극적인 시설 내 프로그램의 적용을 제시하였다.

③ 일탈 · 범죄행위에 대한 공식적 · 비공식적 통제기관의 반응과 이에 대해 일탈 · 범죄행위자 스스로가 정의하는 자기관념에 주목한다.

④ 범죄는 일정한 행위속성의 결과가 아니라, 통제기관에 의해 일탈행위에 대한 '사회적 반응'이 범죄로 규정된다.

12 「보호소년 등의 처우에 관한 법률」상 보호장비에 대한 설명으로 옳은 것은?

① 보호장비의 종류에는 수갑, 포승, 가스총, 전자충격기, 최루탄이 있다.

② 원장은 법원 또는 검찰의 조사 · 심리, 이송, 그 밖의 사유로 호송하는 경우에는 소속 공무원으로 하여금 보호소년 등에 대하여 수갑, 포승 또는 보호대를 사용하게 할 수 있다.

③ 원장은 다른 사람에게 위해를 가하거나 가하려고 하는 경우에는 소속 공무원으로 하여금 보호소년 등에 대하여 가스총을 사용하게 할 수 있다.

④ 보호장비는 필요한 최소한의 범위에서 사용하여야 하며, 보호장비를 사용할 필요가 없게 되었을 때에는 즉시 사용을 중지하여야 한다.

13 다음 중 선별적 무능력화(selective incapacitation)에 대한 설명으로 옳지 않은 것은?

① 집합적 무능력화(collective incapacitation)에 비하여 교정예산의 절감에 도움이 되지 않는다.

② 중누범자들이 구금되더라도 그 자리는 다른 범죄자들이 대신 차지하게 되어 범죄감소효과를 사실상 기대하기 어렵다는 점이다.

③ 범죄자의 특성에 기초하여 행해지고, 범죄자를 개선하고자 의도하지 않는다.

④ 과학적인 방법으로 범죄를 예측하며, 교정자원을 효율적으로 활용할 수 있다.

14 형벌에 대한 설명으로 옳은 것은?

① 징역 또는 금고의 집행을 종료하거나 집행이 면제된 자가 피해자의 손해를 보상하고 벌금 이상의 형을 받음이 없이 5년을 경과한 때에는 본인 또는 검사의 신청에 의하여 그 재판의 실효를 선고할 수 있다.

② 선고하는 벌금이 1억원 이상 5억원 미만인 경우에는 300일 이상, 5억원 이상 50억원 미만인 경우에는 500일 이상, 50억원 이상인 경우에는 1천일 이상의 노역장 유치기간을 정하여야 한다. 다만, 그 상한은 3년으로 제한된다.

③ 판결선고 전의 구금일수는 그 전부 또는 일부를 유기징역, 유기금고, 벌금이나 과료에 관한 유치 또는 구류에 산입하여야 한다.

④ 벌금과 과료는 판결확정일로부터 15일 이내에 납입하여야 한다. 단, 벌금 또는 과료를 선고할 때에는 동시에 그 금액을 완납할 때까지 노역장에 유치할 것을 명할 수 있다.

15 「형의 집행 및 수용자의 처우에 관한 법률」상 수용자의 편지수수에 대한 설명으로 옳지 않은 것은?

① A교도소에 수용되어 있는 수형자 甲이 B구치소에 수용되어 있는 미결수용자 乙과 편지를 주고받으려면 A교도소장의 허가를 받아야 한다.

② 19세인 미결수용자 甲이 보내거나 받는 편지는 법령에 어긋나지 않으면 횟수를 제한하지 않는다.

③ 마약류 사범으로 A교도소에 수용되어 있는 수형자 甲이 B구치소의 수용자 乙에게 보내는 편지의 검열은 A교도소에서 하는 것이 원칙이다.

④ 현행법에 따라 발신이 금지된 수형자 甲의 편지는 甲에게 그 사유를 알린 후 동의하면 이를 폐기할 수 있다.

16 「형의 집행 및 수용자의 처우에 관한 법률 시행규칙」상 조직폭력사범, 마약류사범 등의 처우에 대한 설명으로 옳지 않은 것은?

① 소장은 조직폭력수용자로 지정된 사람에 대하여는 석방할 때까지 지정을 해제할 수 없다. 다만, 공소장 변경 또는 재판 확정에 따라 지정사유가 해소되었다고 인정되는 경우에는 교도관회의의 심의 또는 분류처우위원회의 의결을 거쳐 지정을 해제한다.

② 소장은 교정시설에 마약류를 반입하는 것을 방지하기 위하여 필요하면 강제적으로 수용자의 소변을 채취하여 마약반응검사를 할 수 있다.

③ 마약류수용자에 대하여 다량 또는 장기간 복용할 경우 환각증세를 일으킬 수 있는 의약품을 투약할 때에는 특히 유의하여야 한다.

④ 담당교도관은 마약류수용자의 보관품 및 지니는 물건의 변동 상황을 수시로 점검하고, 특이사항이 있는 경우에는 감독교도관에게 보고하여야 한다.

17 「형의 집행 및 수용자의 처우에 관한 법률」상 보호실 및 진정실에 대한 설명으로 옳은 것은?

> ㉠ 수용자의 보호실 수용기간은 15일 이내로 한다. 다만, 소장은 특히 계속하여 수용할 필요가 있으면 의무관의 의견을 고려하여 1회당 5일의 범위에서 기간을 연장할 수 있다.
> ㉡ 수용자를 보호실에 수용할 수 있는 기간은 계속하여 2개월을 초과할 수 없다.
> ㉢ 수용자의 진정실 수용기간은 24시간 이내로 한다. 다만, 소장은 특히 계속하여 수용할 필요가 있으면 의무관의 의견을 고려하여 1회당 12시간의 범위에서 기간을 연장할 수 있다.
> ㉣ 수용자를 진정실에 수용할 수 있는 기간은 계속하여 3일을 초과할 수 없다.
> ㉤ 소장은 수용자를 보호실, 진정실에 수용하거나 수용기간을 연장하는 경우에는 그 사유를 본인에게 알려 주어야 한다

① ㉠, ㉡
② ㉡, ㉢
③ ㉢, ㉣, ㉤
④ ㉠, ㉡, ㉤

18 「형의 집행 및 수용자의 처우에 관한 법률 시행규칙」상 기본수용급 구분에 관하여 (   )에 들어갈 숫자의 합으로 옳은 것은?

> ㉠ (   )세 미만의 소년수형자
> ㉡ (   )세 미만의 청년수형자
> ㉢ (   )세 이상의 노인수형자
> ㉣ 형기가 (   )년 이상인 장기수형자

① 117
② 118
③ 122
④ 123

19 「교도작업의 운영 및 특별회계에 관한 법률」의 내용에 대한 설명으로 옳지 않은 것은?

① 법무부장관은 교도작업으로 생산되는 제품의 종류와 수량을 회계연도 개시 1개월 전까지 공고하여야 한다.
② 교정시설의 장은 민간기업이 참여할 교도작업의 내용을 해당 기업체와의 계약으로 정하고 이에 대하여 지방교정청장의 승인을 받아야 한다. 다만, 법무부장관이 정하는 단기의 계약에 대하여는 그러하지 아니하다.
③ 교도작업특별회계는 법무부장관이 운용·관리한다.
④ 교도작업특별회계는 세입총액이 세출총액에 미달된 경우 또는 시설 개량이나 확장에 필요한 경우에는 예산의 범위에서 일반회계로부터 전입을 받을 수 있다.

20 「소년법」상 보호처분에 대한 설명으로 옳지 않은 것만을 고른 것은?

> ㉠ 사회봉사명령은 14세 이상의 소년에게만 할 수 있다.
> ㉡ 보호관찰처분을 하는 경우 2년 이내의 기간을 정하여 야간 등 특정 시간대의 외출을 제한하는 명령을 보호관찰 대상자의 준수사항으로 부과할 수 있다.
> ㉢ 장기로 소년원에 송치된 소년의 보호기간은 2년으로 한다. 다만, 소년부 판사는 보호관찰관의 신청에 따라 결정으로써 1년의 범위에서 한 번에 한하여 그 기간을 연장할 수 있다.
> ㉣ 1개월 이내의 소년원 송치 처분은 보호관찰관의 단기 보호관찰 처분과 병합할 수 있다.
> ㉤ 보호처분이 계속 중일 때에 사건 본인에 대하여 새로운 보호처분이 있었을 때에는 그 처분을 한 소년부 판사는 이전의 보호처분을 한 소년부에 조회하여 어느 하나의 보호처분을 취소하여야 한다.

① ㉠, ㉡, ㉢
② ㉠, ㉢, ㉤
③ ㉠, ㉣, ㉤
④ ㉡, ㉢, ㉣

제
04
회

01 「형의 집행 및 수용자의 처우에 관한 법률」상 작업에 대한 설명으로 올바르게 말한 사람은 모두 몇 명인가?

> 하사: 17세인 수형자의 작업시간은 1일에 7시간, 1주에 42시간인 것은 가능해.
> 중사: 소장은 수형자에게 부상·질병, 그 밖에 작업을 계속하기 어려운 특별한 사정이 있으면 그 사유가 해소될 때까지 작업을 면제할 수 있는 것이지 꼭 면제해야만 하는 것은 아냐.
> 상사: 소장은 수형자의 배우자의 직계존속이 사망하면 1일간 해당 수형자의 작업을 면제해야 해. 만약 수형자가 작업을 계속하기를 원하더라도 작업을 허용할 수 없어.
> 준위: 소장은 공휴일에는 수형자에게 작업을 부과하지 않아. 그런데 공공의 안전을 위하여 긴급히 필요한 경우에 한해서는 작업을 부과해야 해.

① 0명
② 1명
③ 2명
④ 3명

02 「형의 집행 및 수용자의 처우에 관한 법률」상 수용자 권리구제 수단에 관한 설명으로 옳은 것은?

> ㉠ 소장은 청원서를 개봉하여서는 아니 되며, 이를 지체 없이 법무부장관·순회점검공무원 또는 관할 지방교정청장에게 보내거나 순회점검공무원에게 전달하여야 한다.
> ㉡ 소장은 특별한 사정이 있으면 소속 교도관으로 하여금 그 면담을 대리하게 할 수 있다. 이 경우 면담을 대리한 사람은 그 결과를 소장에게 지체 없이 보고하여야 한다.
> ㉢ 순회점검공무원이 청원을 청취하는 경우에는 해당 교정시설의 교도관이 참여하여서는 아니 된다.
> ㉣ 순회점검공무원에 대한 청원과 그 결정은 문서 또는 말로 할 수 있다.
> ㉤ 소장은 특별한 사정이 있으면 소속 교도관으로 하여금 그 면담을 대리하게 할 수 있다. 이 경우 면담을 대리한 사람은 그 결과를 소장에게 지체 없이 보고하여야 한다
> ㉥ 수용자는 그 처우에 관하여 불복하는 경우 법무부장관·순회점검공무원 또는 관할 지방교정청장에게 청원하여야 한다.

① ㉠, ㉡, ㉢, ㉤
② ㉡, ㉣, ㉤, ㉥
③ ㉡, ㉢, ㉣, ㉥
④ ㉢, ㉣, ㉤, ㉥

03 「소년법」에 대한 설명으로 옳지 않은 것은?

① 범죄소년의 연령은 14세 이상 19세 미만, 촉법소년의 연령은 10세 이상 14세 미만이다.
② 수강명령은 12세 이상의 소년에게만, 장기 소년원 송치는 14세 이상의 소년에게만 할 수 있다.
③ 법원은 소년에 대한 피고사건을 심리한 결과 보호처분에 해당할 사유가 있다고 인정하면 결정으로써 사건을 관할 소년부에 송치하여야 한다.
④ 소년이 법정형으로 장기 2년 이상의 유기형에 해당하는 죄를 범한 경우에는 그 형의 범위에서 장기와 단기를 정하여 선고한다. 다만, 장기는 10년, 단기는 5년을 초과하지 못한다.

04 「보호관찰 등에 관한 법률」상 긴급구인의 절차에 대한 설명으로 옳지 않은 것은?

① 보호관찰소의 장은 준수사항을 위반한 보호관찰대상자가 구인사유가 있는 경우로서 긴급하여 구인장을 발부받을 수 없는 경우에는 그 사유를 알리고 구인장 없이 그 보호관찰대상자를 구인할 수 있다.
② 보호관찰소의 장은 검사의 승인을 받지 못하면 즉시 보호관찰대상자를 석방하여야 한다.
③ 보호관찰소의 장은 보호관찰대상자를 긴급구인한 경우에는 긴급구인서를 작성하여 24시간 이내에 관할 지방검찰청 검사의 승인을 얻어야 한다.
④ 보호관찰소의 장은 보호관찰대상자를 긴급구인하였을 때에는 유치 허가를 청구한 경우를 제외하고는 구인한 때부터 48시간 이내에 석방하여야 한다.

05 「형의 집행 및 수용자의 처우에 관한 법률」상 특별한 보호가 필요한 수용자의 처우에 대한 설명으로 옳은 것만을 모두 고른 것은?

> ㉠ 소장은 여성수용자의 목욕횟수를 정하는 경우에는 그 신체적 특성을 특히 고려할 수 있다.
> ㉡ 소장은 외국인수용자의 수용거실을 지정하는 경우에는 종교 또는 생활관습이 다르거나 민족감정 등으로 인하여 분쟁의 소지가 있는 외국인수용자는 거실을 분리하여 수용할 수 있다.
> ㉢ 법무부장관이 장애인수형자의 처우를 전담하도록 정하는 시설(장애인수형자 전담교정시설)의 장은 장애종류별 특성에 알맞은 재활치료프로그램을 개발하여 시행하여야 한다.
> ㉣ 소장은 소년수용자가 작업을 원하는 경우에는 나이 · 건강상태 등을 고려하여 해당 수용자가 감당할 수 있는 정도의 작업을 부과한다. 이 경우 담당교도관의 의견을 들어야 한다.
> ㉤ 소장은 외국인수용자의 수용거실을 지정하는 경우에는 종교 또는 생활관습이 다르거나 민족감정 등으로 인하여 분쟁의 소지가 있는 외국인수용자는 거실을 분리하여 수용하여야 한다.
> ㉥ 외국인수용자를 수용하는 소장은 외국어에 능통한 소속 교도관을 전담요원으로 지정하여 일상적인 개별면담, 고충해소, 통역 · 번역 및 외교공관 또는 영사관 등 관계기관과의 연락 등의 업무를 수행하게 하여야 한다.

① ㉠, ㉢, ㉤
② ㉡, ㉣, ㉤
③ ㉢, ㉣, ㉥
④ ㉢, ㉤, ㉥

06 「형의 집행 및 수용자의 처우에 관한 법률」상 교도관이 수용자에 대하여 무기를 사용할 수 있는 사유로 옳은 것은?

① 수용자가 다른 사람에게 위해를 끼치려고 하는 때
② 도주하는 수용자에게 교도관이 정지할 것을 명령하였음에도 계속하여 도주하는 때
③ 자기 또는 타인의 생명 · 신체를 보호하기 위하여 급박하다고 인정되는 상당한 이유가 있는 때
④ 건물 또는 그 밖의 시설과 무기에 대한 위험을 방지하기 위하여 급박하다고 인정되는 상당한 이유가 있는 때

07 「형의 집행 및 수용자의 처우에 관한 법률 시행규칙」상 분류심사를 하지 않는 사람으로 옳은 것만을 모두 고른 것은?

> ㉠ 구류형이 확정된 사람
> ㉡ 수형자가 질병 등으로 분류심사가 곤란한 때
> ㉢ 수형자가 징벌대상행위의 혐의가 있어 조사 중이거나 징벌집행 중인 때
> ㉣ 분류심사를 유예한 사유가 소멸하였으나 집행할 형기가 사유 소멸일부터 3개월 미만인 사람
> ㉤ 징역형 · 금고형이 확정된 사람으로서 집행할 형기가 형 집행지휘서 접수일부터 3개월 미만인 사람

① ㉠, ㉤
② ㉠, ㉣, ㉤
③ ㉠, ㉡, ㉢, ㉣
④ ㉡, ㉢, ㉣, ㉤

08 「형의 집행 및 수용자의 처우에 관한 법률 시행령」상 협의체의 구성 및 운영에 대한 설명으로 가장 옳지 않은 것은?

① 협의체는 위원장을 포함하여 12명의 위원으로 구성한다.
② 협의체의 위원장은 법무부차관이 되고, 그 위원으로 법원의 경우 법원행정처 소속 판사 또는 3급 이상의 법원일반직공무원 중에서 법원행정처장이 지명하는 사람 1명을 포함한다.
③ 협의체의 위원장은 협의체 회의를 소집하며, 회의 개최 7일 전까지 회의의 일시 · 장소 및 안건 등을 각 위원에게 알려야 한다.
④ 협의체의 위원은 협의체의 회의 결과를 자신이 소속된 기관의 장에게 통보해야 한다.

09 다음 중 사회 내 처우(지역사회교정)의 등장배경이라고 볼 수 없는 것은?

① 교정시설의 증가에 따른 비용의 감소를 위함
② 범죄자에 대한 낙인을 줄이고 사회재통합을 가능하게 함
③ 교도소의 과밀화를 해소하고 교도관의 사기를 증진시킴
④ 지역사회의 물리적 환경개선을 통해 범죄예방에 힘씀

10 「민영교도소 등의 설치·운영에 관한 법률」상 교정업무의 민간 위탁에 대한 설명으로 옳지 않은 것은?

① 교정법인의 대표자는 민영교도소 등의 장 외의 직원을 임면할 권한을 민영교도소 등의 장에게 위임할 수 있다

② 법무부장관은 위탁계약을 체결하기 전에 계약 내용을 기획재정부장관과 미리 협의하여야 한다.

③ 법무부장관은 교정업무를 포괄 위탁하여 교도소 등을 설치·운영하도록 하는 업무를 법인 또는 개인에게 위탁할 수 있다.

④ 교정법인은 기본재산에 대하여 매도·증여 또는 교환, 용도 변경, 담보 제공, 의무의 부담이나 권리의 포기를 하려면 법무부장관의 허가를 받아야 한다. 다만, 대통령령으로 정하는 경미한 사항은 법무부장관에게 신고하여야 한다.

11 허쉬(Hirschi)의 사회유대이론에 대한 설명으로 옳지 않은 것은?

① 신념(Belief)은 지역사회가 청소년의 초기 비행행동에 대해 과잉반응하지 않고 꼬리표를 붙이지 않는 것을 말한다.

② 애착(Attachment)은 개인이 다른 사람과 맺는 감성과 관심으로, 이를 통해서 청소년은 범죄를 스스로 억누르게 되는 것을 말한다.

③ 전념(Commitment)은 관습적 활동에 소비하는 시간·에너지·노력 등으로, 시간과 노력을 투자할수록 비행을 저지름으로써 잃게 되는 손실이 커져 비행을 저지르지 않는 것을 말한다.

④ 참여(Involvement)는 관습적 활동 또는 일상적 활동에 열중하는 것으로, 참여가 높을수록 범죄에 빠질 기회와 시간이 적어져 범죄를 저지를 가능성이 감소되는 것을 말한다.

12 「형법」상 벌금형에 대한 설명으로 옳지 않은 것은?

① 벌금을 선고할 때에는 동시에 그 금액을 완납할 때까지 노역장에 유치할 것을 명하여야 한다.

② 벌금은 판결확정일로부터 30일 이내에 납입하여야 하고(형법 제69조 제1항), 벌금을 납입하지 아니한 자는 1일 이상 3년 이하의 기간 노역장에 유치하여 작업에 복무하게 한다.

③ 벌금을 선고 받은 사람이 그 금액의 일부를 납입한 경우에는 벌금 또는 과료액과 노역장 유치기간의 일수에 비례하여 납입금액에 해당하는 일수를 뺀다.

④ 벌금은 상속이 되지 않으나 몰수 또는 조세, 전매 기타 공과에 관한 법령에 의하여 벌금의 재판을 받은 자가 재판확정 후 사망한 경우에는 그 상속재산에 관하여 집행할 수 있다.

13 다음 중 범죄원인론에 대한 비판으로 잘못 연결한 것은?

① 머튼(Merton)의 아노미이론은 범죄통계에서 범죄자가 하류계층에 가장 많은 이유를 설명하지 못한다.

② 밀러(Miller)의 하위계층(계급)문화이론은 하류계층의 대체문화가 갖는 상이한 가치는 지배계층의 문화와 갈등을 초래하며, 지배집단의 문화와 가치에 반하는 행위들이 지배계층에 의해 범죄적·일탈적 행위로 간주된다고 주장한다.

③ 서덜랜드(Sutherland)의 차별적 접촉이론은 분화된 집단 가운데 어느 집단과 친밀감을 가지고 차별적 접촉을 갖느냐에 따라 백지와 같은 인간의 본성에 특정 집단의 행동양식을 배우고 익혀나간다는 이론이다.

④ 레머트(Lemert)는 범죄를 포함한 일탈행위를 일차적 일탈과 이차적 일탈로 구분하고, 이차적 일탈은 일차적 일탈에 대한 사회적 반응으로 야기된 문제들에 대한 행위자의 반응에 의해 발생하는 것이라고 주장하였다.

14 「소송촉진 등에 관한 특례법」상 배상명령에 대한 설명으로 옳지 않은 것은?

① 피해자는 제1심 또는 제2심 공판의 변론이 종결될 때까지 사건이 계속된 법원에 피해배상을 신청할 수 있다.

② 상소심에서 원심의 유죄판결을 파기하고 피고사건에 대하여 공소기각의 재판을 할 때에는 원심의 배상명령을 취소하여야 한다.

③ 법원은 피해 금액이 특정되지 아니한 경우에도 피해자의 구조에 특히 필요한 경우에는 배상명령을 할 수 있다.

④ 배상명령이 확정된 경우 피해자는 그 인용된 금액의 범위에서 다른 절차에 따른 손해배상을 청구할 수 없다.

15 「형의 집행 및 수용자의 처우에 관한 법률」상 징벌의 실효에 대한 설명으로 가장 옳은 것은?

① 징벌의 내용이 16일 이상 20일 이하의 금치의 경우에는 징벌의 실효기간은 2년 6개월이다.

② 징벌의 내용이 21일 이상 30일 이하의 금치의 경우에는 징벌의 실효기간은 3년이다.

③ 징벌의 내용이 10일 이상 15일 이하의 금치의 경우에는 징벌의 실효기간은 2년이다.

④ 징벌의 내용이 9일 이하의 금치의 경우에는 징벌의 실효기간은 1년이다.

16 「형의 집행 및 수용자의 처우에 관한 법률」상 수용자의 접견에 대한 설명으로 옳은 것은?

① 소장은 개방·완화경비처우급 수형자에 대하여는 법무부장관이 정하는 바에 따라 접촉차단시설이 설치된 장소 외의 적당한 곳에서 접견을 실시할 수 있다.

② 수용자가 「형사소송법」에 따른 상소권회복 또는 재심청구사건의 대리인이 되려는 변호사와 접견할 수 있는 횟수는 월 4회이다.

③ 미결수용자가 변호인과 접견하는 경우에는 접촉차단시설이 설치되지 아니한 장소에서 접견하게 한다.

④ 소장은 범죄의 증거를 인멸하거나 형사 법령에 저촉되는 행위를 할 우려가 있는 때에는 교도관으로 하여금 수용자의 접견내용을 청취·기록·녹음 또는 녹화하게 하여야 한다.

17 「치료감호 등에 관한 법률」상 치료명령에 대한 설명으로 옳지 않은 것은?

① 치료감호대상자란 소아성기호증, 성적가학증 등 성적 성벽이 있는 정신성적 장애인으로서 금고 이상의 형에 해당하는 성폭력범죄를 지은 자로서 치료감호시설에서 치료를 받을 필요가 있고 재범의 위험성이 있는 자를 말한다.

② 법원은 치료명령대상자에 대하여 형의 선고 또는 집행을 유예하는 경우에는 치료기간을 정하여 치료명령을 하여야 한다.

③ 치료명령을 받은 사람은 보호관찰관의 지시에 따라 인지행동 치료 등 심리치료 프로그램을 성실히 이수할 것을 준수하여야 한다.

④ 보호관찰기간은 선고유예의 경우에는 1년, 집행유예의 경우에는 그 유예기간으로 하며, 치료기간은 보호관찰기간을 초과할 수 없다.

18 「보호관찰 등에 관한 법률」상 보호관찰의 기간에 대한 설명으로 옳지 않은 것은?

① 보호관찰을 조건으로 형의 선고유예를 받은 사람은 1년
② 소년원을 퇴원한 사람은 퇴원일로부터 6월 이상 2년 이하의 범위 안에서 심사위원회가 정한 기간
③ 가석방된 성인수형자의 보호관찰 기간은 가석방 기간과 동일
④ 보호관찰을 조건으로 형의 집행유예를 선고받은 사람은 그 유예기간

19 「형의 집행 및 수용자의 처우에 관한 법률」상 수용자의 수용에 관한 설명 중 가장 옳지 않은 것은?

① 소장은 수용자를 다른 교정시설에 이송하는 경우에 의무관으로부터 수용자가 건강상 감당하기 어렵다는 보고를 받으면 이송을 중지하고 그 사실을 이송받을 소장에게 알려야 한다.
② 소장은 신입자 및 다른 교정시설로부터 이송되어 온 사람에 대하여 수용자의 교화 또는 건전한 사회복귀를 위하여 특히 필요하다고 인정하면 번호표를 붙이지 아니할 수 있다.
③ 교도관은 계호상 독거수용자를 수시로 시찰하여 건강상 또는 교화상 이상이 없는지 살펴야 한다.
④ 소장은 신입자 또는 다른 교정시설로부터 이송되어 온 사람이 있으면 그 사실을 수용자의 가족(배우자, 직계 존속·비속, 형제자매) 또는 동거친족에게 지체 없이 알려야 한다.

20 「보호소년 등에 처우에 관한 법률」상 원장은 보호소년 등의 보호 및 교정교육에 지장을 주지 아니하는 범위에서 가족 등과 전화통화를 허가할 수 있다. 이에 대한 설명으로 옳지 않은 것은?

① 원장은 전화통화 허가를 신청한 보호소년 등이 지속적인 규율 위반으로 교정성적이 현저하게 낮은 경우에는 전화통화를 허가하지 않을 수 있다.
② 원장은 허가받지 아니한 사람과 통화하는 경우에는 보호소년 등의 전화통화를 중지시킬 수 있다.
③ 보호소년 등의 전화통화를 중지시키려면 미리 보호소년 등과 통화상대방에게 경고하여야 하며, 전화통화를 중지시킬 경우 보호소년 또는 통화상대방에게 그 사유를 알려야 한다.
④ 전화통화를 위하여 소년원 및 소년분류심사원에 설치하는 전화기의 운영에 필요한 사항은 법무부장관이 정한다.

□ 빠른 정답 p.142
✎ 해설 p.105

01 「형의 집행 및 수용자의 처우에 관한 법률」상 교정시설에 대한 설명으로 옳지 않은 것은?

① 법무부장관은 매년 1회 이상 교정시설의 운영 실태를 순회점검하거나, 소속 공무원으로 하여금 순회점검하게 하여야 한다.

② 교정시설의 거실은 수용자가 건강하게 생활할 수 있도록 적정한 수준의 공간과 채광·통풍·난방을 위한 시설이 갖추어져야 한다.

③ 교정시설의 장은 외국인에게 교정시설의 참관을 허가할 경우에는 미리 법무부장관의 승인을 받아야 한다.

④ 신설하는 교정시설은 수용인원이 500명 이내의 규모로 하는 것을 원칙으로 한다.

02 「형의 집행 및 수용자의 처우에 관한 법률」상 교정자문위원회에 대한 설명으로 옳지 않은 것은?

① 교정시설의 운영과 노인·장애인수용자 등의 보호, 성차별 및 성폭력 예방정책에 관한 자문에 대한 응답 및 조언을 한다.

② 교정자문위원회의 위원은 교정에 관한 학식과 경험이 풍부한 외부인사 중에서 지방교정청장이 위촉한다.

③ 교정자문위원회의 회의는 공개하지 아니한다. 다만, 위원회의 의결을 거친 경우에는 공개할 수 있다.

④ 교정자문위원회의 회의는 위원 과반수의 요청이 있거나 지방교정청장이 필요하다고 인정하는 경우에 개최한다.

03 「치료감호 등에 관한 법률」상 치료명령에 대한 설명으로 옳지 않은 것은?

① 법원은 치료를 명하기 위하여 필요하다고 인정하면 보호관찰소의 장에게 범죄의 동기, 피고인의 신체적·심리적 특성 및 상태 등 피고인에 관한 사항의 조사를 요구할 수 있다.

② 피의자가 심신장애로 의사결정능력이 없기 때문에 벌할 수 없는 경우 검사는 공소제기 없이 치료감호만을 청구할 수 있다.

③ 법원은 치료명령대상자에 대하여 형의 선고 또는 집행을 유예하는 경우에는 치료기간을 정하여 치료를 받을 것을 명할 수 있으며(동법 제44조의2 제1항), 치료를 명하는 경우 보호관찰을 병과하여야 한다.

④ 법무부장관은 치료명령을 받은 사람의 치료를 위하여 치료기관을 지정하여야 한다.

04 「형의 집행 및 수용자의 처우에 관한 법률」상 벌칙규정에 대한 설명으로 옳은 것은?

> ㉠ 소장의 허가 없이 무인비행장치, 전자·통신기기를 교정시설에 반입한 사람은 3년 이하의 징역 또는 3천만원 이하의 벌금에 처한다.
>
> ㉡ 주류·담배·화기·현금·수표·음란물·사행행위에 사용되는 물품을 수용자에게 전달할 목적으로 교정시설에 반입한 사람은 1년 이하의 징역 또는 1천만원 이하의 벌금에 처한다.
>
> ㉢ 정당한 사유 없이 제102조(재난 시의 조치) 제4항을 위반하여 일시석방 후 24시간 이내에 교정시설 또는 경찰관서에 출석하지 아니하는 행위를 한 수용자는 1년 이하의 징역 또는 1천만원 이하의 벌금에 처한다.
>
> ㉣ 소장의 허가 없이 교정시설 내부를 녹화·촬영한 사람은 1년 이하의 징역 또는 1천만원 이하의 벌금에 처한다.

① ㉠, ㉡, ㉢   ② ㉡, ㉢, ㉣

③ ㉠, ㉡, ㉣   ④ ㉠, ㉡, ㉢, ㉣

05 「형의 집행 및 수용자의 처우에 관한 법률」편지수수와 관련된 사항 중 옳지 않은 것은?

① 수용자가 보내거나 받는 편지가 법령에 어긋나지 않으면 횟수를 제한하지 않는다.

② 소장은 법원·경찰관서, 그 밖의 관계기관에서 수용자에게 보내온 문서는 다른 법령에 특별한 규정이 없으면 열람한 후 본인에게 전달하여야 한다.

③ 수용자는 편지를 보내려는 경우 편지를 봉함하여 교정시설에 제출하는 것이 원칙이지만, 엄중관리대상자에 대해서는 봉함하지 않은 상태로 제출하게 하여야 한다.

④ 수용자에게 온 편지에 금지물품이 들어 있는지 수용자의 동의 없이 개봉하여 확인할 수 있다.

06 「형의 집행 및 수용자의 처우에 관한 법률」과 동법 시행규칙상 수용자의 특별한 보호를 위하여 행하는 처우에 관한 규정의 내용과 일치하지 않는 것은?

① 노인수용자의 거실은 시설부족 또는 그 밖의 부득이한 사정이 없으면 건물의 1층에 설치하고, 특히 겨울철 난방을 위하여 필요한 시설을 갖추어야 한다.

② 장애인수형자 전담교정시설의 장은 장애인의 재활에 관한 전문적인 지식을 가진 의료진과 장비를 갖추어야 한다.

③ 법무부장관이 장애인수형자의 처우를 전담하도록 정하는 시설(장애인수형자 전담교정시설)의 장은 장애종류별 특성에 알맞은 재활치료프로그램을 개발하여 시행하여야 한다.

④ 남성교도관이 1인의 여성수용자에 대하여 실내에서 상담 등을 하려면 투명한 창문이 설치된 장소에서 다른 여성을 입회시킨 후 실시하여야 한다.

07 「형의 집행 및 수용자의 처우에 관한 법률」상 수용자의 사망에 대한 설명으로 가장 옳지 않은 것은?

① 소장은 사망한 수용자를 임시로 매장하려는 경우, 수용자가 사망한 사실을 알게 된 사람이 그 사실을 알게 된 날부터 3일 이내에 서신을 인수하지 아니하거나 시신을 인수할 사람이 없으면 임시로 매장하여야 한다.

② 소장은 시신을 임시로 매장한 후 2년이 지나도록 시신의 인도를 청구하는 사람이 없을 때에는 일정한 장소에 집단으로 매장하여 처리할 수 있다.

③ 소장은 사망한 수용자를 화장하여 봉안하려는 경우, 수용자가 사망한 사실을 알게 된 사람이 그 사실을 알게 된 날부터 30일 이내에 시신을 인수하지 아니하거나 시신을 인수할 사람이 없으면 화장 후 봉안하여야 한다.

④ 소장은 수용자가 사망한 경우에는 그 사실을 즉시 그 가족(가족이 없는 경우에는 다른 친족)에게 알려야 한다. 이 경우 사망 일시·장소 및 사유도 같이 알려야 한다.

08 「형의 집행 및 수용자의 처우에 관한 법률 시행규칙」상 이송·재수용 수형자의 처우에 대한 설명으로 옳지 않은 것은?

① 소장은 형집행정지 중에 있는 사람이 정지사유가 없어져 재수용된 경우에는 석방 당시와 동일한 처우등급을 부여하여야 한다.

② 소장은 형집행정지자가 주거지 이탈하여 소재불명되어 검사는 그 소재불명이 형집행정지의 취소 사유로 인정되는 때에 한하여 형집행정지의 취소로 재수용된 경우에는 석방 당시보다 한 단계 낮은 처우등급을 부여할 수 있다.

③ 소장은 수형자가 가석방의 취소로 재수용되어 남은형기가 집행되는 경우에는 석방 당시보다 한 단계 낮은 처우등급(경비처우급에만 해당한다)을 부여하는 것을 원칙으로 한다.

④ 소장은 형집행정지 중이거나 가석방기간 중에 있는 사람이 형사사건으로 재수용되어 형이 확정된 경우에는 개별처우계획을 새로 수립하여야 한다.

09 다음 교도작업의 경영방법에 따른 분류에 대한 설명으로 옳은 것은?

① 위탁작업은 교도소가 사인과 계약을 맺어 사인에게 노무를 제공하고 그 대가로 임금을 징수하는 방식이다. 교도소는 노무만을 제공할 뿐 작업에 필요한 모든 재료, 기술, 경비는 사인이 부담한다. 수부방식이라고도 한다.

② 노무작업은 제품종목의 선정, 원료구입, 기계설비, 제품생산 및 판매 등 모든 과정이 교도소의 지휘·감독 하에서 이루어진다.

③ 직영작업은 개인 또는 민간단체 등의 의뢰인으로부터 설비 및 원료의 전부 또는 일부를 제공받아 교도소가 취업자로 하여금 의뢰받은 물건을 가공 생산하게 하여 의뢰인에게 교부하고 그로부터 대가를 징수하는 방법이다.

④ 도급작업은 교도소가 노동력의 제공과 작업용 자재, 비용, 공사감독 등을 맡아 작업을 기일 내 완성시키는 것을 약정하고 교도소가 모든 것을 책임지고 관리·감독하는 방법이다.

10 형벌과 보안처분의 관계에 대한 설명으로 옳지 않은 것은?

① 이원주의는 형벌의 본질이 응보에 있다고 보는 입장에서 형벌과 보안처분은 각기 그 성격을 달리한다고 보는 관점이다.

② 대체주의는 형벌은 책임의 정도에 따라 선고하되 그 집행단계에서 보안처분에 의해 대체하거나 보안처분의 집행이 종료된 후에 집행하는 주의를 말한다.

③ 일원주의는 형벌과 보안처분의 목적을 모두 사회방위와 범죄인의 교육·개선으로 보고, 양자 중 어느 하나만을 적용하자고 한다.

④ 일원주의는 행위자의 반사회적 위험성을 척도로 하여 일정한 제재를 부과하는 것이 행위책임원칙에 적합하다고 한다.

11 「보호관찰 등에 관한 법률」상 갱생보호제도에 대한 설명으로 옳지 않은 것은?

① 숙식제공은 6월을 초과할 수 없다. 다만, 필요하다고 인정하는 때에는 매회 6월의 범위내에서 3회에 한하여 그 기간을 연장할 수 있다.

② 갱생보호사업을 하려는 자는 대통령령으로 정하는 바에 따라 법무부장관의 허가를 받아야 한다.

③ 갱생보호는 그 대상자가 자신의 친족 또는 연고자 등으로부터 도움을 받을 수 없거나 그 도움만으로는 충분하지 아니한 경우에 한하여 행한다.

④ 갱생보호 대상자에게 직장을 알선하고 필요한 경우 신원을 보증하는 것으로 한다.

12 「민영교도소 등의 설치·운영에 관한 법률」에 관한 내용으로 옳지 않은 것은?

① 법무부장관은 교정업무를 공공단체 외의 법인 또는 개인에게 위탁할 수 있다. 다만, 교정업무를 포괄적으로 위탁하여 한 개 또는 여러 개의 교도소 등을 설치·운영하도록 하는 경우에는 법인에만 위탁할 수 있다.

② 위탁계약 기간은 수탁자가 교도소 등의 설치비용을 부담하는 경우에는 10년 이상 20년 이하이며, 그 기간을 1차에 한하여 갱신할 수 있다.

③ 교정법인의 대표자는 그 교정법인이 운영하는 민영교도소 등의 장을 겸할 수 없고, 이사는 감사나 해당 교정법인이 운영하는 민영교도소 등의 직원을 겸할 수 없으며, 감사는 교정법인의 대표자·이사 또는 직원을 겸할 수 없다.

④ 법무부장관은 민영교도소 등의 업무 및 그와 관련된 교정법인의 업무를 지도·감독하며, 필요한 경우 지시나 명령을 할 수 있다. 다만, 수용자에 대한 교육과 교화프로그램에 관하여는 그 교정법인의 의견을 최대한 존중하여야 한다.

13 다음 범죄원인론 중 고전주의학파에 대한 설명으로 옳은 것만을 모두 고르면?

> ㉠ 인간은 자유의사를 가진 합리적인 존재이다.
> ㉡ 심리에 미치는 강제로서 형벌을 부과해야 한다고 하는 심리강제설을 주장하였다.
> ㉢ 범죄는 주로 생물학적·심리학적·환경적 원인에 의해 일어난다.
> ㉣ 범죄를 효과적으로 제지하기 위해서는 처벌이 엄격·확실하고, 집행이 신속해야 한다.
> ㉤ 범죄행위를 연구하는데 있어서 경험적이고 과학적인 접근을 강조한다.

① ㉠, ㉡, ㉢   ② ㉠, ㉡, ㉣
③ ㉡, ㉢, ㉣   ④ ㉢, ㉣, ㉤

14 다음 중 개방처우에 대한 설명으로 옳지 않은 것은?

① 개방처우의 유형으로는 외부통근제도, 주말구금제도, 부부특별면회제도 그리고 민영교도소제도 등을 들 수 있다.
② 개방시설에서의 처우는 유형적·물리적 도주방지장치가 전부 또는 일부가 없고 수용자의 자율 및 책임감에 기반을 둔 처우제도이다.
③ 외부통근제도는 수형자를 주간에는 교도관의 계호 없이 교정시설 밖의 외부기업체에서 사회일반근로자와 같은 조건에서 작업하도록 하고, 야간과 휴일에는 교정시설에서 생활하도록 하는 제도로 주간가석방제도, 반구금제, 반자유처우제라고도 한다.
④ 우리나라는 가족만남의 집 운영을 통해 부부특별면회제도를 두고 있다고 해석할 수 있고, 외부통근제도도 시행하고 있으나 주말구금제도는 시행하고 있지 않다.

15 「형의 집행 및 수용자의 처우에 관한 법률」상 수용자의 수용에 대한 설명으로 옳지 않은 것은?

① 수용자는 독거수용하나, 수용자의 생명 또는 신체의 보호, 정서적 안정을 위하여 필요한 때에는 혼거수용할 수 있다.
② 소장은 법원·검찰청·경찰관서 등으로부터 처음으로 교정시설에 수용되는 사람에 대하여는 집행지휘서, 재판서, 그 밖에 수용에 필요한 서류를 조사한 후 수용한다.
③ 소장은 특별한 보호시설이 없는 경우에는 다른 사람의 건강에 위해를 끼칠 우려가 있는 감염병에 걸린 사람의 수용을 거절하여야 한다.
④ 수용자의 생명·신체의 보호, 증거인멸의 방지 및 교정시설의 안전과 질서유지를 위하여 필요하다고 인정하면 혼거실이나 교육실, 그 밖에 수용자들이 서로 접촉할 수 있는 장소에서 수용자의 자리를 지정할 수 있다.

16 「형법」상 벌금형에 대한 설명으로 옳지 않은 것은?

① 벌금을 선고할 때에는 동시에 그 금액을 완납할 때까지 노역장에 유치할 것을 명하여야 한다.
② 500만원 이하의 벌금의 형을 선고할 경우에 형법 제51조의 사항을 참작하여 그 정상에 참작할 만한 사유가 있는 때에는 1년 이상 5년 이하의 기간 형의 집행을 유예할 수 있다.
③ 과료의 선고를 받은 사람이 그 금액의 일부를 납입한 경우에는 과료액과 노역장 유치기간의 일수에 비례하여 납입금액에 해당하는 일수를 뺀다.
④ 선고하는 벌금이 1억원 이상 5억원 미만인 경우에는 300일 이상, 5억원 이상 50억원 미만인 경우에는 500일 이상, 50억원 이상인 경우에는 1천일 이상의 노역장 유치기간을 정하여야 한다.

17 「형의 집행 및 수용자의 처우에 관한 법률」상 간이입소 절차 대상자로 볼 수 있는 경우를 모두 고른 것은?

> ㉠ 「형사소송법」 제151조(증인이 출석하지 아니한 경우의 과태료 등) 제2항에 따라 교정시설에 감치된 증인
>
> ㉡ 「형사소송법」 제201조의2(구속영장 청구와 피의자 심문) 제10항 및 제71조의2(구인 후의 유치)에 따른 구속영장 청구에 따라 피의자 심문을 위하여 교정시설에 유치된 피의자
>
> ㉢ 「형사소송법」 제212조(현행범인의 체포)에 따라 체포되어 교정시설에 유치된 피의자
>
> ㉣ 「형사소송법」 제200조의3(긴급체포)에 따라 체포되어 교정시설에 유치된 피의자

① ㉠, ㉡
② ㉠, ㉢, ㉣
③ ㉡, ㉢, ㉣
④ ㉠, ㉡, ㉢, ㉣

18 「전자장치 부착 등에 관한 법률」상 전자장치 부착에 대한 설명으로 옳은 것은?

① 만 19세 미만의 자에 대해서는 전자장치 부착명령을 선고할 수 없다.

② 잠정조치 결정을 받은 스토킹행위자는 법원이 지정한 일시까지 보호관찰소에 출석하여 대통령령으로 정하는 신상정보 등을 서면으로 신고한 후 보호관찰관의 지시에 따라 전자장치를 부착할수 있다.

③ 성폭력범죄, 미성년자 대상 유괴범죄, 살인범죄, 강·절도범죄 및 스토킹범죄가 전자장치 부착대상 특정범죄이다.

④ 보호관찰이 부과된 사람의 전자장치 부착기간은 보호관찰 기간을 초과할 수 없으며, 보호관찰이 임시해제된 경우에는 전자장치 부착이 임시해제된 것으로 본다.

19 「소년법」상 소년 형사사건 처리절차에 대한 설명으로 옳지 않은 것은?

① 소년 보호사건 또는 소년 형사사건과 관계있는 기관은 그 사건 내용에 관하여 재판, 수사 또는 군사상 필요한 경우 외의 어떠한 조회에도 응하여서는 아니 된다.

② 소년부는 법원으로부터 송치받은 사건을 조사 또는 심리한 결과 사건의 본인이 19세 이상인 것으로 밝혀지면 결정으로써 송치한 법원에 사건을 다시 이송하여야 한다.

③ 소년보호사건에서 소년부 판사는 사건의 조사 또는 심리에 필요하다고 인정하면 기일을 지정하여 사건 본인이나 보호자 또는 참고인을 소환할 수 있으며, 사건 본인이나 보호자가 정당한 이유 없이 소환에 응하지 아니하면 소년부 판사는 동행영장을 발부할 수 있다.

④ 검사는 소년과 소년의 친권자·후견인 등 법정대리인이 동의하지 아니하더라도 소년에 대하여 범죄예방자원봉사위원의 선도를 조건으로 기소유예를 할 수 있다.

20 비행 청소년의 처벌과 처우에 대한 설명으로 옳은 것은?

① 균형·회복적 사법(balanced and restorative justice)은 비행 청소년의 책임, 역량 개발, 지역사회 안전이라는 목표에 초점을 둔다.

② 소년범에 대한 형사법원 이송은 전통적인 소년사법 이념인 국친사상에 부합한다.

③ 바톨라스(Bartollas)와 밀러(Miller)의 의료모형에서는 비행 청소년은 자유의지로 비행을 저지른다고 가정한다.

④ 소년사법에 있어서 비시설수용(deinstitutionalization)은 구금으로 인한 폐해를 막고자 성인교도소가 아닌 소년 전담 시설에 별도로 수용하는 것을 말한다.

01 다음 중 조선시대의 형벌제도에 대한 설명으로 옳은 것은?

① 태형(笞刑)은 작은 회초리로 죄인의 볼기를 때리는 형벌로, 60대에서 100대까지 5등급이 있었다. 장형(杖刑)은 큰 회초리로 죄인의 볼기를 때리는 형벌로, 10대에서 50대까지 5등급이 있었다.

② 모반, 대역, 불효 등 특별히 정한 범죄를 제외하고는 형 대신 금전으로 납부할 수 있는 휼령제도가 있었다.

③ 안치(安置)는 죄인을 유형지 내의 일정 장소에 격리하여 유거시키는 형벌로, 주로 왕족 또는 고관 등에게 적용되었다.

④ 구금 중인 죄인의 건강이 좋지 않거나 구금 중 친상을 당한 때엔 죄인을 옥에서 석방하여 불구속상태로 재판을 받게 하거나 상을 치르고 난 후 다시 구금하는 것으로 오늘날의 구속집행정지, 형집행정지, 귀휴제도와 유사한 제도이다.

02 「보호관찰 등에 관한 법률」상 갱생보호제도에 대한 설명으로 옳지 않은 것은?

① 갱생보호는 숙식 제공, 주거 지원, 창업 지원, 직업훈련 및 취업 지원, 출소예정자 사전상담 등의 방법으로 한다.

② 갱생보호사업을 하려는 자는 대통령령으로 정하는 바에 따라 법무부장관의 허가를 받아야 한다.

③ 법무부장관은 갱생보호사업자의 허가를 취소하려면 청문을 하여야 한다.

④ 갱생보호사업을 효율적으로 추진하기 위하여 한국법무보호복지공단을 설립한다.

03 다음 중 회복적 사법에 대한 설명으로 옳지 않은 것은?

① 회복적 사법의 핵심가치는 피해자, 가해자 욕구뿐만 아니라 지역사회 욕구까지 반영하는 것이며 범죄가 발생하는 여건·환경에 관심을 둔다.

② 브레이스웨이트(J. Braithwaite)는 낙인이론, 하위문화이론, 기회이론, 통제이론, 차별적 접촉이론, 사회학습이론을 통합하였다.

③ 유엔에서 분류한 회복적 사법의 세가지 분류는 대면개념, 해체적 수치개념, 변환개념이다.

④ 범죄자의 사회재통합을 위해서 지역사회와의 의미 있는 접촉과 유대관계를 중시하므로 지역사회 교정을 강조한다.

04 형의 집행 및 수용자의 처우에 관한 법률 시행규칙상 사형확정자의 구분수용 등에 대한 설명으로 옳지 않은 것은?

① 사형확정자의 심리적 안정 및 원만한 수용생활을 위하여 특히 필요하다고 인정하는 경우에는 교도소에 수용할 사형확정자를 구치소에 수용할 수 있고, 구치소에 수용할 사형확정자를 교도소에 수용할 수 있다.

② 사형확정자는 수용관리 또는 처우상 필요한 경우에는 사형집행시설이 설치되지 않은 교정시설에 수용할 수 있다.

③ 소장은 사형확정자의 자살·도주 등의 사고를 방지하기 위하여 필요한 경우에는 사형확정자와 미결수용자를 혼거수용할 수 있고, 사형확정자의 교육·교화프로그램, 작업 등의 적절한 처우를 위하여 필요한 경우에는 사형확정자와 수형자를 혼거수용할 수 있다.

④ 사형확정자와 소년수용자를 같은 교정시설에 수용하는 경우에는 서로 분리하여 수용한다.

05 다음 중 과밀수용 해소방안에 대한 설명으로 옳지 않은 것은?

① 사법절차와 과정의 개선은 형의 선고 시 수용능력 고려, 과밀의 경우 석방 허용 정책, 검찰의 기소나 법원의 양형결정 시에 수용능력과 현황에 관한 자료의 참고 등을 통한 과밀수용 해소전략이다.

② 후문(Back-Door) 전략은 일단 수용된 수용자를 대상으로 보호관찰부 가석방, 선도조건부 기소유예, 벌금형, 배상처분 선시제도 등을 적용하여 새로운 입소자를 위한 공간을 확보하자는 것으로 형사사법망의 확대를 초래한다.

③ 교정시설의 증설(Capacity Expansion) 전략은 가장 단순하면서도 쉽게 생각할 수 있는 전략이지만 경비 부담의 문제가 크며, 시설이 증설되더라도 교정당국의 관료제적 성향으로 인하여 금방 과밀수용 현상이 재연될 것이라는 비판이 있다.

④ 무익한 전략(Null Strategy)은 아무런 대책을 세우지 않고 그냥 교정시설이 증가되는 수용자만큼 더 소화시킬 수밖에 없다는 수용전략이다.

06 「형의 집행 및 수용자의 처우에 관한 법률」상 수용자 사망 시 조치에 대한 설명으로 옳은 것은?

① 소장은 수형자 수용실을 친족 또는 특별한 연고가 있는 사람이 그 시신 또는 유골의 인도를 청구하는 경우에는 인도하여야 한다. 다만, 자연장을 하거나 임시로 매장을 한 후에는 그러하지 아니하다.

② 소장은 병원이나 그 밖의 연구기관이 학술연구상의 필요에 따라 수용자의 시신인도를 신청하면 본인의 유언 또는 가족의 승낙이 있는 경우에 한하여 인도할 수 있다.

③ 소장은 시신을 화장하여 봉안한 후 1년이 지나도록 시신의 인도를 청구하는 사람이 없을 때에는 자연장의 방법으로 처리할 수 있다.

④ 소장은 수용자가 사망하면 대통령령으로 정하는 범위에서 화장·시신 인도에 필요한 비용을 인수자에게 지급하여야 한다.

07 「형의 집행 및 수용자 처우에 관한 법령」상 기본계획의 수립에 포함되어야 할 사항으로 옳지 않은 것은?

① 교정시설의 수용 실태 및 적정한 규모의 교정시설 유지 방안

② 교도작업과 직업훈련의 현황, 수형자의 건전한 사회복귀를 위한 작업설비 및 프로그램의 확충 방안

③ 수용자 인권보호 실태와 인권 증진 방안

④ 형의 집행 및 수용자 처우와 관련하여 관계 기관 협의체 설치, 운영 방안

08 「형의 집행 및 수용자의 처우에 관한 법령」상 수용자의 이송에 대한 설명으로 옳지 않은 것은?

① 소장은 수용자의 수용·작업·교화·의료, 그 밖의 처우를 위하여 필요하거나 시설의 안전과 질서유지를 위하여 필요하다고 인정하면 법무부장관의 승인을 받아 수용자를 다른 교정시설로 이송할 수 있다.

② 지방교정청장은 수용자를 관할 외 다른 교정시설로 이송하려는 경우 이에 대한 승인 권한을 가지고 있다.

③ 소장은 교정시설의 안에서 천재지변이나 그 밖의 사변에 대한 피난의 방법이 없는 경우에는 수용자를 다른 장소로 이송할 수 있다.

④ 수용자를 이송하는 경우에는 수형자는 미결수용자와, 여성수용자는 남성수용자와, 19세 미만의 수용자는 19세 이상의 수용자와 각각 호송 차량의 좌석을 분리하는 등의 방법으로 서로 접촉하지 못하게 하여야 한다.

09 「형의 집행 및 수용자의 처우에 관한 법률 시행령」상 수용자의 위생과 의료에 대한 설명으로 옳은 것은?

① 소장은 작업의 특성상 실외운동이 필요 없다고 인정되면 수용자의 실외운동을 실시하지 않을 수 있다.

② 소장은 수용자가 건강유지에 필요한 운동 및 목욕을 지체 없이 하도록 하여야 한다.

③ 소장은 수용자가 감염병에 걸렸다고 의심되는 경우에는 즉시 격리수용하고 그 수용자의 휴대품을 소독하여야 한다.

④ 소장은 수용자가 자신의 고의 또는 중대한 과실로 부상 등이 발생하여 외부의료시설에서 진료를 받은 경우에는 그 진료비의 전부 또는 일부를 그 수용자에게 부담하도록 하여야 한다.

10 「형의 집행 및 수용자의 처우에 관한 법령」상 규율하는 수용자의 편지수수에 대한 설명으로 옳은 것은?

① 수용자는 다른 사람과 편지를 주고받을 때에는 소장의 허가를 받아야 하지만, 같은 교정시설의 수용자 간에는 그러하지 아니한다.

② 소장은 시설의 안전을 해칠 우려가 있는 내용이 기재되어 있다고 의심할 만한 상당한 이유가 있는 때에는 수용자가 주고받은 편지의 내용을 검열할 수 있다.

③ 소장은 법원·경찰관서, 그 밖의 관계기관에서 수용자에게 보내온 문서는 다른 법령에 특별한 규정이 없으면 열람 없이 본인에게 전달하여야 한다.

④ 소장은 규율위반으로 징벌집행 중인 수용자가 다른 수용자와 편지를 주고받는 때에는 그 내용을 검열할 수 있다.

11 「형의 집행 및 수용자의 처우에 관한 법률」상 특별한 보호가 필요한 수용자의 처우에 대한 설명으로 옳지 않은 것은?

① 소장은 수용자가 임신 중이거나 출산(유산·사산은 포함한다)한 경우에는 모성보호 및 건강유지를 위하여 정기적인 검진 등 적절한 조치를 할 수 있다.

② 법무부장관이 장애인수형자의 처우를 전담하도록 정하는 시설의 장은 장애종류별 특성에 알맞은 재활치료프로그램을 개발하여 시행하여야 한다.

③ 외국인수용자에 대하여는 쌀, 빵 또는 그 밖의 식품을 주식으로 지급하되, 소속국가의 음식문화를 고려하여야 한다.

④ 노인수용자의 거실은 시설부족 또는 그 밖의 부득이한 사정이 없으면 건물의 1층에 설치하고, 특히 겨울철 난방을 위하여 필요한 시설을 갖추어야 한다.

12 「민영교도소의 설치·운영에 관한 법률」상 옳지 않은 것은?

① 교정법인은 민영교도소 등에 수용되는 자에게 특별한 사유가 있다는 이유로 수용을 거절할 수 없다. 다만, 수용·작업·교화, 그 밖의 처우를 위하여 특별히 필요하다고 인정되는 경우에는 법무부장관에게 수용자의 이송을 신청할 수 있다.

② 법무부장관은 사전에 기획재정부장관과 협의하여 민영교도소를 운영하는 교정법인에 대하여 매년 그 교도소의 운영에 필요한 경비를 지급한다.

③ 교정법인의 대표자는 그 교정법인이 운영하는 민영교도소의 장이 될 수 있다.

④ 법무부장관은 민영교도소 등의 업무 및 그와 관련된 교정법인의 업무를 지도·감독하며, 필요한 경우 지시나 명령을 할 수 있다. 다만, 수용자에 대한 교육과 교화프로그램에 관하여는 그 교정법인의 의견을 최대한 존중하여야 한다.

13 다음 중 암수범죄에 대한 설명으로 옳은 것을 모두 묶은 것은?

> ㉠ 암수범죄를 파악하기 위해 범죄피해자로 하여금 범죄피해를 보고하게 하는 피해자조사가 행해지기도 한다.
> ㉡ 상대적 암수범죄의 발생은 강간, 강제추행 등과 같은 성범죄의 경우 피해자가 수치심 때문에 범죄신고를 하지 않는 경우가 많고, 범죄신고에 따른 불편과 범죄자에 의한 보복의 두려움 등이 절대적 암수범죄의 발생 원인이 된다.
> ㉢ 피해자 없는 범죄의 경우 암수범죄가 발생할 가능성이 상대적으로 높다.
> ㉣ 간접적 관찰은 실제로 일어나는 암수범죄를 직접 관찰하는 자연적 관찰과 인위적인 실험을 통하여 암수범죄를 직접 실증하려는 인위적 관찰인 실험이 있다.

① ㉠, ㉡
② ㉠, ㉢
③ ㉡, ㉢
④ ㉢, ㉣

14 「성폭력범죄자 성충동 약물치료에 관한 법률」상 성폭력 수형자에 대한 약물치료명령에 대한 설명으로 옳지 않은 것은?

① 보호관찰관의 약물치료명령 집행에 수용시설의 장, 치료감호시설의 장, 보호감호시설의 장은 약물의 제공, 의사 · 간호사 등 의료인력 지원 등의 협조를 하여야 한다.
② 수용시설의 장은 가석방 요건을 갖춘 성폭력 수형자에 대하여 약물치료의 내용, 방법, 절차, 효과, 부작용, 비용부담 등에 관하여 충분히 설명하고 동의 여부를 확인하여야 한다.
③ 법원은 치료명령 청구가 이유 있다고 인정하는 때에는 결정으로 치료명령을 고지하고, 이 결정에 따른 치료기간은 10년을 초과할 수 없다.
④ 검사는 사람에 대하여 성폭력범죄를 저지른 성도착증 환자로서 성폭력범죄를 다시 범할 위험성이 있다고 인정되는 19세 이상의 사람에 대하여 약물치료명령을 법원에 청구할 수 있다.

15 허쉬(Hirschi)가 주장한 사회유대이론(Social Bond Theory)을 바탕으로 다음 사례에서 도출 가능한 유대 개념을 가장 적절하게 연결한 것은?

> 경찰관이 되고자 하는 빵꾸는 본인의 꿈을 달성하기 위하여 다음과 같은 노력을 기울이고 있다.
> ㉠ 경찰관련 학과에 진학하여 전공과목에서 A+학점을 취득하기 위해 수업에 집중하고 있다.
> ㉡ 학과에서 실시하고 있는 학생 순찰대에 가입하여 방과 후 대부분의 시간을 순찰활동에 할애하였다.

① ㉠ 전념(commitment) ㉡ 참여(involvement)
② ㉠ 참여(involvement) ㉡ 전념(commitment)
③ ㉠ 전념(commitment) ㉡ 신념(belief)
④ ㉠ 신념(belief) ㉡ 참여(involvement)

16 다음 중 범죄사회학의 주요이론에 대한 설명으로 옳지 않은 것은?

① 레크리스(Reckless)의 봉쇄이론은 내부적 · 외부적 통제개념에 기초하여 범죄유발요인과 범죄차단요인으로 나누고, 만약 범죄를 이끄는 힘이 차단하는 힘보다 강하면 범죄나 비행을 저지르게 되고, 차단하는 힘이 강하면 비록 이끄는 힘이 있더라도 범죄나 비행을 지제한다는 것이다.
② 서덜랜드(Sutherland)의 차별적 접촉이론은 분화된 집단 가운데 어느 집단과 친밀감을 가지고 차별적 접촉을 갖느냐에 따라 백지와 같은 인간의 본성에 특정 집단의 행동양식을 배우고 익혀나간다는 이론이다.
③ 쇼와 맥케이(C. Shaw & H. McKay)의 '사회해체이론'은 지역사회에 새로운 거주자들이 증가하면 과거 이 지역을 지배하였던 여러 사회적 관계가 와해되고 시간이 흐르면서 새로운 관계가 형성되는 생태학적 과정을 거친다고 주장한다.
④ 레머트(E. Lemert)의 '낙인이론'은 일차적 일탈자가 이차적 일탈자로 발전하는 데에 일상생활에서 행해지는 비공식적 반응이 공식적 반응보다 더욱 심각한 낙인효과를 끼친다고 주장한다.

17 「치료감호 등에 관한 법률」상 치료감호제도에 관한 설명으로 옳지 않은 것은?

① 구속영장에 의하여 구속된 피의자에 대하여 검사가 공소를 제기하지 아니하는 결정을 하고 치료감호 청구만을 하는 때에는 구속영장은 치료감호영장으로 보며 그 효력을 잃지 아니한다.

② 검사는 공소제기한 사건의 항소심 변론종결시까지 치료감호를 청구할 수 있다.

③ 법원은 공소제기된 사건의 심리결과 치료감호에 처함이 상당하다고 판단할 때에는 검사의 청구 없이 치료감호를 선고할 수 있다.

④ 치료감호와 형이 병과된 경우에는 치료감호를 먼저 집행해야 하며, 이 경우 치료감호의 집행기간은 형기에 산입한다.

18 「보호관찰 등에 관한 법률」상 보호관찰 대상자의 구인 및 유치에 대한 설명으로 옳은 것은?

① 보호관찰소의 장은 보호관찰 대상자가 일정한 주거가 없는 경우, 준수사항을 위반하였다고 의심할 상당한 이유가 있다는 이유만으로도 구인장을 발부받아 보호관찰 대상자를 구인할 수 있다.

② 보호관찰소의 장은 보호관찰 대상자를 긴급구인한 경우에는 긴급구인서를 작성하여 48시간 내에 관할 지방검찰청 검사의 승인을 받아야 한다.

③ 유치의 기간은 구인한 날부터 20일로 한다. 다만, 보호처분의 변경 신청을 위한 유치에 있어서는 심사위원회의 심사에 필요하면 10일의 범위에서 한 차례만 유치기간을 연장할 수 있다.

④ 보호관찰소의 장은 긴급구인에 대하여 관할 지방검찰청 법원의 승인을 받지 못하면 즉시 보호관찰 대상자를 석방하여야 한다.

19 「전자장치 부착 등에 관한 법률」상 검사가 법원에 전자장치 부착명령을 청구할 수 있는 대상자를 설명한 것으로 옳지 않은 것은?

① 성폭력범죄로 징역형을 선고받은 사람이 그 집행을 종료한 후 또는 집행이 면제된 후 20년 이내에 성폭력범죄를 저지르고, 성폭력범죄를 다시 범할 위험성이 있다고 인정되는 사람

② 신체적 또는 정신적 장애가 있는 사람에 대하여 성폭력범죄를 저지르고, 성폭력범죄를 다시 범할 위험성이 있다고 인정되는 사람

③ 성폭력범죄를 2회 이상 범하여 그 습벽이 인정되고, 성폭력범죄를 다시 범할 위험성이 있다고 인정되는 사람

④ 19세 미만의 사람에 대하여 성폭력범죄를 저지르고, 성폭력범죄를 다시 범할 위험성이 있다고 인정되는 사람

20 「소년법」상 소년부 판사의 조치로 옳은 것은?

① 절도행위를 상습적으로 저지른 11세 소년에게 소년부 판사는 장기 소년원 송치를 부과하였다.

② 폭력행위를 저지른 15세 소년에게 소년부 판사는 사회봉사명령 100시간과 의료재활소년원 위탁이라는 병합처분을 내렸다.

③ 이전에 보호관찰 기간 연장 결정을 받은 바 없는 장기 보호관찰 중인 17세 소년에 대하여 소년부 판사는 담당 보호관찰관의 신청에 따라 보호관찰 1년 연장을 결정하였다.

④ 16세 보호소년에게 소년부 판사는 장기 보호관찰 처분과 수강명령 150시간을 명령하였다.

01 형의 집행 및 수용자의 처우에 관한 법령상 각종 위원회에 대한 설명으로 옳은 것은?

① 교정자문위원회는 10명 이상 15명 이하의 위원으로 성별을 고려하여 구성하며, 위원 중 3명 이상은 여성으로 하고, 위원의 임기는 2년으로 한다.

② 취업지원협의회는 회장 1명을 포함하여 5명 이상 8명 이하의 내부위원과 10명 이상의 외부위원으로 구성한다.

③ 귀휴심사위원회는 위원장과 6명 이상 8명 이하의 위원으로 구성하며, 외부위원은 2명으로 하고, 외부위원의 임기는 2년으로 한다.

④ 징벌위원회는 위원장을 포함한 5명 이상 7명 이하의 위원으로 구성하며, 외부위원은 3명 이상으로 하고, 위원이 해당 징벌대상 행위의 조사를 담당한 경우에는 해당 위원회에 참석할 수 없다.

02 형의 집행 및 수용자의 처우에 관한 법령상 전자장비를 이용한 계호에 대한 설명으로 옳지 않은 것은?

① 전자영상장비로 거실에 있는 수용자를 계호하는 것은 자살 등의 우려가 있을 때에만 하여야 한다.

② 교도관은 자살·자해·도주·폭행·손괴, 그 밖에 수용자의 생명·신체를 해하거나 시설의 안전 또는 질서를 해하는 행위(자살 등)를 방지하기 위하여 필요한 범위에서 전자장비를 이용하여 수용자 또는 시설을 계호할 수 있다.

③ 전자감지기는 교정시설의 주벽·울타리, 그 밖에 수용자의 도주 및 외부로부터의 침입을 방지하기 위하여 필요한 장소에 설치한다.

④ 소장은 전자장비의 효율적인 운용을 위하여 각종 전자장비를 통합적으로 관리할 수 있는 시스템이 설치된 중앙통제실을 설치하여 운영한다.

03 다음에서 설명하는 교화개선모형은?

- 1960~1970년대 의료 모델을 비판하면서 등장한 모델로서 교육형 사상에 기초하고 있다.
- 범죄자도 자신의 대해서 책임질 수 있고, 법을 준수하는 의사결정을 할 수 있다. 다만, 그들의 과거의 문제를 들추지 않아야 한다고 주장한다.
- 결함있는 범죄인은 처우대상이지 처벌대상이 아니므로, 가혹한 형벌을 지양하고 개선과 교화를 강조한다.

① 개선모형(adjustment model)
② 의료모형(medical model)
③ 재통합모형(reintegration model)
④ 정의모형(refinition Model)

04 「형의 집행 및 수용자의 처우에 관한 법률」상 미결 수용자를 교도소에 수용할 수 있는 경우는?

① 독거실 부족 등 시설여건이 충분하지 아니한 때
② 19세 미만의 미결수용자의 처우를 위하여 필요한 때
③ 수형자의 교화 또는 건전한 사회복귀를 위하여 필요한 때
④ 관할 법원 및 검찰청 소재지에 구치소가 없는 때

05 「형의 집행 및 수용자의 처우에 관한 법률 시행규칙」상 다른 수용자의 징벌대상행위를 방조한 수용자에게 부과하는 징벌의 기준으로 옳은 것은?

① 징벌대상행위를 한 수용자에게 부과되는 징벌과 같은 징벌을 부과한다.

② 징벌대상행위를 한 수용자에게 부과되는 징벌의 2분의 1로 감경한다.

③ 징벌대상행위를 한 수용자에게 부과되는 징벌의 2분의 1까지 감경한다.

④ 징벌대상행위를 한 수용자에게 부과되는 징벌과 같은 징벌을 부과하되, 그 정황을 고려하여 2분의 1까지 감경할 수 있다.

06 다음 중 수형자자치제도에 관한 설명으로 옳지 않은 것은?

① 수형자자치제도는 책임감과 자치심으로 교도소의 질서를 유지하고, 계호주의의 흠결을 보정하며 그들 스스로 사회에 복귀할 준비를 하도록 유도하는 교도 민주주의의 실험이라 할 수 있는 자치생활제도를 의미한다.

② 미국의 오스본(T. M. Osbore)은 오번교도소에 행형시설 최초의 수형자자치제를 실시하였다.

③ 수형자자치제도는 가석방, 선시제도 등을 지양하고 정기형제도와 결합되어야 그 효과가 크다.

④ 수형자자치제는 교도관의 권위를 저하시킬 수 있고, 소수의 힘 있는 수형자에 의해 대다수의 일반수형자가 억압·통제되는 폐단을 가져올 수 있다.

07 〈보기 1〉의 수용자 구금제도와 〈보기 2〉의 설명이 바르게 연결된 것은?

┤보기1├

㉠ 펜실베니아제(Pennsylvania System)
㉡ 오번제(Auburn System)
㉢ 엘마이라제(Elmira System)
㉣ 카티지제(Cottage System)

┤보기2├

ⓐ 대규모 수형자자치제의 단점을 보완하기 위해 수형자를 소집단으로 처우하는 제도
ⓑ 수형자의 자력적 개선에 중점을 두며 사회복귀 프로그램의 동기부여 등 누진적 처우방법을 시도하는 제도
ⓒ 수형자의 개별처우에 적정을 기할 수 있고 범죄적 악성 오염을 예방하기 위한 제도
ⓓ 주간에는 작업에 종사하게 하고 야간에는 독방에 수용하여 교화개선을 시도하는 제도

	㉠	㉡	㉢	㉣
①	ⓒ	ⓑ	ⓓ	ⓐ
②	ⓒ	ⓓ	ⓑ	ⓐ
③	ⓓ	ⓐ	ⓒ	ⓑ
④	ⓓ	ⓒ	ⓐ	ⓑ

08 「형의 집행 및 수용자의 처우에 관한 법률」상 수형자 취업지원협의회에 대한 설명으로 옳지 않은 것은?

① 협의회의 회의는 회장이 소집하고 그 의장이 된다.

② 협의회의 회의는 분기마다 개최하며, 위원 3분의 1 이상의 요구가 있는 때에는 임시회의를 개최할 수 있다.

③ 협의회의 회의는 재적위원 과반수의 출석으로 개의하고, 출석위원 과반수의 찬성으로 의결한다.

④ 협의회의 사무를 처리하기 위하여 수형자 취업알선 및 창업지원 업무를 전담하는 직원 중에서 간사 1명을 둔다.

09 「형의 집행 및 수용자의 처우에 관한 법률」상 주·부식 지급기준으로 옳은 것은 모두 몇 개인가?

> ㉠ 소장은 수용자의 기호 등을 고려하여 주식으로 빵이나 국수 등을 지급할 수 있다.
> ㉡ 소장은 수용자에 대한 원활한 급식을 위하여 해당 교정시설의 직전 분기 평균 급식 인원을 기준으로 3개월의 주식을 항상 확보하고 있어야 한다.
> ㉢ 소장은 작업의 장려나 적절한 처우를 위하여 필요하다고 인정하는 경우 특별한 부식을 지급할 수 있다.
> ㉣ 주, 부식의 지급횟수는 1일 3회로 한다.
> ㉤ 소장은 작업시간을 2시간 이상 연장하는 경우 주, 부식 또는 대용식 2회분을 간식으로 지급하여야 한다.

① ㉠, ㉡, ㉤   ② ㉡, ㉢, ㉤
③ ㉠, ㉢, ㉣   ④ ㉡, ㉣, ㉤

10 「형의 집행 및 수용자의 처우에 관한 법률」 제1조에 규정된 목적이 아닌 것은?

① 수형자의 교정교화
② 수용자의 건전한 사회복귀
③ 수용자의 권리
④ 교정시설의 운영

11 「형의 집행 및 수용자의 처우에 관한 법률」상 수용자의 교육에 대한 설명으로 옳지 않은 것은?

① 소장은 교육의 효과를 거두지 못하였다고 인정하는 교육대상자에 대하여 다시 교육을 할 수 있다.
② 소장은 교육을 위하여 필요하면 수형자를 중간처우를 위한 전담교정시설에 수용하여 외부 교육기관에의 통학하게 하거나 외부 교육기관에서의 위탁교육을 할 수 있다.
③ 소장은 미결수용자에 대하여는 신청에 따라 교육을 실시할 수 있고, 그 교육프로그램에는 교정시설 밖에서 행하는 것도 포함된다.
④ 소장은 교육대상자에게 질병, 부상, 그 밖의 부득이한 사정이 있는 경우에는 교육과정을 일시 중지할 수 있다.

12 「소년법」상 조건부 기소유예제도에 대한 설명으로 옳지 않은 것은?

① 검사의 기소편의주의와 소년사건의 검사선의주의에 기초하여 등장한 것이 선도조건부 기소유예제도이다.
② 협의의 불기소처분대상(혐의 없음, 죄가 안됨) 사건은 조건부 기소유예의 대상에서 제외된다.
③ 검사는 조건부 기소유예 시 소년으로 하여금 소년의 선도·교육과 관련된 단체·시설에서 상담·교육·활동 등을 받게 할 수 있다.
④ 법정형이 1년 이하의 징역이나 금고 또는 벌금의 형에 해당하는 죄를 범한 경우에 한하여 이 제도를 활용할 수 있다.

13 「소년법」에 대한 설명으로 옳지 않은 것은?

① 법원은 소년에 대한 피고사건을 심리한 결과 보호처분에 해당할 사유가 있다고 인정하면 결정으로써 사건을 관할 소년부에 송치하여야 한다.
② 검사는 소년에 대한 피의사건을 수사한 결과 보호처분에 해당하는 사유가 있다고 인정한 경우에는 사건을 관할 소년부에 송치할 수 있다.
③ 검사가 보호처분에 해당하는 사유가 있다고 인정하여 관할 소년부에 송치한 사건에 대하여, 소년부가 조사 또는 심리한 결과 금고 이상의 형사처분을 할 필요가 있다고 인정할 때에는 해당 검찰청 검사에게 그 사건을 송치할 수 있지만, 검사는 이 사건을 다시 소년부에 송치할 수 없다.
④ 수강명령은 100시간을, 사회봉사명령은 200시간을 초과할 수 없다.

제08회

14 보안처분에 대한 설명으로 옳지 않은 것은?

① 보안처분은 행위자의 사회적 위험성을 전제로 하여 특별예방의 관점에서 과하여 지는 제재이다.

② 현행 헌법에서 보안처분 법정주의를 선언하고 있다.

③ 일반예방보다는 범죄자의 개선과 사회방위 등 특별예방을 중시한다.

④ 보안처분도 형사제재이므로 응보나 고통부과의 특성을 피하기 어렵다.

16 「치료감호 등에 관한 법률」상 치료감호에 대한 설명으로 옳은 것을 모두 고른 것은?

> ㉠ 법원은 알코올이나 그 밖의 약물중독 상태에서 범죄행위를 한 자라도 재범의 위험성이 없다면 치료감호를 선고할 수 없다.
>
> ㉡ 치료감호사건의 제1심 재판관할은 지방법원합의부 및 지방법원지원 합의부이다.
>
> ㉢ 치료감호심의위원회는 피치료감호자에 대하여 치료감호 집행을 시작한 후 매 6개월마다 치료감호의 종료나 가종료 여부를 심사·결정한다.
>
> ㉣ 법원은 공소제기된 사건의 심리결과 치료감호를 할 필요가 있다고 인정할 때에는 검사에게 치료감호 청구를 요구할 수 있다.
>
> ㉤ 검사는 치료감호가 청구된 사건과 동시에 심리하거나 심리할 수 있었던 죄에 대한 공소시효기간이 지난 경우에는 공소를 제기하지 아니하고 치료감호만을 청구할 수 있다.

① ㉠, ㉡   ② ㉠, ㉢, ㉣

③ ㉢, ㉣, ㉤   ④ ㉠, ㉡, ㉢, ㉣

15 보호관찰소 소속 공무원은 정당한 직무집행 과정에서 필요하다고 인정되는 상당한 이유가 있으면 보호장구를 사용할 수 있다. 이에 대한 설명으로 옳지 않은 것은?

① 보호장구의 종류에는 수갑, 포승, 보호대, 가스총, 전자충격기가 있다.

② 보호관찰 대상자가 위력으로 보호관찰소 소속 공무원의 정당한 직무집행을 방해하는 때에는 보호대를 사용할 수 있다.

③ 가스총을 사용할 경우에는 보호관찰 대상자에게 그 사유를 알려주어야 한다. 다만, 상황이 급박하여 시간적인 여유가 없을 때에는 가스총을 사용한 직후 지체 없이 알려주어야 한다.

④ 보호장구는 필요한 최소한의 범위에서 사용하여야 하며, 보호장구를 사용할 필요가 없게 되면 지체 없이 사용을 중지하여야 한다.

17 「전자장치 부착 등에 관한 법률」에 대한 설명으로 옳지 않은 것은?

① 특정범죄란 성폭력범죄, 미성년자 대상 유괴범죄, 살인범죄, 강도범죄 및 스토킹 범죄를 말한다.

② 검사는 살인범죄로 징역형의 실형 이상의 형을 선고받아 그 집행이 종료 또는 면제된 후 다시 살인범죄를 저지른 경우에는 전자장치 부착명령을 청구하여야 한다.

③ 법원은 만 19세 미만의 자에 대하여는 전자장치 부착명령을 선고할 수 없다.

④ 전자장치 부착명령과 함께 선고한 형이 사면되어 그 선고의 효력이 상실된 때에는 그 부착명령의 집행은 종료된다.

18 낙인이론(Labeling Theory)에 대한 설명으로 옳지 않은 것은?

① 부정적인 사회적 낙인은 자아정체성에 나쁜 영향을 끼쳐, 스스로 일탈자로 규정하고 일탈행위를 지속하게 만든다고 보았다.

② 낙인의 긍정적인 효과를 간과하였다는 비판을 보완하기 위해, 초범자에 대한 적극적인 시설 내 프로그램의 적용을 제시하였다.

③ 일탈의 원인으로서 사회통제나 사회적 반응을 강조한 결과 사회통제기관에 대한 비판적 시각을 나타냈다.

④ 레머트는 1차적 일탈에 대하여 부여된 사회적 낙인으로 인해 일탈적 자아개념이 형성되고, 이 자아개념이 직접 범죄를 유발하는 요인으로 작용하여 2차적 일탈이 발생된다고 하였다.

19 사이크스(Sykes)와 맛차(Matza)가 제시한 중화기술의 유형에 관한 예시로서 옳지 않은 것은?

① 다른 사람의 교통위반행위는 눈감아 주면서 나의 교통위반행위를 문제 삼는 것은 도저히 용납할 수 없다.

② 아버지가 폭력을 사용하여 나를 심하게 괴롭혀왔기 때문에 나도 아버지에게 폭력을 행사할 수 있다.

③ 당신도 나와 같은 가정환경에서 자랐다면 나처럼 불량청소년이 될 수밖에 없었을 것이다.

④ 나의 잘못에 대하여 신이 벌한다면 몰라도 현재의 부패한 사법당국이 나를 벌하는 것은 도저히 수용할 수 없다.

20 코헨(Albert K. Cohen)의 비행(일탈)하위문화이론에 대한 설명으로 옳지 않은 것은?

① 하위계층 청소년들은 중류계층의 기준을 충족시킬 수 있는 언어나 사회적 기술을 갖고 있지 않아서 지위좌절을 경험하게 되는 것이다.

② 다른 사람에게 불편을 주고 금기를 파괴하는 행위를 통해 중류계층문화로부터 소외된 자신들의 실추된 지위를 회복하려고 한다.

③ 하류계층 청소년들이 학교 등에서 비행적 폭력조직을 형성하는 이유를 비교적 잘 설명하고 있다.

④ 하류계층이나 중산계층의 비행이나 범죄에 대한 설명에는 유용하나, 상류층의 비행이나 범죄는 설명하지 못하고 있다.

제 08 회

01 암수범죄에 관한 설명으로 가장 적절하지 않은 것은?

① 암수범죄는 수사기관이 인지는 하였으나 해결하지 못한 범죄도 포함한다.

② 낙인이론이나 비판범죄학에 의하면 범죄화의 차별적 선별성을 암수범죄의 원인으로 설명한다.

③ 범죄가 발생하였으나 고소·고발 등 신고가 이루어지지 않아 수사기관이 인지하지 못한 범죄는 상대적 암수범죄이다.

④ 범죄피해자조사는 피해자가 피해를 인식하지 못한 경우나 피해자가 범죄피해가 없었다고 오신하는 경우에는 조사결과의 정확성이 결여된다.

02 서덜랜드(Sutherland)의 차별접촉이론(Differential Association Theory)의 명제에 관한 설명으로 가장 적절하지 않은 것은?

① 범죄행위의 학습은 다른 사람들과의 의사소통과정을 통하여 이루어진다.

② 친밀한 사적 집단을 통한 범죄행동 학습의 효과는 미디어를 통한 범죄행동 학습의 효과에 훨씬 미치지 못한다.

③ 법 위반에 대한 비우호적 정의에 비해 우호적 정의를 더 많이 학습한 사람은 비행을 하게 된다.

④ 차별접촉은 빈도, 기간, 우선성, 강도에 따라 달라진다.

03 범죄학 이론 중 발달범죄학에 관한 설명으로 옳지 않은 것은?

① 심리학자 모핏(Moffitt)은 범죄자를 청소년한정형 범죄자와 인생지속형 범죄자로 분류하면서 이들 중 인생지속형 범죄자는 아주 이른 나이에 비행을 시작하고 성인이 되어서도 범죄를 지속하는 유형이라고 정의하였다.

② 글룩(Glueck)부부의 생애과정이론은 범죄성의 지속 요인을 경험적으로 측정하기 위해 비행경력자들을 대상으로 이루어진 일련의 종단연구였다.

③ 인생항로이론은 인간이 성숙해 가면서 그들의 행위에 영향을 주는 요인도 변화한다는 사실을 인정한다.

④ 인생항로이론은 인간의 발달이 출생 시나 출생 직후에 나타나는 주된 속성에 따라 결정된다고 주장한다.

04 보호소년 등의 처우에 대한 설명으로 옳지 않은 것은?

① 병원, 요양소 또는 의료재활소년원에 위탁의 처분을 받은 보호소년은 의료재활소년원에 해당하는 소년원에 수용하여야 한다.

② 20일 이내의 기간 동안 지정된 실 안에서 근신하게 하는 처분은 14세 이하의 보호소년 등에게는 부과하지 못한다.

③ 소년원장은 보호소년이 중환자로 판명되어 수용하기 위험한 경우에는 법원소년부에 보호처분의 변경을 신청할 수 있고, 법원소년부가 보호처분의 변경을 할 경우 보호소년이 19세 이상인 경우에도 보호사건 규정을 적용한다.

④ 퇴원 또는 임시퇴원이 허가된 보호소년이 질병에 걸리거나 본인의 편익을 위하여 필요하면 본인의 신청에 의하여 계속 수용할 수 있다.

05 「보호관찰 등에 관한 법률」상 보호관찰에 대한 설명으로 옳은 것은?

① 징역을 선고받은 소년이 가석방된 경우에는 가석방 전에 집행을 받은 기간과 같은 기간 동안 보호관찰을 받는다.

② 형의 선고를 유예하는 경우에 재범방지를 위하여 지도 및 원호가 필요한 때에는 보호관찰을 받을 것을 명할 수 있으며, 이 경우 보호관찰의 기간은 1년 이내의 범위에서 법원이 정한다.

③ 판결 전 조사 요구를 받은 보호관찰소의 장은 지체 없이 이를 조사하여 서면 또는 구두로 해당 법원에 알려야 한다.

④ 검사는 선도조건부 기소유예처분으로 소년형사사건을 종결 하면서 보호관찰을 받을 것을 명할 수 있다.

06 「치료감호 등에 관한 법률」상 치료감호에 대한 설명으로 옳은 것은?

① 치료감호가 가종료된 피치료감호자에 대해서는 필요하다고 인정되는 경우에 한하여 보호관찰을 명할 수 있다.

② 치료감호와 형이 병과된 경우에는 치료감호를 먼저 집행한다. 다만, 정신성적 장애인으로서 금고 이상의 형에 해당하는 성폭력범죄를 지은 자는 형을 먼저 집행한다.

③ 치료감호는 공소제기한 사건의 항소심 변론종결시까지 청구할 수 있다.

④ 반의사불벌죄에서 피해자가 처벌을 원하지 않는 의사표시를 한 경우 치료감호도 청구할 수 없다.

07 고전학파의 형법이론에 대한 비판으로 옳지 않은 것은?

① 사회계약설에 입각한 성문형법전의 제정이 필요하다고 주장하였다.

② 인간행위의 동기를 지나치게 단순하게 파악하였다.

③ 신속하고 확실한 처벌이 범죄를 억제한다는 주장에 대한 경험적 연구를 등한시하였다.

④ 인간의 합리적인 이성을 신뢰하지 않고 범죄원인을 개인의 소질과 환경에 있다고 하는 결정론을 주장하였다.

08 범죄피해에 대한 대안이론의 설명으로 옳지 않은 것은?

① 미테(Mieth)와 메이어(Meier)의 구조적 선택모형이론에 의하면 생활양식 · 노출이론과 일상활동이론을 통합하여 범죄발생의 네 가지 요인을 범행기회와 대상선택이라는 두 가지 관점으로 압축했다.

② 클라크(Clarke)와 코니쉬(Gornish)의 표적선택과정이론에 의하면 사고하는 범죄자의 범죄선택이라는 측면에 초점을 두고 범죄자가 범행을 결정하고 실제 범행을 저지르는 범행동기에 관심을 둔다.

③ 휴(Hough)의 선정모형에 의하면 나이 · 성별 · 사회적 계급 등의 인구학적 특성이 직업 · 소득 · 거주지역 등 사람의 생활양식의 구조적 특징을 결정하고 나아가서 이것이 그 사람의 일상생활에도 영향을 미친다.

④ 범죄대체효과이론에 의하면 그 지역에 거주하는 특정인이 개인적인 생활양식상 범죄의 위험성이 높다할지라도 그 지역이 보안수준이 높으면 범죄피해의 위험성이 줄어든다고 한다.

09 「민영교도소 등의 설치·운영에 관한 법률」에 대한 설명으로 옳지 않은 것은?

① 법무부장관은 교정업무를 공공단체 외의 법인 또는 개인에게 위탁할 수 있다. 다만, 교정업무를 포괄적으로 위탁하여 한 개 또는 여러 개의 교도소 등을 설치·운영하도록 하는 경우에는 법인에만 위탁 할 수 있다.

② 교정법인의 대표자는 그 교정법인이 운영하는 민영교도소 등의 장을 겸할 수 없고, 이사는 감사나 해당 교정법인이 운영하는 민영교도소 등의 장이나 직원을 겸할 수 없다.

③ 법무부장관은 수탁자가 법에 따른 명령이나 처분을 위반하면 6개월 이내의 기간을 정하여 위탁업무의 전부 또는 일부의 정지를 명할 수 있다.

④ 법무부장관은 민영교도소 등의 업무 및 그와 관련된 교정법인의 업무를 지도·감독하며, 필요한 경우 지시나 명령을 할 수 있다. 다만, 수용자에 대한 교육과 교화프로그램에 관하여는 그 교정법인의 의견을 최대한 존중하여야 한다.

10 형의 집행 및 수용자 처우에 관한 법령상 소장이 독학에 의한 학사학위 취득과정의 교육대상자로 선발할 수 없는 경우는?

① 고등학교 졸업 또는 이와 동등한 수준 이상의 학력이 인정된 수형자

② 교육개시일을 기준으로 형기의 2분의 1이 지난 수형자

③ 25년의 유기징역을 선고 받아 8년을 집행한 수형자

④ 집행할 형기가 1년 수형자

11 석방 전 준비제도에 대한 설명으로 옳지 않은 것은?

① 소장은 형기종료로 석방될 수형자에 대하여는 석방 10일 전까지 석방 후의 보호에 관한 사항을 조사하여야 한다.

② 소장은 피석방자가 질병이나 그 밖에 피할 수 없는 사정으로 귀가하기 관란한 경우에 본인의 신청이 있으면 일시적으로 교정시설에 수용할 수 있다.

③ 소장은 석방될 수형자의 재범방지, 자립지원 및 피해자 보호를 위하여 필요하다고 인정하면 해당 수형자의 동의를 받아 수용이력을 그의 거주지를 관할하는 경찰관서에 통보할 수 있다.

④ 소장은 석방될 수형자의 재범방지, 자립지원 및 피해자 보호를 위하여 필요하다고 인정하면 해당 수형자의 수용이력 또는 사회복귀에 관한 의견을 그의 거주지를 관할하는 경찰관서나 자립을 지원할 법인 또는 개인에게 통보할 수 있다. 다만, 법인 또는 개인에게 통보하는 경우에는 해당 수형자의 동의를 받아야 한다.

12 형의 집행 및 수용자 처우에 관한 법령상 교정자문위원회에 대한 설명으로 옳은 것은?

① 수용자의 관리·교정교화 등 사무에 관한 소장의 자문에 응하기 위하여 교도소에 교정자문위원회를 둔다.

② 교정자문위원회는 5명 이상 7명 이하의 위원으로 성별을 고려하여 구성하고, 위원장은 위원 중에서 호선하며, 위원은 교정에 관한 학식과 경험이 풍부한 외부 인사 중에서 소장의 추천을 받아 법무부장관이 위촉한다.

③ 교정자문위원회 위원장이 부득이한 사유로 직무를 수행할 수 없을 때에는 부위원장이 그 직무를 대행하고, 부위원장도 부득이한 사유로 직무를 수행할 수 없을 때에는 위원 중 연장자인 위원이 그 직무를 대행한다.

④ 위원회의 회의는 위원 과반수의 요청이 있거나 지방교정청장이 필요하다고 인정하는 경우에 개최한다.

13 삼국시대의 행형에 대한 설명으로 옳지 않은 것은?

① 행형제도에 있어서 강력한 중앙집권적인 국가체제의 확립으로 행형제도에 있어서도 국가권력이 점차 크게 작용하게 되었고 형벌의 종류가 사형, 유형, 장형, 재산형 등으로 다양해졌다.

② 고구려의 형벌은 삼국 중에서 가장 준엄하고 가혹하였으며, 그 성격은 응보형주의에 입각한 위하적 형벌이었다.

③ 백제는 6좌평 중 내신좌평이 중앙의 형옥과 법무를 관장하였다.

④ 감옥명칭으로는 영어(囹圄) · 뇌옥(牢獄) · 형옥(刑獄) · 수옥(囚獄) 등이 사용되었다.

14 사이크스(Sykes)가 구분한 재소자의 역할 유형에 대한 설명으로 옳은 것은?

① 진짜 남자(real men)는 교도관의 부당한 처사에 저항하고 교도관에게 공격적 행위를 일삼는 자

② 중심인(centerman)은 교도관으로부터 특혜를 얻기 위해 교도관에게 아첨하고 교도관 편에 서는 자

③ 은둔자(retreatist)는 교정시설의 구금 환경에 적응을 못하여 정신적으로 이상증세를 보이는 자

④ 상인(merchants)은 개인적 이득을 취하기 위해 교도관과 내통하고 동료를 배신하는 행위를 하는 자

15 형의 집행 및 수용자의 처우에 관한 법령상 신체검사 등에 대한 설명으로 옳은 것은?

① 수용자의 신체를 검사하는 경우에는 불필요한 고통이나 수치심을 느끼지 아니하도록 유의하여야 하며, 특히 신체를 면밀하게 검사할 필요가 있으면 다른 수용자가 볼 수 없는 차단된 장소에서 할 수 있다.

② 소장은 교도관에게 수용자의 거실, 작업장, 그 밖에 수용자가 생활하는 장소를 수시로 검사하게 하여야 한다. 다만, 금지물품을 숨기고 있다고 의심되는 수용자와 마약류사범 · 조직폭력사범 등 법무부령으로 정하는 수용자의 거실 등은 정기적으로 검사하여야 한다.

③ 소장은 교도관에게 작업장이나 실외에서 수용자거실로 돌아오는 모든 수용자의 신체 · 의류 및 휴대품을 검사하게 하여야 한다. 다만, 교정성적 등을 고려하여 그 검사가 필요하지 아니하다고 인정되는 경우에는 예외로 할 수 있다.

④ 교도관은 접견 · 상담 · 진료, 그 밖에 수용자의 처우를 위하여 필요한 경우가 아니면 수용자와 외부인이 접촉하게 해서는 아니 된다.

16 보호장비의 종류별 사용요건에 대한 설명으로 옳지 않은 것은?

① 도주 · 자살 · 자해 또는 다른 사람에 대한 위해의 우려가 큰 때에는 수갑이나 포승을 사용할 수 있다.

② 보호침대, 보호의자, 보호복은 자살 · 자해의 우려가 큰 때에만 사용할 수 있다.

③ 머리보호장비는 머리부분을 자해할 우려가 큰 때에 사용할 수 있다.

④ 교정시설의 설비 · 기구 등을 손괴하거나 그 밖에 시설의 안전 또는 질서를 해칠 우려가 큰 때에는 발목보호장비, 보호대, 보호의자를 사용할 수 있다.

제
09
회

17 형의 집행 및 수용자의 처우에 관한 법령상 재난 시 조치에 대한 설명으로 옳지 않은 것은?

① 천재지변이나 그 밖의 재해가 발생하여 시설의 안전과 질서유지를 위하여 긴급한 조치가 필요하면 소장은 수용자로 하여금 피해의 복구나 그 밖의 응급용무를 보조하게 할 수 있다.

② 소장은 응급용무의 보조를 위하여 필요한 경우에는 개방처우급·완화경비처우급으로서 관련 기술이 있고 교정성적이 우수한 수형자를 선정하여 필요한 훈련을 시킬 수 있다.

③ 소장은 교정시설의 안에서 천재지변이나 그 밖의 사변에 대한 피난의 방법이 없는 경우에는 수용자를 다른 장소로 이송할 수 있고, 긴급이송이 불가능하면 수용자를 일시 석방할 수 있다.

④ 긴급이송이 불가능하여 일시 석방된 사람은 석방 후 24시간 이내에 교정시설 또는 경찰관서에 출석하여야 한다.

18 「형법」 또는 형의 집행 및 수용자의 처우에 관한 법령상 가석방에 대한 설명으로 옳은 것은?

① 가석방 기간은 무기형에 있어서는 20년으로 하고, 유기형에 있어서는 남은 형기로 하되 그 기간은 20년을 초과할 수 없다.

② 소장은 가석방이 허가되지 아니한 수형자에 대하여 그 후에 가석방을 허가하는 것이 적당하다고 인정하는 경우에는 6개월 이내에 다시 가석방 적격심사신청을 할 수 있다.

③ 가석방 처분을 받은 후 그 처분이 실효 또는 취소되지 아니하고 가석방 기간을 경과한 때에는 형의 선고는 효력을 잃은 것으로 본다.

④ 가석방은 그 서류가 교정시설에 도달한 후 12시간 이내에 하여야 한다. 다만, 그 서류에서 석방일시를 지정하고 있으면 그 일시에 한다.

19 「형의 집행 및 수용자의 처우에 관한 법률」 시행규칙상 특별한 보호가 필요한 수용자의 처우에 대한 설명으로 옳은 것만을 모두 고른 것은?

> ㉠ 장애인수형자 전담교정시설의 장은 장애인의 재활에 관한 전문적인 지식을 가진 의료진과 장비를 갖추어야 한다.
> ㉡ 노인수용자의 거실은 시설부족 또는 그 밖의 부득이한 사정이 없으면 건물의 1층에 설치하고, 특히 겨울철 난방을 위하여 필요한 시설을 갖추어야 한다.
> ㉢ 외국인수용자를 수용하는 교정시설의 외국인수용자 전담요원은 외국인 미결수용자에게 소송 진행에 필요한 법률지식을 제공하는 등의 조력을 할 수 있다.
> ㉣ 외국인수용자에게 지급하는 음식물 총열량은 소속 국가의 음식문화, 체격 등을 고려하여 조정할 수 있다.
> ㉤ 소년수형자 전담교정시설이 아닌 교정시설에서는 소년수용자를 수용하기 위하여 별도의 거실을 지정하여 운용하여야 한다.
> ㉥ 법무부장관이 19세 미만의 수형자의 처우를 전담하도록 정하는 시설에는 별도의 공동학습공간을 마련하고 학용품 및 소년의 정서 함양에 필요한 도서, 잡지 등을 갖춰 두어야 한다.

① ㉠, ㉢, ㉤   ② ㉡, ㉣, ㉤
③ ㉢, ㉣, ㉥   ④ ㉡, ㉣, ㉥

20 「형의 집행 및 수용자의 처우에 관한 법률 시행규칙」상 외부기업체 통근작업에 대한 설명으로 옳지 않은 것은?

① 외부기업체에 통근하며 작업하는 수형자의 선정기준에는 18세 이상 65세 미만인 자라야 한다는 연령상의 제한이 있다.

② 소장은 외부통근자가 법령에 위반되는 행위를 하거나 법무부장관 또는 소장이 정하는 지켜야 할 사항을 위반한 경우에는 외부통근자 선정을 취소하여야 한다.

③ 소장은 외부통근자로 선정된 수형자에 대하여는 자치활동·행동수칙·안전수칙·작업기술 및 현장적응훈련에 대한 교육을 하여야 한다.

④ 소장이 교화를 위하여 특히 필요하다고 인정하더라도 중경비처우급 수형자는 외부통근자로 선정할 수 없다.

01 통제이론(Control Theories)에 관한 설명으로 가장 적절하지 않은 것은?

① 레크리스(Reckless)는 범죄유발요인과 범죄차단요인으로 나누고, 만약 범죄를 이끄는 힘이 차단하는 힘보다 강하면 범죄나 비행을 저지르게 되고, 차단하는 힘이 강하면 비록 이끄는 힘이 있더라도 범죄나 비행을 자제한다는 것이다.

② 나이(Nye)는 라이스의 견해를 발전시켜 청소년의 비행을 예방할 수 있는 사회통제방법의 종류를 직접통제, 간접통제, 내부적 통제로 분류하였다.

③ 사이크스(Sykes)와 맛차(Matza)는 비행청소년들이 비행가치를 받아들여 비행이 나쁘지 않다고 생각하기 때문에 비행을 저지른다고 보았다.

④ 갓프레드슨(Gottfredson)과 허쉬(Hirschi)는 순간적인 쾌락과 즉각적인 만족에 대한 욕구가 장기적 관심보다 클 때 범죄가 발생한다.

02 비판범죄학에 관한 설명으로 가장 적절한 것은?

① 비판범죄학자들은 범죄를 하류층의 권력과 지위를 보호하기 위해 고안된 정치적 개념으로 본다.

② 터크(Turk)는 법이 집행되는 과정에서 특정한 집단의 구성원이 범죄자로 규정되는 과정에 주목하였고, 이를 '비범죄화(decriminalization)'라고 규정하였다.

③ 볼드(Vold)의 집단갈등이론(Group Conflict Theory)은 범죄를 집단 간 투쟁의 결과로 보았으며, 강도·강간·사기와 같은 개인 차원의 전통적 범죄를 설명하는 데 유용한 것으로 평가된다.

④ 퀴니(Quinney)는 노동자 계급의 범죄를 자본주의 체계에 대한 적응범죄와 저항범죄로 구분하였다.

03 회복적 사법(Restorative Justice)에 관한 설명으로 가장 적절하지 않은 것은?

① 피해자, 가해자 및 지역사회 등의 참여를 중시한다.

② 중재나 협상 및 합의 등을 통해 피해자 회복과 가해자의 처벌에 그 목표를 둔다.

③ 피해자와 가해자의 화해모델은 보호관찰에 토대를 둔 유죄판결 후 형선고의 대안으로 시작하여 피해자와 가해자 대부분 절차와 결과에 만족한다.

④ 브레이스웨이트(Braithwaite)의 재통합적 수치이론(Reintegrative Shaming Theory)은 낙인이론, 하위문화이론, 기회이론, 통제이론, 차별적 접촉이론, 사회학습이론을 통합하였다.

04 「범죄피해자 보호법」상 형사조정에 대한 설명으로 옳은 것은?

① 피의자가 도주하거나 증거를 인멸할 염려가 있는 경우라도 형사조정에 회부할 수 있다.

② 형사조정을 담당하기 위하여 각급 지방검찰청 및 지청에 형사조정위원회를 둔다.

③ 형사조정위원회는 형사조정의 결과에 이해관계가 있는 사람의 신청이 없는 한 직권으로 이해관계인을 형사조정에 참여하게 할 수 없다.

④ 기소유예처분의 사유에 해당하는 형사사건은 형사조정에 회부할 수 없다.

05 형벌과 보안처분의 관계에 대한 설명으로 옳지 않은 것은?

① 일원주의는 책임주의에 상응하는 처분이다.
② 교육형론자들은 일원주의 입장이다.
③ 보안처분은 책임에 입각해 있지 않다.
④ 이원주의는 형벌과 보안처분의 병과는 허용하나, 대체는 인정하지 않는다.

06 「보호관찰 등에 관한 법률」상 보호관찰 심사위원회가 심사·결정하는 사항으로 옳지 않은 것은?

① 가석방과 그 취소에 관한 사항
② 임시퇴원, 임시퇴원의 취소 및 「보호소년 등의 처우에 관한 법률」 제43조 제3항에 따른 보호소년의 퇴원에 관한 사항
③ 가석방 중인 사람의 부정기형의 종료에 관한 사항
④ 보호관찰을 조건으로 한 형의 선고유예의 실효

07 교도작업에 대한 설명으로 옳은 것은?

① 수형자는 자신에게 부과된 교도작업을 수행할 의무가 있지만, 그 밖의 노역여부는 선택할 수 있다.
② 금고형 수형자에게도 신청에 따라 교도작업을 부과할 수 있으나 단기 자유형에 해당하는 구류형 수형자에게는 교도작업을 부과할 수 없다.
③ 미결수용자의 경우에도 그의 신청에 따라 집중적인 근로가 필요한 작업을 부과하는 경우에는 접견이나 전화통화 등의 처우를 제한할 수 있다.
④ 공휴일·토요일과 대통령령으로 정하는 휴일에는 취사·청소·간병 외의 작업을 부과하여서는 아니 된다.

08 교도작업의 운영 및 특별회계에 대한 설명으로 옳지 않은 것은?

① 교도작업으로 생산된 제품은 민간기업 등에 직접 판매할 수 있다.
② 특별회계는 세입총액이 세출총액에 미달된 경우 또는 시설 개량이나 확장에 필요한 경우에는 예산의 범위에서 일반회계로부터 전입을 받을 수 있다.
③ 교도작업특별회계의 결산상 잉여금은 국고에 반납한다.
④ 계약담당자가 계약을 수의계약으로 한 경우에는 법무부장관에게 보고하여야 한다.

09 「형의 집행 및 수용자의 처우에 관한 법률」상 귀휴에 대한 설명으로 옳은 것은?

① 일반귀휴와 특별귀휴의 기간은 형 집행기간에 제외한다.
② 귀휴는 특별귀휴의 기간을 포함하여 1년 중 20일 이내 범위에서 허가할 수 있다.
③ 토요일, 공휴일, 그 밖에 위원회의 소집이 매우 곤란한 때에 수형자의 가족 또는 배우자의 직계존속이 사망하여 특별귀휴의 사유가 발생한 경우에는 귀휴심사위원회의 심사를 생략하고 교도관회의로 대체할 수 있다.
④ 중경비처우급 수형자의 직계비속의 혼례가 있는 때에는 5일 이내 특별귀휴를 허가할 수 있다.

10 가석방심사신청 대상자 선정 등에 대한 설명으로 옳지 않은 것은?

① 가석방 적격심사신청은 무기형은 10년, 유기형은 형기의 3분의 1을 경과한 수형자를 대상으로 한다.

② 소장은 수형자가 교정성적이 우수하고 뉘우치는 빛이 뚜렷하여 재범의 위험성이 없다고 인정하는 경우에는 분류처우위원회의 의결을 거쳐 가석방 적격심사신청 대상자를 선정한다.

③ 소장은 위원회에 적격심사신청한 사실을 수형자의 동의를 받아 보호자 등에게 알릴 수 있다.

④ 소장은 가석방이 허가되지 아니한 수형자에 대하여 그 후에 가석방을 허가하는 것이 적당하다고 인정하는 경우에는 다시 가석방 적격심사신청을 할 수 있다.

11 「민영교도소 등의 설치·운영에 관한 법률」에 대한 설명으로 옳지 않은 것은?

① 교정법인의 재산 중 교도소 등 수용시설로 직접 사용되고 있는 것으로 대통령령으로 정하는 것은 국가 또는 다른 교정법인 외의 자에게 매도·증여 또는 교환하거나 담보로 제공할 수 없다.

② 교정법인의 회계는 그가 운영하는 민영교도소 등의 설치·운영에 관한 회계와 법인의 일반업무에 관한 회계로 구분되며, 법인의 일반업무에 관한 회계는 일반회계와 교도작업회계로 구분한다.

③ 교정법인이 다른 법인과 합병을 하기 위해서는 법무부장관의 인가를 받아야 한다.

④ 해산한 교정법인의 잔여재산 귀속은 합병하거나 파산한 경우가 아니면 정관으로 정하는 바에 따른다.

12 「형의 집행 및 수용자의 처우에 관한 법률 시행령」상 신입자에 대한 설명으로 옳지 않은 것은?

① 신입자 거실에 수용된 사람도 신청에 의해 작업을 할 수 있다.

② 신입자가 19세 미만인 경우에는 30일까지 신입자거실에 수용할 수 있다.

③ 신입자의 건강진단은 원칙적으로 수용된 날부터 3일 이내에 하여야 한다.

④ 신입자에 대한 수용기록부는 수용한 날부터 3일 이내에 작성하여야 한다.

13 「형의 집행 및 수용자의 처우에 관한 법률 시행령」상 소장이 실외운동을 실시하지 않을 수 있는 경우에 해당하지 않는 것은?

① 수용자의 생명 또는 신체의 보호, 정서적 안정을 위하여 필요한 때

② 질병 등으로 실외운동이 수용자의 건강에 해롭다고 인정되는 때

③ 작업의 특성상 실외운동이 필요 없다고 인정되는 때

④ 우천, 수사, 재판, 그 밖의 부득이한 사정으로 실외운동을 하기 어려운 때

14 「형의 집행 및 수용자의 처우에 관한 법률」상 접견 횟수를 늘릴 수 있는 경우로 옳지 않은 것은?

① 수형자가 19세 미만인 때

② 수형자의 교화를 위하여 특히 필요하다고 인정되는 때

③ 노인수용자의 나이 등을 고려하여 필요하다고 인정되는 때

④ 사형확정자의 심리적 안정을 도모하기 위하여 특히 필요하다고 인정되는 때

15 「형의 집행 및 수용자의 처우에 관한 법률 시행규칙」상 조직폭력수용자에 대한 설명으로 옳지 않은 것은?

① 소장은 조직폭력수용자가 다른 사람과 접견할 때에는 접촉차단시설이 있는 장소에서 하게 하여야 한다.

② 소장은 조직폭력수용자 중 모범수용자에게 봉사원이나 반장 등의 직책을 부여할 수 있다.

③ 소장은 조직폭력수용자가 작업장 등에서 집단화할 우려가 있다고 인정하는 경우에는 법무부장관에게 해당 조직폭력수형자의 이송을 신청하여야 한다.

④ 소장은 조직폭력수용자의 편지 및 접견의 내용 중 특이사항이 있는 경우에는 검찰청, 경찰서 등 관계기관에 통보할 수 있다.

16 「형의 집행 및 수용자의 처우에 관한 법률」 시행규칙상 보호장비의 사용 등에 대한 설명으로 옳지 않은 것은?

① 교도관은 보호장비 착용 수용자의 목욕, 식사, 용변, 치료 등을 위하여 필요한 경우에는 보호장비 사용을 일시 중지하거나 완화할 수 있다.

② 소장은 보호장비를 착용 중인 수용자에 대하여 보호장비 사용 심사부 및 보호장비 착용자 관찰부 등의 기록과 관계직원의 의견 등을 토대로 보호장비의 계속사용 여부를 매일 심사하여야 한다.

③ 소장은 의무관 또는 의료관계 직원으로부터 보호장비의 사용 중지의견을 보고받으면 보호장비를 계속 사용하여서는 아니 된다.

④ 교도관이 보호장비 사용을 중단하고자 하는 경우, 소장의 허가를 받을 시간적 여유가 없을 때에는 보호장비 사용을 중단한 후 지체 없이 소장의 승인을 받아야 한다.

17 「형의 집행 및 수용자의 처우에 관한 법률」상 수용시설의 안전과 질서유지를 위한 수용자의 보호실 및 진정실 수용에 대한 설명으로 옳은 것은?

① 의무관은 수용자가 자살 또는 자해의 우려가 있는 때에는 소장의 동의를 받아 보호실에 수용할 수 있다.

② 수용자의 보호실 수용기간은 15일 이내로 하며, 수용자를 보호실에 수용할 수 있는 기간은 계속하여 2개월을 초과할 수 없다.

③ 소장은 수용자가 교정시설의 설비 또는 기구 등을 손괴하거나 손괴하려고 하는 때에는 보호장비를 사용하여 그 목적을 달성할 수 있는 경우에도 진정실에 수용할 수 있다.

④ 진정실에 수용할 수 있는 기간은 24시간 이내로 하되, 수용자를 진정실에 수용할 수 있는 기간은 계속하여 3일을 초과할 수 없다.

18 형의 집행 및 수용자의 처우에 관한 법령상 수용자 이송에 대한 설명으로 가장 옳지 않은 것은?

① 소장은 수용자의 수용·작업·교화·의료, 그 밖의 처우를 위하여 필요하거나 시설의 안전과 질서유지를 위하여 필요하다고 인정하면 법무부장관의 승인을 받아 수용자를 다른 교정시설로 이송할 수 있다.

② 지방교정청장은 교정시설의 안전과 질서유지를 위하여 긴급하게 이송할 필요가 있다고 인정되는 때에는 관할 외 다른 교정시설로의 수용자 이송을 승인할 수 있다.

③ 수용자를 이송이나 출정, 그 밖의 사유로 호송하는 경우에는 수형자는 미결수용자와, 여성수용자는 남성수용자와, 19세 미만의 수용자는 19세 이상의 수용자와 각각 호송 차량의 좌석을 분리하는 등의 방법으로 서로 접촉하지 못하게 하여야 한다.

④ 소장은 수용자를 다른 교정시설로 이송하는 경우에 의무관으로부터 수용자가 건강상 감당하기 어렵다고 보고를 받으면 이송을 중지하고 그 사실을 이송받을 소장에게 알려야 한다.

19 「형의 집행 및 수용자의 처우에 관한 법률」상 청원에 관한 내용으로 옳지 않은 것은?

① 소장은 청원서를 개봉하여서는 아니 되며, 이를 지체 없이 법무부장관·순회점검공무원 또는 관할 지방교정청장에게 보내거나 순회점검공무원에게 전달하여야 한다.

② 청원에 관한 결정은 문서로 하여야 한다. 다만, 순회점검공무원의 결정은 말로도 할 수 있다.

③ 순회점검공무원은 청원을 스스로 결정하는 것이 부적당하다고 인정하는 경우에는 그 내용을 법무부장관에게 보고하여야 한다.

④ 소장은 수용자가 순회점검공무원에게 청원하는 경우에는 그 인적사항을 청원부에 기록하여야 한다.

20 「형의 집행 및 수용자의 처우에 관한 법률」상 사형확정자에 관한 설명 중 옳지 않은 것은?

① 소장은 사형확정자의 자살·도주 등의 사고를 방지하기 위하여 필요한 경우에는 사형확정자와 수형자를 혼거수용할 수 있고, 사형확정자의 교육·교화프로그램, 작업 등의 적절한 처우를 위하여 필요한 경우에는 사형확정자와 미결수용자를 혼거 수용할 수 있다.

② 소장은 사형확정자의 심리적 안정과 원만한 수용생활을 위하여 필요하다고 인정하는 경우에는 월 3회 이내의 범위에서 전화 통화를 허가할 수 있다.

③ 사형확정자의 심리적 안정 도모 또는 교정시설의 안전과 질서유지를 위하여 특히 필요하다고 인정하는 경우에는 교도소에 수용할 사형확정자를 구치소에 수용할 수 있고, 구치소에 수용할 사형확정자를 교도소에 수용할 수 있다.

④ 소장은 사형확정자의 심리적 안정 및 원만한 수용생활을 위하여 소속 교도관으로 하여금 지속적인 상담을 하게 하여야 한다.

01 억제이론(Deterrence theory)에 관한 설명으로 가장 적절하지 않은 것은?

① 억제(deterrence)는 고전주의 범죄학파의 주요 개념 중 하나이다.

② 억제의 효과는 처벌의 확실성, 엄중성, 신속성의 3가지 차원에서 결정되므로 범죄자에 대한 엄정한 처벌이 강조된다.

③ 일반억제(general deterrence)는 전과자를 대상으로 한 재범방지에 중점을 둔다.

④ 범죄행위와 처벌 경험의 시간적 간격을 말하는 것으로 범행 후 빨리 처벌될수록 범죄가 더 많이 제지될 것이라고 가정된다.

02 생물학적 범죄이론에 관한 내용으로 가장 적절한 것은?

① 셀던(Sheldon)은 사람의 신체유형은 내배엽, 중배엽, 외배엽 구별할 수 있다고 보고, 내배엽은 신경체계의 연결세포나 피부 또는 관련조직으로 분화·발전된다.

② 고링(Goring)은 수형자와 일반사회인에 대한 비교 연구를 통해 유전보다는 환경의 역할이 결정적이라고 주장하며 롬브로조의 견해에 동조한 사람이다.

③ 초남성(supermale)으로 불리는 XXY 성염색체를 가진 남성은 보통 남성보다 공격성이 더 강한 것으로 알려져 있다.

④ 범죄성 유전에 대한 가계도 연구는 쥬크(Juke)가(家)와 칼리카크(Kallikak)가(家)에 대한 연구가 대표적이다.

03 다음은 사이크스(Sykes)와 맛차(Matza)의 중화기술에 관한 내용이다. ㉠, ㉡에 해당되는 유형이 가장 적절하게 짝 지어진 것은?

> ㉠ 범죄자 빵꾸는 이 세상은 타락했고 경찰, 검찰, 판사도 부패했다며 자신의 비행을 비난할 자격이 없다고 합리화한다.
> ㉡ 범죄자 똥구는 다른 남자 동료 직원과 함께 빵돌이를 집단으로 따돌리며 빵돌이가 오히려 부서의 단합을 저해한 원인을 제공하고 있다고 비난하였다.

① ㉠ 비난자에 대한 비난(Condemnation of condemners)
  ㉡ 피해자의 부정(Denial of Victim)

② ㉠ 책임의 부정(Denial of Responsibility)
  ㉡ 피해의 부정(Denial of Injury)

③ ㉠ 책임의 부정(Denial of Responsibility)
  ㉡ 피해자의 부정(Denial of Victim)

④ ㉠ 비난자에 대한 비난(Condemnation of condemners)
  ㉡ 책임의 부정(Denial of Responsibility)

04 다음이 설명하는 교정처우모델로 가장 적절한 것은?

> 범죄자의 문제는 범죄자의 개선뿐만 아니라 그가 돌아가야 할 환경의 변화 또한 중요하다고 보고, 범죄문제의 근본적 해결을 위해서는 수형자 스스로의 행동 변화는 물론 범죄를 유발했던 지역사회도 변화되어야 한다는 입장이다. 범죄자의 처우프로그램은 교도관과 범죄자의 공동토의에 의해 결정되므로 처우프로그램에 범죄자를 강제로 참여시키는 것은 허용되지 않는다.

① 정의모델
② 의료모델
③ 적응모델
④ 재통합모델

05 보호관찰심사위원회의 관장사무에 해당하지 않는 것은?

① 징역 또는 금고의 집행 중에 있는 성인수형자에 대한 가석방 적격 심사
② 소년원에 수용된 보호소년에 대한 임시퇴원 심사
③ 가석방 중인 사람의 부정기형의 종료에 관한 사항
④ 보호관찰대상자에 대한 보호관찰의 임시해제 취소 심사

06 「전자장치 부착 등에 관한 법률」상 검사가 성폭력범죄를 다시 범할 위험성이 있다고 인정되는 사람에 대해 전자장치를 부착하도록 하는 명령을 법원에 청구할 수 있는 경우에 해당하지 않는 것은?

① 정신적 장애가 있는 사람이 성폭력범죄를 저지른 때
② 성폭력범죄를 2회 이상 범하여 그 습벽이 인정된 때
③ 19세 미만의 사람에 대하여 성폭력범죄를 저지른 때
④ 성폭력범죄로 전자장치를 부착받은 전력이 있는 사람이 다시 성폭력범죄를 저지른 때

07 「스토킹범죄의 처벌 등에 관한 법률」상 긴급응급조치 변경 등에 관한 내용으로 옳은 것은?

① 긴급응급조치대상자나 그 법정대리인은 긴급응급조치의 취소 또는 그 종류의 변경을 검사에게 신청할 수 있다.
② 스토킹행위의 상대방 등이나 그 법정대리인은 제4조 제1항 제1호의 긴급응급조치가 있은 후 스토킹행위의 상대방 등이 주거 등을 옮긴 경우에는 당해 지방법원 판사에게 긴급응급조치의 변경을 신청할 수 있다.
③ 스토킹행위의 상대방이나 그 법정대리인은 긴급응급조치가 필요하지 아니한 경우에는 사법경찰관에게 해당 긴급응급조치의 취소를 신청할 수 있다.
④ 사법경찰관은 정당한 이유가 있다고 인정하는 경우에는 직권으로 또는 신청에 의하여 해당 긴급응급조치를 취소할 수 있고, 지방검찰청 검사의 승인을 받아 긴급응급조치의 종류를 변경할 수 있다.

08 형의 집행 및 수용자의 처우에 관한 법령의 내용 중 옳지 않은 것만을 모두 고르면?

㉠ 법무부장관은 형의 집행 및 수용자 처우에 관한 사항을 협의하기 위하여 법원, 검찰 및 경찰 등 관계 기관과 협의체를 설치하여 운영하여야 한다.
㉡ 수용자는 합리적인 이유 없이 성별, 종교, 장애, 나이, 사회적 신분, 출신지역, 출신국가, 출신민족, 용모 등 신체조건, 병력, 혼인 여부, 정치적 의견 및 성적 지향 등을 이유로 차별받지 아니한다.
㉢ 신설하는 교정시설은 수용인원이 500명 이내의 규모가 되도록 하여야 한다. 다만, 교정시설의 기능·위치나 그 밖의 사정을 고려하여 그 규모를 늘릴 수 있다.
㉣ 법무부장관은 교정시설의 설치 및 운영에 관한 업무의 전부 또는 일부를 법인 또는 개인에게 위탁할 수 있다.
㉤ 법무부장관은 교정시설의 운영, 교도관의 복무, 수용자의 처우 및 인권실태 등을 파악하기 위하여 매년 1회 이상 교정시설을 순회점검하거나 소속 공무원으로 하여금 순회점검하게 하여야 한다.
㉥ 소장은 판사와 검사 외의 사람이 교정시설의 참관을 신청하는 경우에는 그 성명·직업·주소·나이·성별 및 참관 목적을 확인한 후 허가를 결정하여야 한다.

① ㉠, ㉡
② ㉠, ㉣
③ ㉢, ㉤, ㉥
④ ㉠, ㉢, ㉣, ㉤

09 형의 집행 및 수용자의 처우에 관한 법령상 접견에 대한 설명으로 옳지 않은 것은?

① 형사사건으로 수사 또는 재판을 받고 있는 수형자가 변호인이 되려는 사람과 접견하는 경우에는 접촉차단시설이 설치되지 아니한 장소에서 접견하게 할 수 있다.
② 접견의 횟수·시간·장소·방법 및 접견내용의 청취·기록·녹음·녹화 등에 관하여 필요한 사항은 대통령령으로 정한다.
③ 수형자의 접견 횟수는 매월 4회로 하고, 변호인과 접견하는 미결수용자를 제외한 수용자의 접견시간은 회당 30분 이내로 한다.
④ 소장은 처우상 특히 필요하다고 인정하는 경우에는 개방처우급 수형자 외의 수형자에 대하여 접촉차단시설이 설치된 장소 외의 적당한 곳에서 접견을 실시할 수 있다.

10 교도소화에 대한 설명으로 옳지 않은 것은?

① 사이크스(Sykes)는 수형자의 수용기간이 길수록 반교정적·반사회적·친범죄적 부문화에의 재현이 더 커지고, 수용기간의 장기화에 따라 수형자의 교도소화 정도도 강화된다고 주장하였다.

② 슈랙(Schrag)은 수형자의 교정시설 내 부문화적 역할에 따라 사회복귀 경향이 현저한 차이를 보인다고 주장한다.

③ 서덜랜드(Sutherland)와 크레세이(Cressey)는 수형자 문화(수형자 사회의 부문화)는 수형자들이 가지고 있는 문화적 성향이나 지향성 또는 가치와 규범에 관한 것으로 교도소 문화라고도 부른다.

④ 가라비디안(Garabedian)은 교도소화의 정도를 수형자의 사회적 역할에 따라 분류하고, 고지식자와 정의한은 U형 곡선을 따라 그의 석방일이 다가옴에 따라 교정시설의 부정적 영향을 떨쳐 버렸고, 무법자는 형기가 진행됨에 따라 교도소 문화에 점진적으로 동화되었으며, 정치인은 수용기간 동안 직원의 규범에 동조하는 경향을 보인다고 하였다.

11 조선시대 형벌제도에 대한 설명으로 옳지 않은 것은?

① 형조(刑曹)에서 감옥과 범죄수사 업무를 담당했던 부서는 전옥서(典獄署)이다.

② 사형수를 수용하는 시설로 남간(南間)을 두었다.

③ 도형(도역) 대신 군역에 복무시키는 충군제도는 일종의 대체형벌로 주로 군인이나 군사관련 범죄에 대하여 적용하였다.

④ 유형은 중죄를 범한 자에 대하여 먼 지방으로 귀양 보내어 죽을 때까지 고향으로 돌아오지 못하게 하는 형벌로 장형이 병과되었다.

12 다음 중 「보호관찰 등에 관한 법률」상 갱생보호사업의 허가 정지·취소의 기준이 아닌 것은?

① 부정한 방법으로 갱생보호사업의 허가를 받은 경우

② 갱생보호사업의 허가 조건을 위반한 경우

③ 갱생보호사업의 허가신청자가 사회적 신망이 있을 것

④ 정당한 이유 없이 갱생보호사업의 허가를 받은 후 6개월 이내에 갱생보호사업을 시작하지 아니하거나 1년 이상 갱생보호사업의 실적이 없는 경우

13 「형의 집행 및 수용자의 처우에 관한 법률 시행규칙」상 소득 점수에 관한 설명으로 옳지 않은 것은?

① 소득점수평가 방법은 수형생활 태도에 따라 품행·책임감 및 협동심의 정도에 따라 매우양호(수, 5점)·양호(우, 4점)·보통(미, 3점)·개선요망(양, 2점)·불량(가, 1점)으로 구분하여 채점한다.

② 수형생활 태도 점수와 작업 또는 교육성적 점수는 소득점수 평가방법에 따라 채점하되, 수는 소속 작업장 또는 교육장 전체 인원의 10퍼센트를 초과할 수 없고, 우는 30퍼센트를 초과할 수 없다. 다만, 작업장 또는 교육장 전체인원이 4명 이하인 경우에는 수·우를 각각 1명으로 채점할 수 있다.

③ 경비처우급을 상향 또는 하향 조정하기 위하여 고려할 수 있는 평정소득점수의 기준은 원칙적으로 상향조정은 8점 이상, 하향조정은 5점 이하이다.

④ 조정된 처우등급에 따른 처우는 그 조정이 확정된 날부터 한다. 이 경우 조정된 처우등급은 그 다음 달 초일부터 적용된 것으로 본다.

14 다음 중 블럼슈타인(Blumstein)이 주장한 교도소 과밀수용의 해소방안이 아닌 것은?

① 무익한 전략
② 정문정책
③ 사법절차와 과정의 개선
④ 집합적 무능력화

15 개방처우에 대한 설명으로 가장 거리가 먼 것은?

① 카티지제(Cottage System)는 대규모 시설에서의 획일적 수용처우의 단점을 보완하기 위해 만들어진 제도이다.
② 형사정책적 의의로 인도주의적 형벌, 교정교화 효과, 사회적응 촉진 등을 들 수 있다.
③ 우리나라는 사법형 외부통근제도를 채택하고 있다.
④ 수형자의 자율 및 책임감에 기반을 둔 처우제도이다.

16 「형의 집행 및 수용자의 처우에 관한 법률 시행규칙」상 교화프로그램의 종류로 옳지 않은 것은?

① 교화상담
② 가족관계회복프로그램
③ 문제행동예방프로그램
④ 직업능력향상프로그램

17 다음은 위탁작업에 대한 설명이다. 위탁작업의 장점을 모두 고른 것은?

⊙ 설비와 자재를 업자가 제공하므로 이를 구입할 필요가 없고 사무가 단순하다.
ⓒ 적은 비용으로 할 수 있고, 경기변동에 직접적인 영향을 받지 않고 위험이 적다.
ⓒ 수형자의 적성에 맞는 작업을 부여할 수 있다.
ⓔ 국고수입 증대 및 자급자족 효과가 있다.
ⓜ 다수의 취업이 가능하고 교정의 통일성을 유지할 수 있다.
ⓗ 판매와 관계없이 납품만 하면 되므로 제품처리에 문제가 없다.
ⓢ 수형자와 교도관 간에 인간적인 신뢰로 인한 반사회성 교정 및 갱생의욕을 고취할 수 있다.

① ㉠, ㉡, ㉢, ㉣
② ㉠, ㉡, ㉤, ㉥
③ ㉠, ㉢, ㉤, ㉦
④ ㉠, ㉣, ㉥, ㉦

18 「형의 집행 및 수용자의 처우에 관한 법률 시행규칙」상 중간처우에 관한 규정이다. ㉠~㉢에 들어갈 숫자를 바르게 연결한 것은?

소장은 개방처우급 혹은 완화경비처우급 수형자가 다음 각 호의 사유에 모두 해당하는 경우에는 교정시설에 설치된 개방시설에 수용하여 사회 적응에 필요한 교육, 취업지원 등 적정한 처우를 할 수 있다.
1. 형기가 (㉠)년 이상인 사람
2. 범죄 횟수가 (㉡)회 이하인 사람
3. 중간처우를 받는 날부터 가석방 또는 형기 종료 예정일까지 기간이 (㉢)개월 이상 1년 6개월 이하인 사람

	㉠	㉡	㉢
①	2	2	6
②	3	2	3
③	3	2	6
④	3	3	3

19 「교도관 직무규칙」상 교정직교도관의 직무에 대한 설명으로 옳지 않은 것은?

① 수용자를 부를 때에는 수용자 번호와 성명을 함께 부르는 것이 원칙이다.

② 수용자의 도주, 폭행, 소요, 자살 등 구금목적을 해치는 행위에 관한 방지 조치는 다른 모든 직무에 우선한다.

③ 교정직교도관이 수용자의 접견에 참여하는 경우에는 수용자와 그 상대방의 행동·대화내용을 자세히 관찰하여야 한다.

④ 수용자가 작성한 문서로서 해당 수용자의 날인이 필요한 것은 오른손 엄지손가락으로 손도장을 찍게 하는 것이 원칙이다.

20 「형의 집행 및 수용자의 처우에 관한 법률」상 가석방심사위원회에 대한 설명으로 옳은 것은?

① 위원회는 법무부차관인 위원장을 포함한 5명 이상 7명 이하의 위원으로 구성한다.

② 위원장이 부득이한 사정으로 직무를 수행할 수 없을 때에는 위원장이 미리 지정한 위원이 그 직무를 대행한다.

③ 위원장은 법무부장관이 되고, 위원은 판사, 검사, 변호사, 법무부 소속 공무원, 교정에 관한 학식과 경험이 풍부한 사람 중에서 법무부차관이 임명 또는 위촉한다.

④ 위원의 임기는 2년으로 하며, 두 차례 연임할 수 있다.

01 조선시대의 형벌제도에 대한 설명으로 옳지 않은 것은?

① 위리안치는 유배죄인의 가옥 주위에 가시나무 울타리를 쳐서 외출을 못하게 한 것으로, 가족과의 거주를 허용하였다.

② 유형수 중 정치범에게는 식량 등의 생활필수품을 관에서 공급하였고 유배지에 처와 첩은 따라가며, 직계존속은 본인의 희망에 따라 동행을 허가해 주었다.

③ 태형은 장형이 폐지된 뒤에도 존속되다가 1920년에 가서야 완전히 폐지되었다.

④ 도형은 범죄인을 관아에 구금하여 소금을 굽거나 쇠를 달구는 등의 노역에 종사하게 하는 형벌로, 반드시 장형이 병과되었다.

02 교정처우모델에 대한 설명으로 옳지 않은 것은?

① 재통합모델(reintegtation model)은 수형자의 개선뿐만 아니라 그가 돌아가야 할 환경의 변화 또한 중요하다고 보고, 범죄문제의 근본적 해결을 위해서는 수형자 스스로의 행동 변화는 물론 범죄를 유발했던 지역사회도 변화되어야 한다는 입장이다.

② 개선모델(adjustment model)은 범죄자는 병자이므로 처우를 필요로 하며 치료될 수 있다고는 믿지만, 동시에 자신의 행위에 대해서 책임질 수 있고 준법여부에 대한 의사 결정을 스스로 할 수 있다고 본다.

③ 정의모델(justice model)은 적법절차를 강조하고 부정기형의 도입을 비판하였으며 법을 준수하는 방식으로 수형자를 처우해야 한다는 주장으로, 수형자를 처우의 객체로 보아 교정기관의 폭넓은 의사결정을 지지한다.

④ 의료모델(medical model)은 범죄자는 자신의 의지에 따라 의사를 결정하고 선택할 능력이 없으므로 처벌로는 범죄자의 문제를 해결할 수 없고 교정을 통해서 치료되어야 한다고 보았다.

03 「형의 집행 및 수용자의 처우에 관한 법률」상 형의 집행 및 수용자 처우에 관한 기본계획(이하 "기본계획"이라 한다)과 협의체에 대한 설명으로 가장 옳지 않은 것은?

① 법무부장관은 이 법의 목적을 효율적으로 달성하기 위하여 5년마다 형의 집행 및 수용자 처우에 관한 기본계획을 수립하고 추진하여야 한다.

② 법무부장관은 기본계획을 수립하기 위하여 필요하다고 인정하는 경우에는 관계 기관의 장에게 필요한 자료를 요청할 수 있다. 이 경우 자료를 요청받은 관계 기관의 장은 특별한 사정이 없으면 요청에 따라야 한다.

③ 법무부장관은 기본계획을 수립 또는 변경하려는 때에는 법원, 검찰 및 경찰 등 관계 기관과 협의하여야 한다.

④ 협의체의 위원장은 협의체 회의를 소집하며, 회의 개최 5일 전까지 회의의 일시·장소 및 안건 등을 각 위원에게 알려야 한다.

04 「형의 집행 및 수용자의 처우에 관한 법률 시행규칙」상 중(重)경비처우급 수형자 甲에 대한 처우로 허용되지 않는 것은?

① 소장은 처우상 특히 필요하다고 판단하여 甲에게 월 2회의 전화통화를 허용하였다.

② 소장은 재심사에서 수용 및 처우를 위하여 특히 필요하다고 판단하여 甲의 경비처우급을 완화경비처우급으로 조정하였다.

③ 소장은 처우상 특히 필요하다고 판단하여 甲에게 월간 허용범위 내에서 1일 2회의 접견을 허용하였다.

④ 소장은 처우상 특히 필요하다고 판단하여 甲에게 교정시설 밖에서 이루어지는 사회봉사를 허가하였다.

05 「형의 집행 및 수용자의 처우에 관한 법률 시행령」상 신입자 처우에 대한 설명으로 옳지 않은 것은?

① 신입자의 건강진단은 수용된 날부터 3일 이내에 하여야 한다. 다만, 휴무일이 연속되는 등 부득이한 사정이 있는 경우에는 예외로 한다.

② 소장은 신입자에게 질병이나 그 밖의 부득이한 사정이 있는 경우가 아니면 즉시 목욕을 하게 할 수 있다.

③ 소장은 신입자를 인수한 경우에는 교도관에게 신입자의 신체·의류 및 휴대품을 지체 없이 검사하게 하여야 한다.

④ 소장은 19세 미만의 신입자 그 밖에 특히 필요하다고 인정하는 수용자에 대하여는 신입자거실 수용기간을 30일까지 연장할 수 있다.

06 형의 집행 및 수용자의 처우에 관한 법령상 종교와 문화에 대한 설명으로 옳지 않은 것은?

① 소장은 수용자의 건강과 일과시간 등을 고려하여 1일 6시간 이내에서 방송편성시간을 정한다. 다만, 토요일·공휴일, 작업·교육실태 및 수용자의 특성을 고려하여 방송편성시간을 조정할 수 있다.

② 소장은 수용자의 신앙생활에 필요하다고 인정하는 경우에는 외부에서 제작된 휴대용 종교도서 및 성물을 수용자가 지니게 할 수 있다.

③ 소장은 수용자가 종교상담을 신청하거나 수용자에게 종교상담이 필요한 경우에는 해당 종교를 신봉하는 교도관 또는 교정참여인사로 하여금 상담하게 할 수 있다.

④ 수용자가 자신의 비용으로 구독을 신청할 수 있는 신문·잡지 또는 도서는 교정시설의 보관범위 및 수용자가 지닐 수 있는 범위와 관계없이 신문은 월 3종 이내로, 도서(잡지 포함)는 월 10권 이내로 한다.

07 형의 집행 및 수용자의 처우에 관한 법령상 교정자문위원회(이하 "위원회"라 한다)에 대한 설명으로 옳지 않은 것은?

> ㉠ 수용자의 관리·교정교화 등 사무에 관한 지방교정청장의 자문에 응하기 위하여 지방교정청에 교정자문위원회를 둔다.
> ㉡ 위원회는 10명 이상 15명 이하의 위원으로 성별을 고려하여 구성하고, 위원장은 위원 중에서 호선하며, 위원은 교정에 관한 학식과 경험이 풍부한 외부인사 중에서 지방교정청장의 추천을 받아 법무부장관이 위촉한다.
> ㉢ 위원 중 4명 이상은 여성으로 한다.
> ㉣ 위원장이 부득이한 사유로 직무를 수행할 수 없을 때에는 부위원장이 그 직무를 대행하고, 부위원장도 부득이한 사유로 직무를 수행할 수 없을 때에는 위원장이 미리 지명한 위원이 그 직무를 대행한다.
> ㉤ 위원의 임기는 2년으로 하며, 연임할 수 있다.

① ㉠, ㉡
② ㉠, ㉡, ㉢
③ ㉠, ㉡, ㉢, ㉣
④ ㉠, ㉡, ㉢, ㉣, ㉤

08 「형의 집행 및 수용자의 처우에 관한 법률」상 벌칙에 대한 설명으로 가장 옳지 않은 것은?

① 수용자가 소장의 허가 없이 무인비행장치, 전자·통신기기를 지닌 경우 2년 이하의 징역 또는 2천만원 이하의 벌금에 처한다.

② 주류·담배·화기·현금·수표·음란물·사행행위에 사용되는 물품을 수용자에게 전달할 목적으로 교정시설에 반입한 사람은 1년 이하의 징역 또는 1천만원 이하의 벌금에 처한다.

③ 귀휴·외부통근, 그 밖의 사유로 소장의 허가를 받아 교도관의 계호 없이 교정시설 밖으로 나간 후에 정당한 사유 없이 기한까지 돌아오지 아니하는 행위를 한 수용자는 1년 이하의 징역 또는 1천만원 이하의 벌금에 처한다.

④ 소장의 허가 없이 교정시설 내부를 녹화·촬영한 사람은 1년 이하의 징역 또는 1천만원 이하의 벌금에 처한다.

09 「형의 집행 및 수용자의 처우에 관한 법률」상 귀휴 허가에 대한 설명으로 가장 옳지 않은 것은?

① 소장은 8년의 징역형이 확정되어 3개월의 형을 집행받은 일반경비처우급 수형자 A에 대하여 아버지의 사망을 사유로 특별귀휴를 허가할 수 있다.

② 소장은 18년의 징역형이 확정되어 5년의 형을 집행받은 교정성적이 우수한 완화경비처우급 수형자 B에 대하여 배우자가 위독하다는 사유로 일반귀휴를 허가할 수 없다.

③ 소장은 2년의 징역형이 확정되어 7개월의 형을 집행받은 교정성적이 우수한 완화경비처우급 수형자 C에 대하여 본인의 입학식 참석을 사유로 일반귀휴를 허가할 수 있다.

④ 소장은 서로 다른 두 개의 범죄로 3년의 징역형과 10년의 징역형이 확정되어 4년의 형을 집행받은 완화경비처우급 수형자 D에 대하여 국내기능경기대회 참가를 사유로 일반귀휴를 허가할 수 없다.

10 「형의 집행 및 수용자의 처우에 관한 법률」상 석방예정자 등에 대한 설명으로 가장 옳지 않은 것은?

① 소장은 피석방자가 질병이나 그 밖에 피힐 수 없는 사정으로 귀가하기 곤란한 경우에 본인의 신청이 있으면 일시적으로 교정시설에 수용할 수 있다.

② 소장은 형기종료로 석방될 수형자에 대하여는 석방 10일 전까지 석방 후의 보호에 관한 사항을 조사하여야 하며, 수형자의 건전한 사회복귀를 위하여 석방 전 3일 이내의 범위에서 석방예정자를 별도의 거실에 수용하여 장래에 관한 상담과 지도를 하여야 한다.

③ 소장은 수형자를 석방하는 경우 특히 필요하다고 인정하면 한국법무보호복지공단에 그에 대한 보호를 요청할 수 있다.

④ 소장은 가석방 또는 형기 종료를 앞둔 수형자 중에서 법무부령으로 정하는 일정한 요건을 갖춘 사람에 대해서는 가석방 또는 형기 종료 전 일정 기간 동안 지역사회 또는 교정시설에 설치된 개방시설에 수용하여 사회적응에 필요한 교육, 취업지원 등의 적정한 처우를 할 수 있다.

11 「형의 집행 및 수용자의 처우에 관한 법률」상 각종 위원회에 대한 설명으로 가장 옳은 것은?

① 법무부장관은 가석방심사위원회의 가석방 허가신청이 적정하다고 인정하면 이를 허가하여야 한다.

② 교정자문위원회의 위원은 교정에 관한 학식과 경험이 풍부한 외부인사 중에서 교정본부장의 추천을 받아 법무부장관이 위촉한다.

③ 분류처우위원회는 위원장을 포함한 5명 이상 10명 이하의 위원으로 구성하고, 위원장은 소장이 된다.

④ 징벌위원회는 징벌대상자가 위원회에 출석하여 충분한 진술을 할 수 있는 기회를 부여하여야 하며, 징벌대상자는 서면 또는 말로써 자기에게 유리한 사실을 진술하거나 증거를 제출할 수 있다.

12 펜실베니아제(Pennsylvania System) 구금방식의 장점으로 옳지 않은 것은?

① 수형자 스스로의 정신적 개선삭용으로 자신의 범죄에 대한 회오·반성 및 속죄할 기회를 제공하여 교화에 효과적이다.

② 교정교육, 운동, 의료활동, 교도작업 등의 운영에 가장 편리하다.

③ 통모에 의한 교정사고를 사전에 차단할 수 있으며, 미결수용자의 경우 증거인멸 방지에 효과적이다.

④ 다른 수형자로부터 악습 전파 및 죄증 인멸 행위를 방지할 수 있다.

13 「보호소년 등의 처우에 관한 법률」상 보호소년의 수용·보호에 대한 설명으로 옳지 않은 것은?

① 소년원장은 미성년자인 보호소년이 친권자나 후견인이 없거나 있어도 그 권리를 행사할 수 없을 때에는 법원의 허가를 받아 적당한 자로 하여금 그 보호소년을 위하여 친권자나 후견인의 직무를 행사하게 하여야 한다.

② 원장은 비행집단과 교제하고 있다고 의심할 만한 상당한 이유가 있는 경우 등 보호소년 등의 보호 및 교정교육에 지장이 있다고 인정되는 경우 외에는 보호소년 등의 면회를 허가하여야 한다.

③ 보호소년 등을 소년원이나 소년분류심사원에 수용할 때에는 법원소년부의 결정서, 법무부장관의 이송허가서 또는 지방법원 판사의 유치허가장에 의하여야 한다.

④ 소년원장은 분류수용, 교정교육상의 필요, 그 밖의 이유로 보호소년을 다른 소년원으로 이송하는 것이 적당하다고 인정하면 법무부장관의 허가를 받아 이송할 수 있다.

14 클라워드(Cloward)와 오린(Ohlin)의 차별적 기회구조이론에 대한 설명으로 옳지 않은 것은?

① 아노미 현상을 비행적 하위문화의 촉발요인으로 본다는 점에서 머튼(Merton)의 영향을 받았다.

② 성공이나 출세를 위하여 합법적 수단을 사용할 수 없는 사람들은 바로 비합법적 수단을 사용할 것이라는 머튼(Merton)의 가정에 동의하지 않는다.

③ 범죄적 하위문화는 청소년 범죄자에게 성공적인 역할모형이 될 수 있는 조직화된 성인 범죄자들의 활동이 존재하는 지역에서 나타난다.

④ 성인들의 범죄가 조직화되지 않아 청소년들이 비합법적 수단에 접근할 수 없는 지역에서는 갈등적 하위문화가 형성되는데, 범죄기술을 전수할 기회가 없기 때문에 이 지역의 청소년들은 비폭력적이며 절도와 같은 재산범죄를 주로 저지른다.

15 베카리아(Beccaria)의 형사사법제도에 관한 사상을 설명한 것으로 옳지 않은 것은?

① 형벌은 자유를 남용하는 사람들로부터 사회구성원 전체의 자유를 지키기 위해서 존재해야 한다고 보았다.

② 범죄에 합당한 형벌을 모색하기 위해서는 가능한 한 법관에게 많은 법해석의 재량권이 주어져야 한다고 보았다.

③ 형벌이 그 목적을 달성하기 위해서는 형벌로 인한 고통이 범죄로부터 얻는 이익을 약간 넘어서는 정도가 되어야 한다.

④ 범죄의 심각성과 형벌의 강도는 합리적인 연관성이 없다고 생각했기 때문에 사회계약설에 의거 사형제도를 폐지하고 대신에 구금형으로 대체되어야 한다.

16 허쉬(Hirschi)의 사회통제이론(Social Control Theory)에 대한 설명으로 옳은 것은?

① "왜 범죄를 범하지 않는가?"가 아니라 "왜 범죄를 범하는가?"를 탐구한다.

② 규범준수에 따른 사회적 보상에 관심을 많이 가질수록 범죄나 비행을 적게 저지른다고 한다.

③ 사회의 통상적인 활동에 적극적으로 참여할수록 범죄나 비행을 많이 저지른다고 한다.

④ "모든 사람은 범죄성을 지니고 있다."라는 고전주의의 명제를 부정한다.

17 「보호관찰 등에 관한 법률」상 사회봉사 또는 수강을 하여야 할 사람이 아닌 것은?

① 「형법」에 따라 사회봉사 또는 수강을 조건으로 형의 집행유예의 선고를 받은 사람

② 「소년법」에 따라 사회봉사명령 또는 수강명령을 받은 사람

③ 「성충동범죄자의 성충동 약물치료에 관한 법률」상 사회봉사명령 또는 수강명령을 받은 사람

④ 다른 법률에서 「보호관찰 등에 관한 법률」에 따른 사회봉사 또는 수강을 받도록 규정된 사람

18 「치료감호 등에 관한 법률」상 치료명령에 대한 설명으로 옳지 않은 것은?

① 법원은 치료를 명하기 위하여 필요하다고 인정하면 보호관찰소의 장에게 범죄의 동기, 피고인의 신체적 · 심리적 특성 및 상태 등 피고인에 관한 사항의 조사를 요구할 수 있다.

② 치료를 명하는 경우 보호관찰을 병과하여야 한다.

③ 보호관찰관은 치료명령을 받은 사람에게 치료명령을 집행하기 전에 치료기관, 치료의 방법 · 내용 등에 관하여 충분히 설명하여야 한다.

④ 치료명령을 받은 사람은 치료기간 동안 치료비용을 부담하여야 한다. 다만, 치료비용을 부담할 경제력이 없는 사람의 경우에는 국가가 비용을 부담하여야 한다.

19 「소년법」상 소년에 대한 보호처분 결정에 대하여 항고할 수 있는 사유가 아닌 것은?

① 해당 결정에 영향을 미칠 법령 위반이 있는 경우

② 처분이 현저히 부당한 경우

③ 보호처분의 계속 중 소년이 10세 미만인 것이 판명된 경우

④ 중대한 사실오인이 있는 경우

20 소년사건의 처리절차에 대한 설명으로 옳지 않은 것은?

① 죄를 범한 소년을 발견한 학교의 장이 관할 소년부에 통고한 경우 소년부는 통고된 소년을 심리할 필요가 있다고 인정하면 그 사건을 조사하여야 한다.

② 소년 형사사건의 경우 법원은 검사의 송치서에 따른 조사결과가 있더라도 소년의 품행, 교우관계, 그 밖의 환경 등 형사사건에 관하여 필요한 사항을 조사하도록 조사관에게 위촉할 수 있다.

③ 소년 피의사건의 경우 검사는 소년부 송치 또는 공소제기의 처분을 결정하기 위하여 소년부 판사의 허가를 얻어 소년분류심사원장에게 피의자의 품행, 경력, 생활환경이나 그 밖에 필요한 사항에 관한 조사를 요구할 수 있다.

④ 소년부 판사는 소년에게 피해변상 등 피해자와의 화해를 권고할 수 있으며, 소년이 권고에 따라 피해자와 화해하였을 경우 보호처분을 결정할 때 이를 고려할 수 있다.

제 **12** 회

문제편
기출문제

01 형의 집행 및 수용자의 처우에 관한 법령상 수용에 대한 설명 중 옳은 것은 모두 몇 개인가?

> ㉠ 구치소의 수용인원이 정원을 훨씬 초과하여 정상적인 운영이 곤란한 때에는 교도소에 미결수용자를 수용할 수 있다.
>
> ㉡ 혼거수용 인원은 2명 이상으로 한다. 다만, 요양이나 그 밖의 부득이한 사정이 있는 경우에는 예외로 한다.
>
> ㉢ 계호상 독거수용은 수용자의 생명·신체의 보호 또는 교정시설의 안전과 질서를 위하여 항상 독거 수용하고 다른 수용자와의 접촉을 금지하는 것을 말한다. 다만, 수사·재판·실외운동 목욕 접견 진료·등을 위하여 필요한 경우에는 그러하지 아니하다.
>
> ㉣ 소장은 다른 사람의 건강에 위해를 끼칠 우려가 있는 감염병에 걸린 사람의 수용을 거절할 수 있다.
>
> ㉤ 소장은 수용자 거실을 작업장으로 사용해서는 아니 된다. 다만, 수용자의 심리적 안정, 교정교화 및 사회적응력 함양을 위하여 특히 필요하다고 인정하면 그러하지 아니하다.
>
> ㉥ 소장은 수용자를 다른 교정시설에 이송하는 경우에 의무관으로부터 수용자가 건강상 감당하기 어렵다는 보고를 받으면 이송을 중지하고 그 사실을 법무부장관에게 보고하여야 한다.

① 0개 ② 1개
③ 2개 ④ 3개
⑤ 4개

02 형의 집행 및 수용자의 처우에 관한 법령상 위원회 등에 대한 설명으로 옳은 것은?

① 소장은 징벌위원회 의무위원들 중에서 변호사, 대학에서 법률학을 가르치는 부교수 이상의 직에 있는 사람, 교정심리학에서 추천한 사람, 그 밖에 교정에 관한 학식과 경험이 풍부한 사람 중에서 위촉한다.

② 교정자문위원회의 사무를 처리하기 위하여 위원회에 간사 1명을 둔다. 간사는 해당 지방교정청의 총무과장 또는 7급 이상의 교도관으로 한다.

③ 취업지원위원회의 회의는 분기마다 개최한다. 다만, 위원 3분의 1 이상의 요구가 있는 경우에는 임시회의를 개최할 수 있다.

④ 가석방심사위원회의 위원장은 법무부장관이 되고, 위원은 판사, 검사, 변호사, 법무부 소속 공무원, 교정에 관한 학식과 경험이 풍부한 사람 중에서 법무부장관이 임명 또는 위촉한다.

⑤ 규휴심사위원회 위원장이 부득이한 사유로 직무를 수행할 수 없을 때에는 부소장인 위원이 사고가 있는 경우에는 위원장이 미리 지정한 위원이 그 직무를 대행한다.

03 형의 집행 및 수용자의 처우에 관한 법령의 내용 중 옳지 않은 것만을 모두 고르면?

> ㉠ 법무부장관은 형의 집행 및 수용자 처우에 관한 사항을 협의하기 위하여 법원, 검찰 및 경찰 등 관계 기관과 협의체를 설치하여 운영하여야 한다.
>
> ㉡ 수용자는 합리적인 이유 없이 성별, 종교, 장애, 나이, 사회적 신분, 출신지역, 출신국가, 출신민족, 용모 등 신체조건, 병력, 혼인 여부, 정치적 의견 및 성적 지향 등을 이유로 차별받지 아니한다.
>
> ㉢ 신설하는 교정시설은 수용인원이 500명 이내의 규모가 되도록 하여야 한다. 다만, 교정시설의 기능·위치나 그 밖의 사정을 고려하여 그 규모를 늘릴 수 있다.
>
> ㉣ 법무부장관은 교정시설의 설치 및 운영에 관한 업무의 전부 또는 일부를 법인 또는 개인에게 위탁할 수 있다.
>
> ㉤ 법무부장관은 교정시설의 운영, 교도관의 복무, 수용자의 처우 및 인권실태 등을 파악하기 위하여 매년 1회 이상 교정시설을 순회점검하거나 소속 공무원으로 하여금 순회점검하게 하여야 한다.
>
> ㉥ 소장은 판사와 검사 외의 사람이 교정시설의 참관을 신청하는 경우에는 그 성명·직업·주소·나이·성별 및 참관 목적을 확인한 후 허가를 결정하여야 한다.

① ㉠, ㉡

② ㉠, ㉣

③ ㉢, ㉤, ㉥

④ ㉠, ㉢, ㉣, ㉤

⑤ ㉡, ㉢, ㉣, ㉥

04 블럼스타인(A. Blumstein)이 제시한 교정시설의 과밀수용 해소 방안에 대한 설명으로 옳지 않은 것은?

① 정문정책(front-door policy)은, 구금 이전의 단계에서 범죄자를 보호관찰, 선시제도 등의 비구금 제재로 전환시켜 수용인원을 줄이는 전략이다.

② 무익한 전략(null strategy)은 수용인원이 증가하더라도 교정시설에서는 그만큼의 인원을 수용할 수 밖에 없다는 전략이다.

③ 선별적 무능력화(selective incapacitation)은 범죄자를 선별적으로 구금하여 교정시설의 효율적인 운영을 도모하는 전략이다.

④ 사법절차의 과정의 개선은 검찰의 기소나 법원의 양형결정 시에 교정시설의 수용능력과 현황에 관한 자료를 참고하는 전략이다.

⑤ 후문정책(back-door policy)은 교정시설에 수용된 범죄자를 보호관찰부 가석방 등을 이용하여 형기종료 이전에 출소시켜 교정시설의 공간을 확보하는 전략이다.

05 「형의 집행 및 수용자의 처우에 관한 법률」상 수용자 사망 시 조치에 대한 설명으로 옳은 것은?

① 소장은 수형자 수용실을 친족 또는 특별한 연고가 있는 사람이 그 시신 또는 유골의 인도를 청구하는 경우에는 인도하여야 한다. 다만, 자연장을 하거나 임시로 매장을 한 후에는 그러하지 아니다.

② 소장은 병원이나 그 밖의 연구기관이 학술연구상의 필요에 따라 수용자의 시신인도를 신청하면 본인의 유언 또는 가족의 승낙이 있는 경우에 한하여 인도할 수 있다.

③ 소장은 시신을 화장하여 봉안한 후 1년이 지나도록 시신의 인도를 청구하는 사람이 없을 때에는 자연장의 방법으로 처리할 수 있다.

④ 소장은 사형자의 유류품을 건네받을 사람이 원거리에 있는 등 특별한 사정이 있는 경우에는 유류품을 받을 사람의 청구에 따라 유류품을 팔아 그 대금을 보낼 수 있다.

⑤ 소장은 수용자가 사망하면 법무부령으로 정하는 범위에서 화장·시신 인도에 필요한 비용을 인수자에게 지급할 수 있다.

06 형의 집행 및 수용자의 처우에 관한 법령상 작업에 대한 설명 중 옳은 것은 모두 몇 개인가?

> ㉠ 소장은 수형자에게 작업을 부과하려면 나이·건강상태·기술·성격·취미·경력·장래계획, 그 밖의 수형자의 사정을 고려하여야 한다.
> ㉡ 소장은 수형자의 신청에 따라 외부 통근 작업을 부과하는 경우에는 접견·전화통화·교육·공동행사 참가 등의 처우를 제한할 수 있다. 다만, 입소 전 전화통화를 제한할 때에는 휴일이나 그 밖에 해당 수용자의 작업이 없는 날에 접견 또는 전화통화를 할 수 있게 하여야 한다.
> ㉢ 19세 미만 수형자의 작업시간은 1일에 8시간을, 1주에 40시간을 초과할 수 없다. 다만, 19세 미만 수형자가 신청하는 경우에는 1주의 작업시간을 8시간 이내의 범위에서 연장할 수 있다.
> ㉣ 소장은 수형자의 가족 또는 배우자의 직계존속이 사망하면 3일간 부모 또는 배우자의 제삿날에는 1일간 해당 수형자의 작업을 면제한다. 다만, 수형자가 작업을 계속하기를 원하는 경우에는 예외로 한다.
> ㉤ 소장은 수형자의 근로의욕을 고취하고 건전한 사회복귀를 지원하기 위하여 법무부장관이 정하는 바에 따라 작업의 종류, 작업성적, 교정성적, 그 밖의 사정을 고려하여 수형자에게 작업장려금을 지급하여야 한다.
> ㉥ '집중적인 근로가 필요한 작업'이란 수형자의 신청에 따라 1일 작업시간 중 접견·전화통화·교육 및 공동행사 참가 등을 하지 아니하고 휴게시간을 제외한 작업시간 내내 하는 작업을 말한다.

① 1개
② 2개
③ 3개
④ 4개
⑤ 5개

07 가석방에 대한 설명으로 옳지 않은 것은? (다툼이 있는 경우 판례에 의함)

① 가석방이란 수형자의 사회복귀를 촉진하기 위하여 징역 또는 금고의 집행 중에 있는 사람이 교정성적이 우수하고 재범의 위험성이 없다고 인정될 때 그 형기가 만료되기 전에 조건부로 석방을 하는 행정처분이다.

② 가석방은 수형자의 개별적인 요청이나 희망에 따라 행하여지는 것이 아니라 행형기관의 교정정책 혹은 형사정책적 판단에 따라 수형자에게 주어지는 은혜적 조치일 뿐이므로, 수형자가 「형법」상에 규정된 요건을 갖추었다고 하더라도 그것만으로 행형당국에 대하여 가석방을 요구할 주관적 권리를 취득하는 것은 아니다.

③ 가석방 기간 중 형사사건으로 구금되어 교정시설에 미결수용 중인 자의 가석방 취소 결정으로 남은 형기를 집행하게 된 경우에는 가석방된 형의 집행을 지휘하였던 검찰청 검사에게 남은 형기 집행지휘를 받아 우선 집행하여야 한다.

④ 가석방심사 등에 관한 규칙, 제14조에 규정된 준법서약서의 제출이 반드시 법적으로 강제되어 있는 것이 아니며, 수형자는 가석방심사위원회의 판단에 따라 준법서약서의 제출을 요구받았다고 하더라도 자신의 의사에 의하여 그 제출을 거부할 수 있으므로, 해당 조항은 수형자의 양심의 자유를 침해하는 것이 아니다.

⑤ 가석방취소자 및 가석방실효자의 남은 형기 기간은 가석방을 실시한 날부터 원래 형기의 종료일까지로 하고, 남은 형기 집행 기일은 가석방의 취소 또는 실효로 인하여 교정시설에 수용된 날부터 한다.

08 「형의 집행 및 수용자의 처우에 관한 법률 시행규칙」상 외부통근 작업자 선정에 대한 설명으로 옳지 않은 것은? (단, 나이·경비처우급·형기 외의 요건은 같은 것으로 보며, 작업 부과 또는 교화를 위하여 특히 필요하여 선정하는 경우는 제외한다)

① 소장은 집행할 형기가 5년이고 개방처우급에 해당하는 65세 수형자 A를 외부기업체에 근무하는 작업자로 선정할 수 없다.

② 소장은 형기기산일부터 10년이 지난 완화경비처우급에 해당하는 60세 수형자 B를 교정시설 안에 설치된 외부기업체의 작업장에 통근하는 작업자로 선정할 수 있다.

③ 소장은 집행할 형기가 7년이고 개방처우급에 해당하는 19세 수형자 C를 외부기관에 통근하는 작업자로 선정할 수 없다.

④ 소장은 집행할 형기가 7년이고 일반경비처우급에 해당하는 23세 수형자 D를 교정시설 안에 설치된 외부기업체의 작업장에 통근하는 작업자로 선정할 수 있다.

⑤ 소장은 집행할 형기가 6년이고 완화경비처우급에 해당하는 18세 수형자 E를 외부기업체에 통근하는 작업자로 선정할 수 없다.

09 「형의 집행 및 수용자의 처우에 관한 법률 시행규칙」 제93조의 중간처우에 대한 설명으로 옳은 것은?

① 소장은 형기가 1년이고 범죄 횟수가 1회인 개방처우급 수형자로서 중간처우를 받는 날부터 형기 종료 예정일 까지 기간이 3개월인 A를 교정시설에 설치된 개방시설에 수용하여 사회적응에 필요한 교육을 실시할 수 있다.

② 소장은 형기가 2년이고 범죄 횟수가 3회인 완화경비처우급 수형자로서 중간처우를 받는 날부터 가석방 예정일 까지 기간이 1년 6개월인 B를 교정시설에 설치된 개방시설에 수용하여 사회적응에 필요한 취업지원을 실시할 수 있다.

③ 소장은 형기가 3년이고 범죄 횟수가 2회인 일반경비처우급 수형자로서 중간처우를 받는 날부터 형기 종료 예정일 까지의 기간이 1년인 C를 교정시설에 설치된 개방시설에 수용하여 사회적응에 필요한 교육을 실시할 수 있다.

④ 소장은 형기가 4년이고 범죄 횟수가 1회인 완화경비처우급 수형자로서 중간처우를 받는 날부터 가석방 예정일 까지 기간이 1년인 D를 지역사회에 설치된 개방시설에 수용하여 사회적응에 필요한 취업지원을 실시할 수 있다.

⑤ 소장은 형기가 5년이고 범죄 횟수가 1회인 개방처우급 수형자로서 중간처우를 받는 날부터 형기 종료 예정일 까지 기간이 1년 6개월인 E를 지역사회에 설치된 개방시설에 수용하여 사회적응에 필요한 교육을 실시할 수 있다.

10 「형의 집행 및 수용자의 처우에 관한 법령」상 미결수용자의 처우에 대한 설명 중 옳지 않은 것은 모두 몇 개인가?

> ㉠ 미결수용자는 수사·재판·국가감사 또는 법률로 정하는 조사에 참석할때에는 사복을 착용할 수 있다. 다만, 소장은 도주 우려가 크거나 특히 부적당한 사유가 있다고 인정하면 교정시설에서 지급하는 의류를 입게 할 수 있다.
>
> ㉡ 미결수용자와 변호인과의 접견에는 교도관이 참여하지 못하며 그 내용을 청취 또는 녹취하지 못한다. 다만, 보이는 거리에서 미결수용자를 관찰할 수 있다.
>
> ㉢ 소장은 미결수용자가 징벌대상자로서 조사받고 있거나 징벌 집행중인 경우에도 소송서류의 작성, 변호인과의 접견 편지수수 전화통화 그 밖의 수사 및 재판 과정에서의 권리행사를 보장하여야 한다.
>
> ㉣ 소장은 미결수용자에 대하여는 신청에 따라 교육 또는 교화프로그램을 실시하거나 작업을 부과할 수 있다.
>
> ㉤ 미결수용자가 「형사소송법」 제34조, 제89조 및 제209조에 따라 외부의사의 진료를 받는 경우에는 교도관이 참여하고 그 경과를 수용기록부에 기록하여야 한다.
>
> ㉥ 미결수용자가 「마약류 관리에 관한 법률」 제34조, 제69조 및 제209조에 따라 외부의사에 진료를 받는 경우에는 교도관이 참여하고 그 경과를 수용기록부에 기록하여야 한다.
>
> ㉦ 소장은 미결수용자가 도주하거나 도주한 미결수용자를 체포한 경우에는 그 사실을 검사에게 통보하고, 기소된 상태인 경우에는 법원에도 지체 없이 통보하여야 한다.

① 1개   ② 2개
③ 3개   ④ 4개
⑤ 5개

11 형의 집행 및 수용자의 처우에 관한 법령상 안전과 질서에 대한 설명 중 옳지 않은 것만을 모두 고르면?

> ㉠ 소장의 신체를 검사하여야 하는 경우 다른 수용자가 볼 수 없는 차단된 장소에서 하여야 하며, 특히 신체를 면밀하게 검사할 필요가 있으면 불필요한 고통이나 수치심을 느끼지 아니하도록 유의하여야 한다.
>
> ㉡ 교도관은 시설의 안전과 질서유지를 위하여 필요하면 교정시설을 출입하는 수용자 외의 사람에게 의류와 휴대품을 검사할 수 있다. 이 경우 출입자가 금지물품을 지니고 있으면 교정시설에 맡기도록 하여야 하며, 이에 따르지 아니하면 출입을 금지하여야 한다.
>
> ㉢ 소장은 수용자의 신체·의류·휴대품·거실 및 작업장 등을 검사한 결과 음란물, 사행행위에 사용되는 물품, 그 밖에 수형자의 교화 또는 건전한 사회복귀를 해칠 우려가 있는 물품이 발견되면 형사법령으로 정하는 절차에 따라 처리할 물품을 제외하고는 폐기한다. 다만, 폐기하는 것이 부적당한 물품은 교정시설에 보관하거나 수용자로 하여금 자신이 지정하는 사람에게 보내게 할 수 있다.
>
> ㉣ 소장은 교도관에게 수용자의 거실, 작업장, 그 밖에 수용자가 생활하는 장소(이하 "거실 등"이라 한다)를 정기적으로 검사하게 하여야 한다. 다만, 금지물품을 숨기고 있다고 의심되는 수용자의 마약류사범·조직폭력사범 등 법무부령으로 정하는 수용자의 거실 등은 수시로 검사하게 하여야 한다.
>
> ㉤ 교도관이 수용자의 신체·의류·휴대품을 검사하는 경우에는 특별한 사정이 없으면 고정식 물품검색기를 통과하게 한 후 휴대용 금속탐지기 또는 손으로 이를 확인한다.
>
> ㉥ 교도관이 교정시설을 출입하는 수용자 외의 사람의 의류와 휴대품을 검사하는 경우에는 고정식 물품검색기를 통과하게 하거나 휴대용 금속탐지기로 이를 확인한다.

① ㉠, ㉡   ② ㉡, ㉢, ㉣
③ ㉢, ㉣, ㉥   ④ ㉠, ㉡, ㉢, ㉣
⑤ ㉠, ㉢, ㉣, ㉤

12 펜실베이니아(Pennsylvania System)제에 대한 설명으로 옳지 않은 것은?

① 주·야간 구분 없이 엄격하게 독거수용하는 제도이다.
② 필라델피아제, 침묵제, 교담금지제라고도 불린다.
③ 월넛 감옥(Walnut Street Jail)에서 시행되었다.
④ 정신질환등 정신적·심리적 문제를 유발할 소지가 있다.
⑤ 행형경비가 많이 필요한 구금형태이다.

13 「형의 집행 및 수용자의 처우에 관한 법령」상 보호장비에 대한 설명 중 옳은 것은 모두 몇 개인가?

> ㉠ 보호장비는 징벌의 수단으로 사용되어서는 아니 된다.
> ㉡ 교도관은 수용자가 위력으로 교도관의 정당한 직무집행을 방해할 우려가 있는 때 보호장비를 사용할 수 있다.
> ㉢ 의무관은 보호장비 착용 수용자의 건강상태를 확인한 결과 특이사항을 발견한 경우에는 보호장비 착용자 사용심사부에 기록하여야 한다.
> ㉣ 소장은 보호대, 보호침대, 보호복을 사용하거나 수갑을 뒤로 사용 하는 경우에는 교도관으로 하여금 수시로 해당 수용자의 상태를 확인하고 매 시간마다 보호장비 착용자 관찰부에 기록하게 하여야 한다. 다만, 소장은 보호장비 착용자를 전자영상 장비로 계호할 때에는 거실 수용자 영상계호부에 기록하게 할 수 있다.
> ㉤ 교도관은 보호장비 사용 사유가 소멸한 경우에는 소장의 허가를 받아 지체 없이 보호장비 사용을 중단하여야 한다. 다만, 소장의 허가를 받을 시간적 여유가 없을 때에는 보호장비 사용을 중단한 후 지체 없이 소장의 승인을 받아야 한다.
> ㉥ 보호장비의 사용 절차에 관하여 필요한 사항은 법무부령으로 정한다.

① 1개 ② 2개
③ 3개 ④ 4개
⑤ 5개

14 「형의 집행 및 수용자의 처우에 관한 법률」상 징벌에 대한 설명 중 옳지 않은 것은 모두 몇 개인가?

> ㉠ 소장은 징벌이나 그 밖의 사유로 징벌 집행이 곤란하면 그 사유가 해소될 때까지 그 집행을 일시 정지할 수 있다.
> ㉡ 소장은 징벌집행 중인 수용자가 뉘우치는 빛이 뚜렷한 경우에는 그 징벌을 감경하거나 남은 기간의 징벌집행을 면제할 수 있다.
> ㉢ 소장은 징벌을 의결하는 때에 행위의 동기 및 정황, 교정성적, 뉘우치는 정도 등 그 사정을 고려한 징벌 사유가 있는 수용자에 대하여 2개월 이상 6개월 이하의 기간 내에서 징벌집행을 유예할 것을 의결할 수 있다.
> ㉣ 소장은 징벌집행이 유예기간 중에 있는 수용자가 다시 징벌 대상행위를 하면 그 유예한 징벌을 집행한다.
> ㉤ 수용자가 징벌집행을 유예받은 후 징벌을 받음이 없이 유예기간이 지나면 그 징벌의 집행은 종료된 것으로 본다.
> ㉥ 소장은 징벌의 집행이 종료되거나 집행이 면제된 수용자가 교정성적이 양호하고 법무부령으로 정하는 기간 동안 징벌을 받지 아니하면 법무부장관의 승인을 받아 징벌을 실효시킬 수 있다.

① 1개 ② 2개
③ 3개 ④ 4개
⑤ 5개

15 형의 집행 및 수용자의 처우에 관한 법령상 종교와 문화에 대한 설명 중 옳은 것만 모두 고르면?

> ㉠ 소장은 교정시설의 안전과 질서를 해치지 아니하는 범위에서 종교단체 또는 종교인이 주재하는 종교행사를 실시할 수 있다.
>
> ㉡ 소장은 수용자가 종교상담을 신청하거나 수용자에게 종교상담이 필요한 경우에는 상담관련 전문교육을 이수한 교도관 또는 교정참여인사로 하여금 상담하게 할 수 있다.
>
> ㉢ 집필용구의 구입 비용은 수용자가 부담한다. 다만, 소장은 수용자에게 수용자에게 금전을 제외한 물품을 지급하는 경우에는 예산의 범위에서 해당 비용을 부담할 수 있다.
>
> ㉣ 소장은 소유자가 분명하지 아니한 도서를 회수하여 비치도서로 전환하거나 폐기할 수 있다.
>
> ㉤ 소장은 시설의 안전과 질서유지를 위하여 필요한 때에는 수용자에 대한 라디오 및 텔레비전의 방송을 일시 중지하거나 개별 수용자에 대하여 라디오 및 텔레비전의 청취 또는 시청을 금지할 수 있다.
>
> ㉥ 소장은 신문·잡지 또는 도서(이하 "신문 등"이라 한다)를 구독하는 수용자가 허가 없이 다른 거실 수용자의 신문 등을 구독하는 수용자에게 구독을 허가하거나, 구독을 취소할 때에는 그 허가의 취소를 취소하여야 한다.

① ㉠, ㉡
② ㉢, ㉣
③ ㉠, ㉣, ㉤
④ ㉠, ㉢, ㉣
⑤ ㉡, ㉢, ㉣, ㉤

16 「형의 집행 및 수용자의 처우에 관한 법률 시행규칙」상 소득점수에 대한 규정으로 (가)~(바)에 들어갈 숫자의 합은?

> 제79조(소장정수 평가기준) ① 수형생활 태도 점수와 작업 또는 교육성적 점수는 제78조 제2항의 방법에 따라 채점하되, 수는 소속 작업장 또는 교육장 전체 인원의 (가)퍼센트를 초과할 수 없고, 우는 (나)퍼센트를 초과할 수 없다. 다만, 작업장 또는 교육장 전체인원이 4명 이하인 경우에는 수·우를 각각 1명으로 채점할 수 있다.
>
> ② 소장이 작업장 중 작업의 특성이나 난이도 등을 고려하여 필수 작업장으로 지정하는 경우 소득점수의 수는 (다)퍼센트 이내, 우는 (라)퍼센트 이내의 범위에서 각각 확대할 수 있다.
>
> ③ 소장은 수형자가 부상이나 질병, 그 밖의 부득이한 사유로 작업 또는 교육을 받지 못한 경우에는 (마)점 이내의 범위에서 작업 또는 교육 성적을 부여할 수 있다.

① 62
② 63
③ 64
④ 65
⑤ 66

17 「형의 집행 및 수용자의 처우에 관한 법령」상 (가)~(바)에 들어갈 내용 중 옳은 것은 모두 고르면?

> (가) 은/는 교화프로그램의 효과를 높이기 위해 소속 공무원 중에서 전문인력을 선발 및 양성할 수 있다.
>
> (나) 은/는 방송에 대한 의견 수렴을 위하여 설문조사 등의 방법으로 수용자의 반응도 및 만족도를 측정할 수 있다.
>
> (다) 은/는 직업훈련을 위하여 필요한 경우에는 수형자를 다른 교정시설로 이송할 수 있다.
>
> (라) 은/는 교정시설의 안에서 천재지변이나 그 밖의 사정에 대한 피난의 방법이 없는 경우에는 수용자를 다른 장소로 이송할 수 있다.
>
> (마) 은/는 접견·상담·진료, 그 밖에 수용자의 처우를 위하여 필요한 경우가 아니면 수용자와 외부인이 접촉하게 해서는 아니 된다.
>
> (바) 은/는 법원·검찰청·경찰관서 등으로부터 처음으로 교정시설에 수용되는 사람을 인수한 경우에는 호송인에게 인수서를 써 주어야 한다.

① (가), (나), (바)
② (가), (라), (마)
③ (나), (다), (라)
④ (나), (라), (마)
⑤ (라), (마), (바)

18 「형의 집행 및 수용자의 처우에 관한 법률 시행규칙」상 분류심사에 대한 설명으로 옳지 않은 것은?

① 징역형 · 금고형에 확정된 사람으로서 집행할 형기가 형집행지휘서 접수일부터 3개월 미만인 사람에 대해서는 분류심사를 하지 아니한다.

② 개별처우계획을 수립하기 위한 분류심사는 매월 초일부터 말일까지 형집행지휘서가 접수된 수형자를 대상으로 하며, 그 다음 달까지 완료하여야 한다. 다만, 특별한 사유가 있는 경우에는 그 기간을 연장할 수 있다.

③ 이해력의 현저한 부족 등으로 인하여 인성검사를 하지 아니한 경우에는 상담 내용과 관련 서류를 토대로 인성을 판정하여 경비처우급 분류지표를 결정할 수 있다.

④ 개별처우계획을 조정할 것인지 결정하기 위한 분류심사에 따라 경비처우급을 조정할 필요가 있는 경우에는 한 단계의 범위에서 조정한다. 다만, 수용 및 처우를 위하여 특히 필요한 경우에는 두 단계의 범위에서 조정할 수 있다.

⑤ 분류심사를 전담하는 교정시설의 장은 범죄의 피해가 중대하고 재범의 위험성이 높은 수형자의 개별처우계획을 수립 · 조정하기 위해 고위험군 수형자의 개별적 특성과 재범의 위험성 등을 면밀히 분석 · 평가하기 위한 분류심사를 실시하여야 한다.

19 「형의 집행 및 수용자의 처우에 관한 법령」상 수용자 A~E에 대한 처우로 허용되지 않는 것은?

① 소장은 교육대상자 A가 학습의욕이 부족하여 구두경고를 하였는데도 개설될 여지가 없다고 판단하여 교육대상자 선발을 취소하였다.

② 소장은 정당한 이유 없이 교육을 기피한 사실이 있는 B를 교육대상자로 선발하지 않았다.

③ 소장은 교육을 수료한 시점에 집행할 형기가 2개월인 C를 교육대상자 선발 당시 소속 기관으로 이송하였다.

④ 소장은 교육대상자 D에게 질병이 있어 교육 과정을 일시 중지하였다.

⑤ 소장은 교육 개시일을 기준으로 형기의 3분의 1이 경과하고, 집행할 형기가 2년 미만인 고등학교를 졸업한 E가 학사고시반 교육을 신청하여 교육대상자로 선발하였다.

20 「형의 집행 및 수용자의 처우에 관한 법률」상 보호실 및 진정실에 대한 규정으로 (가)~(라)에 들어갈 숫자의 합은?

제95조(보호실 수용) ② 수용자의 보호실 수용 기간을 (가)일 이내로 한다. 다만, 소장은 특히 계속하여 수용할 필요가 있으면 법무부장관의 승인을 받아 (나)일의 범위에서 기간을 연장할 수 있다.

③ 제2항에 따라 수용자를 보호실에 수용할 수 있는 기간은 계속하여 (다)개월을 초과할 수 없다.

제96조(진정실 수용) ② 수용자의 진정실 수용 기간을 (라)시간 이내로 한다. 다만, 소장은 특히 계속하여 수용할 필요가 있으면 의무관의 의견을 고려하여 1회당 (마)시간의 범위에서 기간을 연장할 수 있다.

③ 제2항에 따라 진정실에 수용할 수 있는 기간은 계속하여 (바)일을 초과할 수 없다.

① 64   ② 65

③ 66   ④ 67

⑤ 68

21 「형의 집행 및 수용자의 처우에 관한 법률 시행규칙」상 일반경비처우급 수형자 처우에 대한 처우로 허용되지 않는 것은?

① 소장은 교정성적, 나이, 인성 등을 고려하여 다른 수형자와의 모범이 된다고 인정되어 갑(甲)을 봉사원으로 선정하여 담당교도관의 사무 처리와 그 밖의 업무를 보조하게 하였다.

② 소장은 처우상 특히 필요하다고 판단하여 법무부장관이 정하는 바에 따라 접견차단시설이 설치된 장소 외의 적당한 곳에서 갑(甲)이 접견을 할 수 있도록 하였다.

③ 소장은 처우상 특히 필요하다고 판단하여 갑(甲)에게 교정시설 밖의 이루어지는 영화관람을 허가하였다.

④ 소장은 교화 등 처우상 특히 필요하다고 판단하여 갑(甲)이 교육실, 강당 등 적당한 장소에서 월 1회 이상 토론회를 할 수 있도록 하였다.

⑤ 소장은 교화 등 처우상 특히 필요하다고 판단하여 갑(甲)에게 외부에게 가족만남의 집 이용을 허가하였다.

22 「형의 집행 및 수용자의 처우에 관한 법률」상 엄중관리 대상자에 대한 설명 중 옳지 않은 것은 모두 몇 개인가?

> ㉠ 소장은 조직폭력수용자로서 무죄 외의 사유로 출소한 후 5년이내에 교정시설에 다시 수용된 사람에 대하여도 조직폭력수용자로 지정한다.
>
> ㉡ 소장은 조직폭력수용자가 다른 사람과 접견할 때에는 외부 폭력조직과의 연계가능성이 높은 점 등을 고려하여 접촉차단시설이 있는 장소에서 하게 하여야 하며, 귀휴나 그 밖의 특별한 이익이 되는 처우를 결정하는 경우에는 해당 처우의 허용 요건에 관한 규정을 엄격히 적용하여야 한다.
>
> ㉢ 소장은 징벌집행이 종료된 날부터 2년 이내에 다시 징벌을 받는 등 규율 위반의 상습성이 인정되는 수용자에 대하여는 분류처우위원회의 의결을 거쳐 관심대상수용자로 지정한다. 다만, 미결수용자 등 분류처우위원회의 의결 대상자가 아닌 경우에도 관심대상수용자로 지정할 필요가 있다고 인정되는 수용자에 대하여는 교도관회의의 심의를 거쳐 관심대상수용자로 지정할 수 있다.
>
> ㉣ 소장은 마약류수용자로 지정된 사람에 대하여는 석방할 때까지 지정을 해제할 수 없다. 다만, 공소장 변경 또는 재판 확정에 따라 지정사유가 해소되었다고 인정되는 경우에는 교도관회의의 심의 또는 분류처우위원회의 의결을 거쳐 지정을 해제할 수 있다.
>
> ㉤ 소장은 수용자 외의 사람이 마약류수용자에게 물품을 건네줄 것을 신청하는 경우에는 마약류 반입 등을 차단하기 위하여 신청을 허가하지 않는다. 다만, 법무부장관이 정하는 바에 따라 교정시설 안에서 판매되는 물품이나 그 밖에 마약류 반입을 위한 도구로 이용될 가능성이 없다고 인정되는 물품 물품을 건네줄 것을 신청한 경우에는 예외로 할 수 있다.
>
> ㉥ 담당교도관은 마약류수용자의 보관품 및 지니는 물건의 변동 상황을 수시로 점검하고, 특이사항이 있는 경우에는 감독교도관에게 보고해야 한다.

① 1개   ② 2개
③ 3개   ④ 4개
⑤ 5개

23 「형의 집행 및 수용자의 처우에 관한 법령」상 석방에 대한 설명으로 옳지 않은 것은?

① 소장은 사망·형기종료 또는 권한이 있는 사람의 명령에 따라 수용자를 석방한다.

② 권한이 있는 사람의 명령에 따른 석방은 서류가 도달한 후 5일 이내에 하여야 한다.

③ 소장은 수형자의 건전한 사회복귀를 위하여 필요하다고 인정하면 석방 전 3일 이내의 범위에서 석방 전 3일 이내의 범위에서 석방예정자를 별도의 거실에 수용하여 장래에 관한 상담과 지도를 하여야 한다.

④ 소장은 형기종료로 석방된 수형자에 대하여는 석방 10일 전까지 석방 후 보호에 관한 사항을 조사하여야 한다.

⑤ 소장은 피석방자에게 귀가 여비 또는 의류를 빌려준 경우에는 특별한 사유가 없으면 이를 회수한다.

24 「형의 집행 및 수용자의 처우에 관한 법령」상 변호인과의 접견 및 전화통화에 대한 설명 중 옳은 것은 모두 몇 개인가?

> ㉠ 수용자가 미성년자인 자녀와 접견하는 경우에는 접촉차단시설이 설치되지 아니한 장소에서 접견하게 할 수 있다.
>
> ㉡ 형사사건으로 수사 또는 재판을 받고 있는 수형자가 변호인(변호인이 되려는 사람을 포함)과 접견하는 경우에는 접촉차단시설이 설치된 장소에서 하게 한다.
>
> ㉢ 수용자는 편지를 보내려는 경우 해당 편지를 봉합하여 교정시설에 제출한다. 다만, 소장은 수용자가 같은 교정시설에 수용 중인 다른 수용자에게 편지를 보내려는 경우로서 금지물품의 확인을 위하여 필요한 경우에는 편지를 봉합하지 않은 상태로 제출하게 할 수 있다.
>
> ㉣ 소장은 수용자가 수신자의 관계 등에 대한 확인 요청에 따르지 아니하거나 거짓으로 대답할 때에는 전화통화의 허가를 취소할 수 있다.
>
> ㉤ 전화통화의 특별한 사정이 없으면 3분 이내로 한다.
>
> ㉥ 교도관은 수용자의 접견, 전화통화 등의 과정에서 수용자의 처우에 특히 참고할 사항을 알게 된 경우에는 그 사실을 수용자명부에 기록하여야 한다.

① 0개   ② 1개
③ 2개   ④ 3개
⑤ 4개

25 「형의 집행 및 수용자의 처우에 관한 법령」상 수용자 (A)~(E)에 대한 처우 중 허용되지 않는 것은 모두 고르면?

> ㉠ 소장은 19세 미만 미결수용자 (A)에게 운동을 할 때 착용하는 운동복을 지급하였다.
>
> ㉡ 소장은 소년교도소에 수용 중인 22세 수형자 (B)와 나이·적성 등을 고려하여 필요하다고 인정하여 의류의 품목과 품목별 착용 시기 및 대상을 달리 정하였다.
>
> ㉢ 소장은 69세인 수용자 (C)가 작업을 원하여 나이·건강상태 등을 고려하고, 담당 교도관의 의견을 들어 해당 수용자가 감당할 수 있는 정도의 작업을 부과하였다.
>
> ㉣ 소장은 「장애인 복지법 시행령」(별표 1)에 해당하는 지체장애로 통상적인 수용자 (D)가 거동이 불편하여 혼자서 목욕하기 어려워 자원봉사로 하여금 목욕을 보조하게 할 수 있다.
>
> ㉤ 소장은 유산 후 60일이 지나지 아니한 수용자 (E)에게 모성보호 및 건강유지를 위하여 정기적인 검진 등 적절한 조치를 취하였다.

① ㉠

② ㉠, ㉡

③ ㉠, ㉡, ㉢

④ ㉠, ㉡, ㉢, ㉣

⑤ ㉡, ㉢, ㉣, ㉤

□ 빠른 정답 p.143
🖉 해설 p.133

01 서덜랜드(Sutherland)의 차별접촉이론(differential association theory) 관점에서 범죄를 범할 가능성이 가장 높은 사람은?

① 어린 시절에 형성된 낮은 자기통제력이 성인기까지 지속된 사람

② 청소년기 부모의 부재로 인해 애착이 부족한 상태로 성장한 사람

③ 지속적인 학교폭력 피해로 인해 높은 수준의 분노와 공격성을 내면화한 사람

④ 범죄에 우호적인 정의를 가진 친한 사람들과 밀접한 관계를 유지하며 상호작용한 사람

02 회복적 사법(restorative justice)에 대한 설명으로 옳은 것만을 모두 고르면?

> ㄱ. 브레이스웨이트(Braithwaite)의 재통합적 수치이론 (reintegrative shaming theory)은 회복적 사법의 이론적 논거로 주로 활용된다.
> ㄴ. 참여자의 만족보다 적법절차를 준수하는 데 초점을 맞춘다.
> ㄷ. 국내에서 시행하고 있는 회복적 사법 프로그램으로는 형사조정제도가 있다.
> ㄹ. 응보적 사법은 범죄를 특정 개인에 대해 피해를 준 것으로 보는 반면, 회복적 사법은 범죄를 국가의 법규범을 위반한 것으로 본다.

① ㄱ, ㄴ   ② ㄱ, ㄷ
③ ㄴ, ㄹ   ④ ㄷ, ㄹ

03 형의 집행 및 수용자의 처우에 관한 법령상 교정시설의 장이 위원장이 되는 위원회만을 모두 고르면?

> ㄱ. 가석방심사위원회
> ㄴ. 분류처우위원회
> ㄷ. 귀휴심사위원회
> ㄹ. 징벌위원회

① ㄱ, ㄷ   ② ㄱ, ㄹ
③ ㄴ, ㄷ   ④ ㄴ, ㄹ

04 수용자의 거실 수용유형에 따른 장단점으로 옳지 않은 것은?

① 독거제는 수용자의 사생활 보호와 자기 성찰의 기회를 제공한다.

② 혼거제는 공동생활을 통해 사회성 회복과 정서적 안정에 도움을 줄 수 있다.

③ 독거제는 타 수용자와의 갈등을 줄일 수 있으나, 고립감과 정신적 스트레스를 유발할 수 있다.

④ 혼거제는 형집행의 통일성 유지에 유리하지만, 많은 감독 인력이 필요하다.

05 수용자 문화에 대한 설명으로 옳은 것은?

① 교도소화(prisonization)는 교도소와 교도관에 반대하는 행동과 태도를 신봉하는 정도를 일컫는 것으로 크레머(Clemmer)는 수형기간에 따라 수형자의 교도소화가 점점 강화된다고 보았다.

② 휠러(Wheeler)는 형기의 말기에 수형자가 교도관에 대해 가장 적대적이 된다고 보았다.

③ 수형지향적 하위문화에 속하는 수형자는 외부에서 터득한 반사회적인 범죄자의 하위문화를 고집하고 장래 사회에 나가서도 계속 그러한 범죄생활을 행할 것을 지향하는 유형의 수형자를 말한다.

④ 슈렉(Schrag)의 역할유형 분류에서 고지식자는 친사회적 수형자로서 교정시설의 규율에 따르지 않지만 교도관들과 가깝게 지내는 유형의 수형자를 말한다.

06 병영훈련(boot camp)에 대한 설명으로 옳지 않은 것은?

① 군대식 훈련을 중심으로 규율과 책임의식을 강조하였다.
② 주로 성인범죄자를 대상으로 단기훈련기간을 갖는다.
③ 1983년 조지아주의 중간처벌 프로그램의 일환으로 시작되었다.
④ 충격구금의 한 유형이라 할 수 있다.

07 다음 설명에 해당하는 블럼스타인(Blumstein)의 교도소 과밀수용 해소방안은?

- 재범위험성이 낮은 범죄자에 대해서는 사회내 처우를 확대한다.
- 제한된 교정 자원의 효율적 분배를 가능하게 한다.
- 미래의 범죄 가능성을 근거로 가중 처벌하는 방식은 윤리적·법적 쟁점을 초래할 수 있다.

① 무전략(null strategy)
② 선택적 무력화(selective incapacitation)
③ 정문정책(front-door policy)
④ 후문정책(back-door policy)

08 교정의 이념에 대한 설명으로 옳은 것은?

① 지역사회교정은 범죄자를 무력화하여 사회안전을 확보할 수 있으며, 사회복귀(rehabilitation), 재통합(reintegration), 그리고 억제 이념에 부합할 수 있다.
② 무력화(incapacitation)는 주로 구금을 통해 범죄자에게 추가 범죄를 저지를 능력을 박탈하는 것으로, 범죄자의 특성이 아닌 범죄에 기반한 정밀한 범죄 예측을 통해 공공의 안전을 확보하고, 범죄자의 조기 사회복귀를 목표로 한다.
③ 응보주의(retribution)는 범죄 억제를 통한 예방에 중점을 둔 형벌 이념인 반면, 공리주의는 책임과 비례성을 중시하는 형벌 이념이다.
④ 억제(deterrence) 이념 중 특별억제는 범죄자에 대한 형벌 집행을 통해 사회 전체 구성원에게 경고와 위하 효과를 주는 것이며, 일반억제는 형벌을 통해 범죄자의 반사회적 충동을 해소하거나 제어함으로써 재범을 방지하는 것을 목적으로 한다.

09 「형의 집행 및 수용자의 처우에 관한 법률 시행규칙」상 엄중관리대상자 처우에 대한 설명으로 옳은 것은?

① 소장은 상담책임자로 감독교도관 또는 상담 관련 전문교육을 이수한 교도관을 우선하여 지정하여야 하며, 상담대상자는 상담책임자 1명당 20명 이내로 하여야 한다.
② 소장은 조직폭력수용자로 지정된 사람에 대하여는 석방할 때까지 지정을 해제할 수 없으나, 공소장 변경 또는 재판 확정에 따라 지정사유가 해소되었다고 인정되는 경우에는 교도관회의의 심의 또는 분류처우위원회의 의결을 거쳐 지정을 해제한다.
③ 소장은 조직폭력수용자에게 거실 및 작업장 등의 봉사원, 반장, 조장, 분임장, 그 밖에 수용자를 대표하는 직책을 부여할 때에는 법에 따른 조사나 검사 등의 결과를 고려하여야 한다.
④ 소장은 조직폭력수형자가 작업장 등에서 다른 수형자와 음성적으로 세력을 형성하는 등 집단화할 우려가 있다고 인정하는 경우에는 지방교정청장에게 해당 조직폭력수형자의 이송을 지체 없이 신청하여야 한다.

10 교정의 발전 단계에 대한 설명으로 옳은 것은?

① 위하적 단계는 고대국가부터 18세기까지의 시기로 16세기경에는 왕권강화와 강력한 공형벌 개념에 따른 잔혹한 형벌제도와 순회판사제도가 존재하던 시기였으며, 응보적 복수의 관행이 개인이나 부족들 사이에서 잔혹한 형태로 행해졌다.

② 교육적 개선단계는 18세기 말엽부터 19세기 중반의 시기로 박애적 관형(寬刑)과 죄형법정주의 원칙이 확립되었으며, 형벌이 생명형과 신체형으로부터 자유형으로 변화되어가는 시기였다. 또한 범죄자와 사회와의 재통합을 전제로 한 보호관찰, 가석방 등 사회내처우 프로그램들이 주목받았다.

③ 과학적 처우단계는 19세기 말부터 20세기 초를 거치면서 형벌의 개별화가 주장된 시기로 실증적인 범죄의 분석과 범죄자에 대한 개별처우를 통해 수용자의 건전한 재사회화를 강조하였고, 펜실베니아제와 오번제가 등장하였다.

④ 사회적 권리보장단계는 2차 세계대전 이후 미국 뉴욕주의 아티카(Attica) 주립교도소 폭동사건을 계기로 수형자들의 침해된 권리구제를 위한 자유로운 소송제기가 인정된 시기였다. 또한 세계적으로 인권운동이 전개되면서 소수민족 차별 철폐, 여성인권운동 등 종래의 질서에 대한 일대 저항운동이 확산되었다.

11 「형의 집행 및 수용자의 처우에 관한 법률 시행령」상 신입자 수용 절차에 대한 설명으로 옳지 않은 것은?

① 소장은 신입자를 인수한 경우에는 교도관에게 신입자의 신체·의류 및 휴대품을 지체 없이 검사하게 하여야 한다.

② 신입자의 건강진단은 수용된 날부터 3일 이내에 하여야 하나, 휴무일이 연속되는 등 부득이한 사정이 있는 경우에는 예외로 한다.

③ 소장은 19세 미만의 신입자에 대하여는 신입자거실 수용기간을 수용된 다음 날부터 30일까지 연장할 수 있다.

④ 소장은 신입자를 수용한 날부터 3일 이내에 수용기록부, 수용자명부 및 형기종료부를 작성·정비하고 필요한 사항을 기록하여야 한다.

12 「가석방자관리규정」상 가석방자의 관리에 대한 설명으로 옳지 않은 것은?

① 가석방자는 그의 주거지를 관할하는 경찰서(경찰서의 지구대를 포함한다)의 장의 보호와 감독을 받는다.

② 교정시설의 장은 가석방이 허가된 사람을 석방할 때에는 그 사실을 가석방될 사람의 주거지를 관할하는 지방검찰청의 장(지방검찰청 지청의 장을 포함한다)과 형을 선고한 법원에 대응하는 검찰청 검사장 및 관할경찰서의 장에게 미리 통보하여야 한다.

③ 교정시설의 장은 가석방이 허가된 사람에게 가석방의 취소 및 실효사유와 가석방자로서 지켜야 할 사항 등을 알리고, 주거지에 도착할 기한 등을 적은 가석방증을 발급하여야 한다.

④ 가석방자는 그의 주거지에 도착하였을 때에는 지체 없이 종사할 직업 등 생활계획을 세우고 이를 관할경찰서의 장에게 서면 또는 구두로 신고하여야 한다.

13 「형의 집행 및 수용자의 처우에 관한 법률」상 수용자의 집필에 대한 설명으로 옳지 않은 것은?

① 수용자는 문서를 작성하거나 문예·학술, 그 밖의 사항에 관하여 집필할 수 있으나, 소장이 시설의 안전 또는 질서를 해칠 명백한 위험이 있다고 인정하는 경우는 예외로 한다.

② 소장은 수용자가 작성한 문서가 법무부장관이 정하는 범위를 벗어난 물품으로서 교정시설에 특히 보관할 필요가 있다고 인정하지 아니하는 물품은 수용자로 하여금 자신이 지정하는 사람에게 보내게 할 수 있다.

③ 소장은 수용자가 집필한 문서가 수용자의 처우 또는 교정시설의 운영에 관하여 명백한 거짓사실을 포함하고 있는 때에는 수용자에게 그 사유를 알린 후 동의 없이 폐기할 수 있다.

④ 집필용구의 관리, 집필의 시간·장소, 집필한 문서 또는 도화의 외부반출 등에 관하여 필요한 사항은 대통령령으로 정한다.

14 「형의 집행 및 수용자의 처우에 관한 법률 시행규칙」상 처우등급별 처우에 대한 설명으로 옳은 것은?

① 소장은 중(重)경비처우급 수형자의 전화통화 허용횟수는 월 2회 이내이나 특히 필요한 경우에는 이를 늘릴 수 있다.

② 소장은 개방처우급·완화경비처우급 또는 자치생활 수형자에 대하여 월 3회 이내에서 경기 또는 오락회를 개최하게 할 수 있다. 다만, 소년수형자에 대하여는 그 횟수를 늘릴 수 있다.

③ 소장은 완화경비처우급·일반경비처우급 수형자에 대하여 교정시설 밖에서 이루어지는 사회봉사 활동을 허가할 수 있으나 처우상 특히 필요한 경우에는 중(重)경비처우급 수형자에게도 이를 허가할 수 있다.

④ 소장은 수형자가 개방처우급 또는 완화경비처우급으로서 작업·교육 등의 성적이 우수하고 관련 기술이 있는 경우에는 교도관의 작업지도를 보조하게 할 수 있다.

15 사회내 처우를 확대할 경우 예상되는 부작용으로 옳지 않은 것은?

① 신종의 사회통제전략으로서 형사사법망이 확대될 수 있다.

② 범죄배양효과가 발생할 가능성이 높다.

③ 지역사회 구성원의 반대가 있을 수 있다.

④ 교도소의 과밀수용을 해소하기 위한 편리한 수단으로 악용될 가능성이 있다.

16 샘슨과 라웁(Sampson & Laub)의 생애과정이론에 대한 설명으로 옳지 않은 것은?

① 비행과 이로 인한 학업실패와 구금경험은 범죄를 지속하게 만든다.

② 행위자를 둘러싼 상황적·구조적 변화가 범죄행위를 할 위험성에 영향을 미친다.

③ 결혼과 같은 우연한 사건은 약화되거나 단절된 사회유대를 새롭게 복원하는 기능을 한다.

④ 청소년기의 비행은 성인기의 사회적 자본을 획득하는 데에는 영향을 미치지 않는다.

17 「형의 집행 및 수용자의 처우에 관한 법률 시행규칙」상 직업훈련에 대한 설명으로 옳은 것은?

① 소장은 소년수형자의 선도를 위하여 필요한 경우에는 석방 후 관련 직종에 취업할 의사가 없어도 직업훈련 대상자로 선정하여 교육할 수 있다.

② 소장은 직업훈련 대상자가 징벌대상행위의 혐의가 있어 조사를 받게 된 경우에는 직업훈련을 보류하여야 한다.

③ 소장은 수형자가 완화경비처우급 또는 일반경비처우급으로서 직업능력 향상을 위하여 특히 필요한 경우에는 교정시설 외부의 기업체 등에서 운영하는 직업훈련을 받게 할 수 있다.

④ 집체직업훈련 대상자는 소속기관의 수형자 중에서 소장이 선정한다.

18 형의 집행 및 수용자의 처우에 관한 법령상 수용자의 정보공개 청구에 대한 설명으로 옳은 것은?

① 현재의 수용기간 동안 법무부장관, 지방교정청장 또는 소장에게 정보공개청구를 한 후 「공공기관의 정보공개에 관한 법률」 제17조에 따른 비용을 납부하지 아니한 사실이 2회 이상 있는 수용자가 정보공개청구를 한 경우에 법무부장관, 지방교정청장 또는 소장은 그 수용자에게 정보의 공개 및 우송 등에 들 것으로 예상되는 비용을 미리 납부하게 할 수 있다.

② 정보의 공개 및 우송 등에 들 것으로 예상되는 비용을 미리 납부하여야 하는 수용자가 비용을 납부하지 아니한 경우 법무부장관, 지방교정청장 또는 소장은 그 비용을 납부할 때까지 「공공기관의 정보공개에 관한 법률」 제11조에 따른 정보공개 여부의 결정을 유예하여야 한다.

③ 정보의 공개 및 우송 등에 들 것으로 예상되는 비용을 미리 수용자에게 납부하게 하는 경우 정보공개청구 예상비용의 산정방법, 납부방법, 납부기간, 그 밖에 비용납부에 관하여 필요한 사항은 법무부령으로 정한다.

④ 법무부장관, 지방교정청장 또는 소장은 정보 비공개 결정을 한 경우에는 납부된 비용의 전부를 반환하고 부분공개 결정을 한 경우에는 공개 결정한 부분에 대하여 드는 비용을 제외한 금액을 반환할 수 있다.

19 형의 집행 및 수용자의 처우에 관한 법령상 교육에 대한 설명으로 옳은 것은?

① 교육대상자가 교육을 수료하였을 시 선발 당시 소속 기관으로 이송하여야 하나, 집행할 형기가 이송 사유가 발생한 날부터 3개월 이내인 때에는 소속기관으로 이송하지 아니한다.

② 교육과정·외부통학·위탁교육 등에 관하여 필요한 사항은 대통령령으로 정한다.

③ 소장은 외국어 교육대상자가 교육실 외에서의 어학학습장비를 이용한 외국어학습을 원하는 경우에는 계호 수준, 독거 여부, 교육 정도 등에 대한 교도관회의(「교도관 직무규칙」 제21조에 따른 교도관회의)의 심의를 거쳐 허가할 수 있다.

④ 작업·직업훈련 수형자를 독학으로 검정고시·학사고시 등에 응시하게 하는 경우 자체 평가시험 성적 등을 고려할 수 있다.

20 형의 집행 및 수용자의 처우에 관한 법령상 권리구제에 대한 설명으로 옳지 않은 것은?

① 소장은 면담신청한 수용자를 면담한 경우 소속 교도관으로 하여금 그 요지를 면담부에 기록하게 하여야 한다.

② 소장은 수용자가 청원서를 작성하여 봉한 후 제출한 경우 이를 개봉하여서는 아니 되며, 지체 없이 법무부장관·순회점검공무원 또는 관할 지방교정청장에게 보내거나 순회점검공무원에게 전달하여야 한다.

③ 순회점검공무원은 수용자의 청원을 스스로 결정하는 것이 부적당하다고 인정하는 경우에는 그 내용을 법무부장관에게 보고하여야 한다.

④ 수용자는 청원, 진정, 소장과의 면담, 그 밖의 권리구제를 위한 행위를 하였다는 이유로 불이익한 처우를 받지 아니한다.

21 「수용자 사회복귀지원 등에 관한 지침」상 수용자 가족관계회복 지원에 대한 설명으로 옳지 않은 것은?

① 학업 및 직업능력개발훈련 성적이 우수하여 격려가 필요한 자를 가족관계회복 지원 대상자로 선정할 수 있다.

② 가족관계회복 지원 행사 관련 직원은 가족 등이 반입하는 음식물에 대하여 위생·보안상 위해 여부를 철저히 검사하여야 한다.

③ 소장은 가족이라 하더라도 교화상 부적당하다고 인정되는 사람은 수용자와의 만남을 제한하여야 한다.

④ 소장은 가족관계회복 지원 프로그램 참여 수용자의 복장을 모범수형자복 또는 평상복으로 하여야 하나 교화상 필요하다고 인정되는 경우, 참여 수용자에게 자비구매 의류 등을 착용하게 할 수 있다.

22 벌금 미납자의 사회봉사 집행에 관한 특례법령상 사회봉사의 신청에 대한 설명으로 옳은 것은?

① 500만원 내의 벌금형이 확정된 벌금미납자는 판결이 확정된 날로부터 30일 이내에 신청할 수 있다.

② 다른 사건으로 형 또는 구속영장이 집행되거나 노역장에 유치되어 구금 중인 사람도 신청할 수 있다.

③ 신청에 필요한 서류 및 제출방법에 관한 사항은 법무부령으로 정한다.

④ 신청인이 정당한 이유 없이 검사의 자료제출 요구를 거부한 경우 검사는 신청을 기각할 수 있다.

23 형의 집행 및 수용자의 처우에 관한 법령상 수용자의 유아 양육에 대한 설명으로 옳지 않은 것은?

① 소장은 유아가 질병·부상, 그 밖의 사유로 교정시설에서 생활하는 것이 특히 부적당하다고 인정되는 때에는 여성수용자가 출산한 유아를 교정시설에서 양육할 것을 허가하지 않을 수 있다.

② 소장은 유아의 양육을 허가한 경우에는 교정시설에 육아거실을 지정·운영하여야 한다.

③ 소장은 교정시설에 감염병이 유행하거나 그 밖의 사정으로 유아양육이 특히 부적당한 경우에는 의무관의 의견을 고려하여 유아보호에 적당하다고 인정하는 법인에 그 유아를 보낼 수 있다.

④ 소장은 유아의 양육을 허가한 경우에는 필요한 설비와 물품의 제공, 그 밖에 양육을 위하여 필요한 조치를 하여야 한다.

24 「보호소년 등의 처우에 관한 법률」상 출원에 대한 설명으로 옳지 않은 것은?

① 소년원장은 보호소년이 22세가 되면 퇴원시켜야 한다.

② 소년원장은 보호소년을 법무부장관의 퇴원·임시퇴원 허가서에 기재된 출원예정일부터 10일 이내에 보호자등이 인수하지 아니하면 사회복지단체에 인도할 수 있다.

③ 원장은 출원하는 보호소년 등의 사회정착지원 기간을 최대 18개월까지 정할 수 있다.

④ 원장은 소년보호협회 및 소년보호위원에게 사회정착지원에 관한 협조를 요청할 수 있다.

25 「형의 집행 및 수용자의 처우에 관한 법률 시행규칙」상 중간처우의 대상자로 옳지 않은 것은?

① 형기가 2년이고 범죄 횟수 2회인 개방처우급 A는 중간처우를 받는 날부터 형기 종료 예정일까지의 기간이 6개월로서 교정시설에 설치된 개방시설에 수용하여 사회적응에 필요한 교육 등을 받을 수 있다.

② 형기가 2년이고 범죄 횟수 1회인 개방처우급 B는 중간처우를 받는 날부터 가석방 예정일까지의 기간이 6개월로서 지역사회에 설치된 개방시설에 수용하여 사회적응에 필요한 취업지원 등을 받을 수 있다.

③ 형기가 3년이고 범죄 횟수 3회인 완화경비처우급 C는 중간처우를 받는 날부터 가석방 예정일까지의 기간이 1년 6개월로서 교정시설에 설치된 개방시설에 수용하여 사회적응에 필요한 교육 등을 받을 수 있다.

④ 형기가 3년이고 범죄 횟수 1회인 완화경비처우급 D는 중간처우를 받는 날부터 형기 종료 예정일까지의 기간이 1년 6개월로서 지역사회에 설치된 개방시설에 수용하여 사회적응에 필요한 취업지원 등을 받을 수 있다.

부록
2

01 손베리(Thornberry)의 상호작용이론(interactional theory)에 대한 설명으로 옳은 것은?

① 사회통제이론과 사회학습이론을 결합한 통합이론이다.
② 청소년의 비행경로를 조기 개시형(early starters)과 만기 개시형(late starters)으로 구분한다.
③ 사회적 반응이 일탈의 특성과 강도를 규정하는 원인이다.
④ 사회학습 요소로 차별접촉, 차별강화, 애착, 모방을 제시한다.

02 「형의 집행 및 수용자의 처우에 관한 법률」상 미결수용자의 처우에 대한 설명으로 옳지 않은 것은?

① 소장은 미결수용자가 징벌집행 중인 경우 변호인과의 접견 시간과 횟수를 제한할 수 있다.
② 소장은 도주우려가 크거나 특히 부적당한 사유가 있다고 인정하면 미결수용자의 재판 참석 시 교정시설에서 지급하는 의류를 입게 할 수 있다.
③ 미결수용자의 머리카락과 수염은 특히 필요한 경우가 아니면 본인의 의사에 반하여 짧게 깎지 못한다.
④ 미결수용자와 변호인과의 접견에는 교도관이 참여하지 못하지만 보이는 거리에서 미결수용자를 관찰할 수 있다.

03 「교도작업의 운영 및 특별회계에 관한 법률」상 교도작업에 대한 설명으로 옳은 것은?

① 특별회계는 교도소장이 운용·관리한다.
② 특별회계의 결산상 잉여금은 다음 연도의 세입에 이입한다.
③ 교도작업으로 생산된 제품은 민간기업 등에 직접 판매할 수 없다.
④ 법무부장관은 교도작업으로 생산되는 제품의 종류와 수량을 회계연도 개시 2개월 전까지 공고하여야 한다.

04 「형의 집행 및 수용자의 처우에 관한 법률 시행규칙」상 경비처우급 조정 등에 대한 설명으로 옳지 않은 것은?

① 형기의 6분의 5에 도달한 자에 대한 정기재심사의 경우, 경비처우급 상향 조정의 평정소득점수 기준은 7점 이상이다.
② 경비처우급 하향 조정의 평정소득점수 기준은 5점 이하이다.
③ 조정된 처우등급에 따른 처우는 그 조정이 확정된 날부터 한다.
④ 소장은 수형자의 경비처우급을 조정한 경우에는 지체 없이 해당 수형자에게 그 사항을 알려야 한다.

05 「형의 집행 및 수용자의 처우에 관한 법률」상 수용자가 정보공개를 청구할 수 있는 대상이 아닌 것은?

① 법무부장관   ② 교정본부장
③ 지방교정청장   ④ 소장

06 「치료감호 등에 관한 법률」상 치료감호에 대한 설명으로 옳지 않은 것은?

① 마약류 중독으로 금고 이상의 형에 해당하는 죄를 지어, 치료감호시설에서 치료를 받을 필요가 있고 재범의 위험성이 있는 자의 치료감호 기간은 2년을 초과할 수 없다.
② 피치료감호자에 대한 치료감호가 가종료되었을 때 보호관찰기간은 3년으로 한다.
③ 치료감호와 형(刑)이 병과(倂科)된 경우에는 치료감호를 먼저 집행하며, 이 경우 치료감호의 집행기간은 형 집행기간에서 제외한다.
④ 법무부장관은 연 2회 이상 치료감호시설의 운영실태 및 피치료감호자등에 대한 처우상태를 점검하여야 한다.

07 갑오개혁 이후의 행형제도에 대한 설명으로 옳지 않은 것은?

① 감옥규칙의 제정으로 사법권이 행정권으로부터 독립되었다.
② 형법대전은 근대 서구의 법체계를 모방한 법전이다.
③ 기유각서에 의해 통감부에서 감옥사무를 관장하였다.
④ 미군정기에 재소자석방청원제가 실시되었다.

08 「형의 집행 및 수용자의 처우에 관한 법률 시행규칙」상 자비구매물품 등에 대한 설명으로 옳은 것은?

① 소장은 감염병의 유행 등으로 자비구매물품의 사용이 중지된 경우에는 구매신청을 제한하여야 한다.
② 소장은 교도작업제품으로서 자비구매물품으로 적합한 것은 법무부장관으로부터 지정받은 자비구매물품 공급자를 거쳐 우선하여 공급할 수 있다.
③ 교정본부장은 자비구매물품 공급의 교정시설 간 균형 및 교정시설의 안전과 질서유지를 위하여 공급물품의 품목 및 규격 등에 대한 통일된 기준을 제시할 수 있다.
④ 소장은 공급제품이 부패, 파손, 규격미달, 그 밖의 사유로 수용자에게 공급하기에 부적당하다고 인정하는 경우에는 교정본부장에게 이를 보고하고 필요한 조치를 하여야 한다.

09 「형의 집행 및 수용자의 처우에 관한 법률」상 작업시간 등에 대한 설명으로 옳지 않은 것은?

① 휴식·운동·식사·접견 등 실제 작업을 실시하지 않는 시간을 제외한 1일의 작업시간은 8시간을 초과할 수 없다.
② 작업장의 운영을 위하여 불가피한 경우에는 공휴일·토요일에도 작업을 부과할 수 있다.
③ 19세 미만 수형자의 작업시간은 1일에 8시간을, 1주에 40시간을 초과할 수 없다.
④ 취사·청소·간병 등 교정시설의 운영과 관리에 필요한 작업의 1일 작업시간은 12시간을 초과할 수 있다.

10 억제이론에 대한 설명으로 옳은 것은?

① 인간은 자유의지를 가지고 합리적인 판단에 따라 행동한다고 가정한다.
② 처벌의 엄중성은 처벌받을 가능성을 의미한다.
③ 처벌의 확실성은 강한 처벌을 통한 범죄억제를 의미한다.
④ 처벌의 신속성은 초기 고전주의 범죄학자들이 범죄억제에 있어 가장 강조한 핵심 요소이다.

11 「교도관직무규칙」상 사회복귀업무 교도관의 직무에 대한 설명으로 옳지 않은 것은?

① 수형자의 학력 신장에 필요한 교육과정 개설계획을 수립하여 소장에게 보고하고, 소장의 지시를 받아 교육을 하여야 한다.
② 수형자가 귀휴등의 요건에 해당하고 귀휴등을 허가할 필요가 있다고 인정하는 경우에는 그 사실을 상관에게 보고하여야 한다.
③ 수형자가 교정성적이 우수하고 재범의 우려가 없는 등 가석방 요건을 갖추었다고 인정되는 경우에는 상관에게 보고하는 등 적절한 조치를 하여야 한다.
④ 사형확정자나 사형선고를 받은 사람의 심리적 안정을 위하여 수시로 상담을 하여야 하며, 필요하다고 인정하는 경우에는 외부인사와 결연을 주선하여 수용생활이 안정되도록 하여야 한다.

부록
3

12 「형의 집행 및 수용자의 처우에 관한 법률」상 수형자의 분류심사에 대한 설명으로 옳지 않은 것은?

① 수형자의 분류심사는 형이 확정된 경우에 개별처우계획을 수립하기 위하여 하는 심사와 일정한 형기가 지나거나 상벌 또는 그 밖의 사유가 발생한 경우에 개별처우계획을 조정하기 위하여 하는 심사로 구분한다.

② 소장은 분류심사를 위하여 수형자를 대상으로 상담 등을 통한 신상에 관한 개별사안의 조사, 심리·지능·적성 검사, 그 밖에 필요한 검사를 하여야 한다.

③ 소장은 분류심사를 위하여 외부전문가로부터 필요한 의견을 듣거나 외부전문가에게 조사를 의뢰할 수 있다.

④ 법무부장관은 수형자를 과학적으로 분류하기 위하여 분류심사를 전담하는 교정시설을 지정·운영할 수 있다.

13 「형의 집행 및 수용자의 처우에 관한 법률」상 교정시설 등에 대한 설명으로 옳지 않은 것은?

① 신설하는 교정시설은 수용인원이 500명 이내의 규모가 되도록 하여야 하나 교정시설의 기능·위치나 그 밖의 사정을 고려하여 그 규모를 늘릴 수 있다.

② 교정시설의 거실·작업장·접견실이나 그 밖의 수용생활을 위한 설비는 그 목적과 기능에 맞도록 설치되어야 한다.

③ 법무부장관은 교정시설의 운영, 교도관의 복무, 수용자의 처우 및 인권실태 등을 파악하기 위하여 매년 1회 이상 교정시설을 순회점검하거나 소속 공무원으로 하여금 순회점검하게 하여야 한다.

④ 교정시설의 설치 및 운영에 관한 업무의 일부를 위탁받을 수 있는 법인의 자격요건, 교정시설의 시설기준, 수용대상자의 선정기준, 수용자 처우의 기준, 위탁절차, 국가의 감독, 그 밖에 필요한 사항은 따로 대통령령으로 정한다.

14 형의 집행 및 수용자의 처우에 관한 법령상 귀휴를 허가할 수 있는 요건으로 옳지 않은 것은?

① 개방경비처우급 수형자 A는 3년의 징역형을 선고받고 현재 3개월 동안 복역 중인 자로 장모의 장례식에 참석하기 위해 귀휴를 신청하였다.

② 완화경비처우급 수형자 B는 무기형을 선고받고 현재 5년 동안 복역 중인 자로 손자의 결혼식에 참석하기 위해 귀휴를 신청하였다.

③ 개방처우급 수형자 C는 2년의 징역형을 선고받고 현재 6개월 동안 복역 중인 자로 본인의 회갑 잔치에 참석하기 위해 귀휴를 신청하였다.

④ 완화경비처우급 수형자 D는 두 개의 범죄로 3년의 징역형과 5년의 징역형을 함께 선고받고 현재 3년 동안 복역 중인 자로 해외유학을 떠나는 딸을 배웅하기 위해 귀휴를 신청하였다.

15 「형의 집행 및 수용자의 처우에 관한 법률 시행규칙」상 경비등급별 처우수준에 대한 설명으로 옳은 것은?

① 중경비처우급 수형자는 가족 만남의 집을 이용할 수 없다.

② 일반경비처우급 수형자는 월 2회 이내의 경기 또는 오락회에 참여할 수 있다.

③ 완화경비처우급 수형자는 교정시설 밖에서 이루어지는 종교행사에 참석할 수 없다.

④ 개방처우급 수형자는 교정시설 밖에서 이루어지는 사회견학에 참석할 수 없다.

16 사회내 처우에 대한 설명으로 옳지 않은 것은?

① 사회봉사명령은 유죄가 인정된 범죄자에게 일정 시간 보수를 책정하여 사회에 유익한 근로를 하도록 명하는 제도이다.

② 수강명령은 유죄가 인정된 범죄자에게 일정 시간 교육받도록 함으로써 교화개선을 도모하는 제도이다.

③ 배상명령은 범죄자가 피해자에게 금전적으로 배상하는 것으로 구금 대신 직업 활동에 전념할 수 있게 하는 제도이다.

④ 집중보호관찰은 일반보호관찰이 범죄자에게 지나치게 관대한 처분이라는 시민의 불만을 불식시키면서 교정시설의 과밀 수용을 해소할 수 있는 제도이다.

17 보호관찰 등에 관한 법령상 갱생보호제도에 대한 설명으로 옳지 않은 것은?

① 보호관찰소는 갱생보호 사무를 관장한다.

② 갱생보호 대상자는 형사처분 또는 보호처분을 받은 사람으로서 자립갱생을 위한 숙식 제공, 주거 지원, 직업훈련 및 취업 지원 등 보호의 필요성이 인정되는 사람이다.

③ 법무부장관은 한국법무보호복지공단을 지휘·감독하고, 감독상 필요한 경우에는 그 업무에 관한 사항을 보고하게 하거나 자료의 제출이나 그 밖에 필요한 명령을 할 수 있다.

④ 한국법무보호복지공단은 갱생보호 대상자의 적절한 보호를 위하여 필요한 경우 수용기관의 장에게 수용기간, 가족 관계 및 보호자 관계 등의 사항을 통보하여 줄 것을 요청할 수 있고, 이 경우 갱생보호 대상자의 동의는 필요하지 아니하다.

18 전환제도(diversion)의 장점만을 모두 고르면?

> ㄱ. 경미한 범죄자가 형사사법의 대상이 됨으로써 형사사법망이 확대된다.
> ㄴ. 범죄자에게 범죄를 중단할 수 있는 변화의 기회를 제공한다.
> ㄷ. 형사사법제도의 운영이 최적 수준이 되도록 자원을 배치한다.
> ㄹ. 범죄자에 대한 보다 인도적인 처우방법이다.

① ㄱ, ㄴ 　　　　② ㄱ, ㄷ
③ ㄴ, ㄹ 　　　　④ ㄴ, ㄷ, ㄹ

19 형의 집행 및 수용자의 처우에 관한 법령상 장애인수용자와 노인수용자의 처우에 대한 설명으로 옳지 않은 것은?

① 장애인수형자 전담교정시설의 장은 장애인의 재활에 관한 전문적인 지식을 가진 의료진과 장비를 갖추도록 노력하여야 한다.

② 장애인수형자 전담교정시설의 장은 장애인수형자에 대한 직업훈련이 석방 후의 취업과 연계될 수 있도록 그 프로그램의 편성 및 운영에 특히 유의하여야 한다.

③ 소장은 노인수용자가 작업을 원하는 경우에는 나이·건강상태 등을 고려하여 해당 수용자가 감당할 수 있는 정도의 작업을 부과하되, 이 경우 보안과장의 의견을 들어야 한다.

④ 소장은 노인수용자에 대하여 나이·건강상태 등을 고려하여 그 처우에 있어 적정한 배려를 하여야 하며, 필요하다고 인정하면 운동시간을 연장하거나 목욕횟수를 늘릴 수 있다.

20 다음 교정 처우 이념에 대한 설명으로 옳지 않은 것은?

> 소년보호사건의 경우 판사가 소년의 품행을 교정하고 피해자를 보호하는 데 필요하다고 인정하면 소년에게 피해 변상 등 피해자와의 화해를 권고할 수 있고, 화해가 잘 이루어진 경우에는 이를 보호처분 결정에 고려할 수 있다.

① 공식적인 형사사법 체계가 가해자에게 부여하는 낙인효과를 줄일 수 있다.

② 범죄의 정황, 가해자와 피해자 등 사건과 관련된 사안에 대해 개별적으로 고려할 수 있다.

③ 강력범죄자보다는 소년 범죄자에게 적합하기 때문에 사회적 무질서를 바로잡는 것과는 무관하다.

④ 가해자로 하여금 자신의 행동에 대한 원인과 결과를 직시하게 하고 행위에 대한 진정한 책임을 갖게 한다.

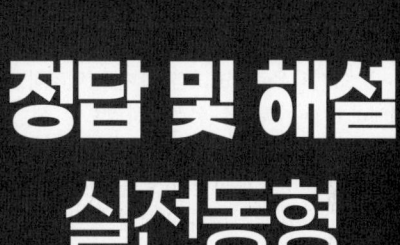

정답 및 해설
실전동형

Answer

01	①	02	①	03	④	04	①	05	③
06	③	07	①	08	④	09	②	10	①
11	④	12	④	13	③	14	②	15	②
16	②	17	②	18	④	19	④	20	④

01
정답 ①

☑정답풀이 갑오경장(1895)에 의한 행형개혁의 내용은 근대 행형의 시작이었는데 형벌에 있어서 장형을 폐지하고 도형을 징역으로 바꾸었으며, 유형은 정치범에만 적용하고, 미결수와 기결수를 분리수용하였다. 징역형은 노역을 부과하고 감옥규칙과 일종의 누진처우를 위한 징역표를 제정하였다.

☑선지풀이 ② 조선감옥령(1912)과 함께 식민지하에서는 엄격한 징계적 형벌을 채택하고 소년형무소를 설치하였으며, 행형의 사회화·과학화·인도화를 시도하였으나 결국은 위하주의 행형으로 일관하였다.
③ 「행형법」(1950)이 시행되면서 교육형주의에 입각한 수형자 처우의 개별화, 보호의 사회화, 격리의 과학화 등을 위한 행형의 법적 기초를 마련하였다.
④ 제1차 「행형법」 개정 이후 종래의 형무소라는 용어를 교도소로 바꾸고 수형자이송제도, 귀휴제도, 종파교회제도 등을 신설하였다.

02
정답 ①

☑정답풀이 귀휴심사위원회의 위원장은 소장이 되며, 위원은 소장이 소속기관의 부소장·과장(지소의 경우에는 7급 이상의 교도관) 및 교정에 관한 학식과 경험이 풍부한 외부인사 중에서 임명 또는 위촉한다. 이 경우 외부위원은 2명 이상으로 한다(형집행법 시행규칙 제131조 제3항).

☑선지풀이 ② 동법 제62조 제2항
③ 동법 제111조 제2항
④ 동법 제120조 제2항

03
정답 ④

☑정답풀이 옳지 않은 것은 ⓒ, ⓜ이다.
원상회복주의 또는 보상주의와 회복주의로 불리는 현대적 처벌관으로 1970년대 후반에 이글래시(Albert Eglash)가 처음 사용한 용어에서 비롯되었다. 과거 응징적·강제적·사후대응적 사법제도에 대한 반성에서 출발하여 범죄자들로 하여금 보다 생산적이고 책임감 있는 시민이 되도록 능력개발이 이루어져야 한다는 목표를 지향하는 적극적인 형사 패러다임의 강조사상으로 일반적인 형사사법보다는 소년사법에서 중시되고 있다.
회복적 사법의 핵심가치는 피해자, 가해자 욕구뿐만 아니라 지역사회 욕구까지 반영하는 것이며 범죄가 발생하는 여건·환경에 관심을 둔다. 범죄로 인한 손해의 복구를 위해 중재, 협상, 화합의 방법을 강조하며 피해자 권리운동의 발전과 관련이 깊다.
개인 대 국가의 갈등으로 범죄를 인식한 것은 응징적 사법이다.

04
정답 ①

☑정답풀이 수형자가 교도소 내에서 선행을 유지하고 작업에 자발적으로 참여함으로써 자기 스스로의 노력에 따라 일정한 법률적 기준하에 석방의 시기가 단축되는 제도로 선행감형제, 선행보상제, 형기자기단축제도라고 하며, 시설내 처우이다.

05
정답 ③

☑정답풀이 소장은 교정시설의 운영, 교도관의 복무, 수용자의 처우 및 인권실태 등을 파악하기 위하여 매년 1회 이상 교정시설을 순회점검하거나 소속 공무원으로 하여금 순회점검하게 하여야 한다(형집행법 제8조).

☑선지풀이 ① 동법 제7조 제1항
② 동법 제12조 제3항
④ 동법 제7조 제1항

06
정답 ③

☑정답풀이 수용자를 이송이나 출정, 그 밖의 사유로 호송하는 경우에는 수형자는 미결수용자와, 여성수용자는 남성수용자와, 19세 미만의 수용자는 19세 이상의 수용자와 각각 호송 차량의 좌석을 분리하는 등의 방법으로 서로 접촉하지 못하게 하여야 한다(형집행법 시행령 제24조).

07
정답 ①

☑정답풀이 소장은 조직폭력수용자로 지정된 사람에 대하여는 석방할 때까지 지정을 해제할 수 없다. 다만, 공소장 변경 또는 재판 확정에 따라 지정사유가 해소되었다고 인정되는 경우에는 교도관회의의 심의 또는 분류처우위원회의 의결을 거쳐 지정을 해제한다(형집행법 시행규칙 제199조 제2항).

☑선지풀이 ② 동법 시행규칙 제199조 제2항
③ 동법 시행규칙 제201조
④ 동법 시행규칙 제200조, 제203조

08
정답 ④

☑정답풀이 남성교도관이 1인의 여성수용자에 대하여 실내에서 상담 등을 하려면 투명한 창문이 설치된 장소에서 다른 여성을 입회시킨 후 실시하여야 한다(형집행법 제51조 제2항).

☑선지풀이 ① 동법 제50조 제3항
② 동법 시행령 제80조 제1항
③ 동법 제51조 제1항

09 정답 ②

✅**정답풀이** 의무관의 의견은 소장이 수용자를 보호실에 수용할 경우에는 고려하여야 하나(형집행법 제95조 제1항), 진정실에 수용할 경우에는 고려사항이 아니다(동법 제96조 제1항).

✅**선지풀이** ① 동법 제96조 제1항
③ 동법 제96조 제2항 · 제3항
④ 동법 제96조 제4항

10 정답 ①

✅**정답풀이** 9일 이하의 금치, 30일 이내의 실외운동 및 공동행사참가 정지, 30일 이내의 접견 · 편지수수 · 집필 및 전화통화 제한, 30일 이내의 텔레비전 시청 및 신문열람 제한, 1개월의 작업장려금 삭감의 징벌실효기간은 1년이다(형집행법 시행규칙 제234조 제1항).

✅**선지풀이** ② ~하여야 한다(동법 제111조 제6항).
③ 동법 시행규칙 제214조의2 제1호
④ 동법 시행령 제134조

11 정답 ④

✅**정답풀이** 조정된 처우등급에 따른 처우는 그 조정이 확정된 다음 날부터 한다. 이 경우 조정된 처우등급은 그 달 초일부터 적용된 것으로 본다(형집행법 시행규칙 제82조 제1항).

✅**선지풀이** ① 동법 제59조 제2항
② 동법 시행규칙 제62조 제1항
③ 동법 제59조 제1항

12 정답 ④

✅**정답풀이** 소장은 제1항(외부기업체에 통근하며 작업하는 수형자의 선정기준) 및 제2항(교정시설 안에 설치된 외부기업체의 작업장에 통근하며 작업하는 수형자의 선정기준)에도 불구하고 작업 부과 또는 교화를 위하여 특히 필요하다고 인정하는 경우에는 제1항 및 제2항의 수형자 외의 수형자에 대하여도 외부통근자로 선정할 수 있다(형집행법 시행규칙 제120조 제3항). 그러므로 중경비처우급 수형자를 외부통근자로 선정할 수 있다.

✅**선지풀이** ① 동법 시행규칙 제120조 제1항 제1호
② 동법 시행규칙 제121조
③ 동법 시행규칙 제123조

13 정답 ③

✅**정답풀이** 법원의 판결 전 조사의 요구를 받은 보호관찰소의 장은 지체 없이 이를 조사하여 서면으로 해당 법원에 알려야 한다. 이 경우 필요하다고 인정하면 피고인이나 그 밖의 관계인을 소환하여 심문하거나 소속 보호관찰관에게 필요한 사항을 조사하게 할 수 있다(보호관찰 등에 관한 법률 제19조 제2항).

✅**선지풀이** ① 보호관찰소의 장에게 범행 동기, 직업, 생활환경, 교우관계, 가족상황, 피해회복 여부 등 피고인에 관한 사항의 조사를 요구할 수 있다(동법 제19조 제1항).
② 동법 제19조 제2항
④ 소년법 제49조의2 제4항

14 정답 ②

✅**정답풀이**
• 일반준수사항(보호관찰 등에 관한 법률 제32조 제2항) : ㉠, ㉢, ㉣, ㉤
• 특별준수사항(보호관찰 등에 관한 법률 제32조 제3항) : ㉡, ㉥

15 정답 ②

✅**정답풀이** 전자장치 부착 등에 관한 법률 제14조 제3항

✅**선지풀이** ① 만 19세 미만의 자에 대하여 부착명령을 선고한 때에는 19세에 이르기까지 이 법에 따른 전자장치를 부착할 수 없다(동법 제4조).
③ 전자장치 부착명령의 임시해제 신청은 부착명령의 집행이 개시된 날부터 3개월이 경과한 후에 하여야 한다. 신청이 기각된 경우에는 기각된 날부터 3개월이 경과한 후에 다시 신청할 수 있다(동법 제17조 제2항).
④ 19세 미만의 사람에 대하여 특정범죄(성폭력범죄, 미성년자 대상 유괴범죄, 살인범죄, 강도범죄)를 저지른 경우에는 전자장치 부착기간 하한을 법률에서 정한 부착기간 하한의 2배로 한다(동법 제9조 제1항).

16 정답 ②

✅**정답풀이** 사회봉사명령은 14세 이상의 소년을 대상으로 하며(동법 제32조 제3항), 200시간을 초과할 수 없다(소년법 제33조 제4항).

✅**선지풀이** ① 동법 제33조 제1항
③ 동법 제32조 제2항 제1호 · 제2호
④ 동법 제32조 제1항 제4호, 제5호

17 정답 ②

✅**정답풀이** 치료감호 등에 관한 법률 제7조

✅**선지풀이** ① 치료감호와 형이 병과된 경우에는 치료감호를 먼저 집행한다(동법 제18조).
③ 치료감호의 기간은 15년을 초과할 수 없다(동법 제16조 제2항).
④ 보호관찰의 기간은 3년으로 한다(동법 제32조 제2항).

18

정답 ④

정답풀이 보호소년 등의 처우에 관한 법률 제15조 제3항

선지풀이 ① 소년원장은 보호소년이 22세가 되면 퇴원시켜야 한다(동법 제43조 제1항).

② 보호장비는 징벌의 수단으로 사용되어서는 아니 된다(동법 제14조의2 제7항).

③ 소년원장은 미성년자인 보호소년등이 친권자나 후견인이 없거나 있어도 그 권리를 행사할 수 없을 때에는 법원의 허가를 받아 그 보호소년 등을 위하여 친권자나 후견인의 직무를 행사할 수 있다(동법 제23조).

19

정답 ④

정답풀이 적법한 기회가 막혀있다는 이유만으로 불법적 기회를 무조건 선택할 수 있는 것은 아니라고 주장하였고, 적법한 기회에 못지않게 범죄행위를 위해 필요한 불법적 기회 역시 불균등하게 배분되어 있다고 보았다. 아노미현상을 비행적 하위문화의 촉발요인으로 본다는 점에서 머튼의 영향을 받았고, 머튼의 이론을 확대·발전시켰으며, 비합법적인 기회가 주어졌을 때 비로소 비행이 가능하다고 보아 머튼의 한계를 보완해준다. 사회에는 문화적으로 강조되는 목표와 그 목표를 달성할 수 있는 합법적인 수단 간에 현저한 차이가 있는데 이러한 차이로 인하여 비행하위문화가 형성된다. 하지만 성공을 위한 합법적인 수단이 없다고 하여 곧바로 비합법적 수단을 사용한다는 머튼의 가정에 동조하지 않는다.

20

정답 ④

정답풀이 낙인이론은 범죄 원인을 사회적 반응(낙인)과 그로 인한 사회적·심리적 영향에서 찾는다.

"범죄 원인을 개인의 성격적·심리적 특성에서 찾는다"는 내용은 낙인이론의 관점에 반대가 되므로 틀린 설명이다.

Answer

01	②	02	②	03	②	04	③	05	②
06	②	07	④	08	②	09	③	10	④
11	②	12	④	13	②	14	③	15	④
16	④	17	④	18	①	19	②	20	③

01
정답 ②

✅**정답풀이** 선별적 무력화는 범죄자의 특성에 기초하여 행해지고, 범죄자를 개선하고자 의도하지 않는다. 비슷한 정도의 범죄를 저지른 사람들에게 비슷한 정도의 장기형이 선고되어야 한다는 것은 집합적 무력화의 입장이다.

✅**선지풀이** ① 교화개선은 지역사회의 안전에 초점을 맞추는 제지나 무능력화와는 달리 범죄자에 초점을 맞추고 있으며, 수형기간은 사회에서 건설적인 생활을 추구하고 영위하는 데 필요한 준비와 자격을 얻을 수 있도록 하는 데 초점이 모아져야 한다고 한다.
③ 처벌이란 피해자에게 가해진 해악의 정도뿐만 아니라 그 피해가 가해진 방법과 형태에도 상응해야 한다.
④ 제지(억제)이론은 처벌을 강화하면 두려움과 공포로 인하여 사람들의 범죄동기가 억제되고 범죄는 줄어들 것이라는 가정에 기초한 이론으로 범죄억제요소로 처벌의 확실성, 엄중성, 신속성이 있다.

02
정답 ②

✅**정답풀이** 옳은 것은 ㉠, ㉡, ㉢이다.

✅**선지풀이** ㉠ 보호관찰 등에 관한 법률 제6조 제1호
㉡ 동법 제6조 제4호
㉢ 심사위원회의 위원은 판사, 검사, 변호사, 보호관찰소장, 지방교정청장, 교도소장, 소년원장 및 보호관찰에 관한 지식과 경험이 풍부한 사람 중에서 법무부장관이 임명하거나 위촉한다(동법 제7조 제3항).
㉣ 동법 제7조 제1항
㉤ 심사위원회는 심사에 필요하다고 인정하면 국공립기관이나 그 밖의 단체에 사실을 알아보거나 관계 자료의 제출을 요청할 수 있다(동법 제11조 제3항).

03
정답 ②

✅**정답풀이** 동법 제41조 제4항 제1호

✅**선지풀이** ① 교도관은 접견 중인 수용자 또는 그 상대방이 수용자의 처우 또는 교정시설의 운영에 관하여 거짓사실을 유포하는 때에는 접견을 중지할 수 있다(형집행법 제42조 제4호).
③ 수용자가 「형사소송법」에 따른 상소권회복 또는 재심 청구사건의 대리인이 되려는 변호사와 접견할 수 있는 횟수는 사건 당 2회이다(동법 시행령 제59조의2 제2항).
④ 수용자와 교정시설 외부의 사람이 접견하는 경우에 접견내용이 청취·녹음 또는 녹화될 때에는 외국어를 사용해서는 아니 된다. 다만, 국어로 의사소통하기 곤란한 사정이 있는 경우에는 외국어를 사용할 수 있다(시행령 제60조 제1항).

04
정답 ③

✅**선지풀이** ① 고사제(기간제, 심사제)에 대한 설명이다.
② 점수제 중 잉글랜드제에 대한 설명으로, 수형자가 매일 취득해야 하는 지정점수를 소각하는 방법으로 진급척도로서의 점수를 매일 계산한다.
④ 점수제 중 아일랜드제(Irish System)에 대한 설명이다.

05
정답 ②

✅**정답풀이** 형집행법 시행령 제18조 제1항

✅**선지풀이** ① 신입자의 건강진단은 수용된 날부터 3일 이내에 하여야 한다. 다만, 휴무일이 연속되는 등 부득이한 사정이 있는 경우에는 예외로 한다(동법 시행령 제15조).
③ 소장은 법원·검찰청·경찰관서 등으로부터 처음으로 교정시설에 수용되는 사람(신입자)에 대하여는 집행지휘서, 재판서, 그 밖에 수용에 필요한 서류를 조사한 후 수용한다(법 제16조 제1항).
④ 소장은 신입자에게 질병이나 그 밖의 부득이한 사정이 있는 경우가 아니면 지체 없이 목욕을 하게 하여야 한다(동법 시행령 제16조).

06
정답 ②

✅**정답풀이** 법무부장관은 의류의 품목(제4조) 및 의류의 품목별 착용 시기 및 대상(제5조)에도 불구하고 소년수용자의 나이·적성 등을 고려하여 필요하다고 인정하는 경우 의류의 품목과 품목별 착용 시기 및 대상을 달리 정할 수 있다(동법 시행규칙 제59조의4).

✅**선지풀이** ① 형집행법 시행규칙 제53조
③ 소장은 임산부인 수용자 및 유아의 양육을 허가받은 수용자에 대하여 필요하다고 인정하는 경우에는 교정시설에 근무하는 의사(공중보건의사를 포함한다)의 의견을 들어 필요한 양의 죽 등의 주식과 별도로 마련된 부식을 지급할 수 있으며, 양육유아에 대하여는 분유 등의 대체식품을 지급할 수 있다(동법 시행규칙 제42조).
④ 소장은 노인수용자가 거동이 불편하여 혼자서 목욕 하기 어려운 경우에는 교도관, 자원봉사자 또는 다른 수용자로 하여금 목욕을 보조하게 할 수 있다(동법 시행규칙 제46조 제2항).

07
정답 ④

✅**정답풀이** 소장은 수용자 외의 사람의 신청에 따라 수용자에게 건네줄 것을 허가한 물품은 검사할 필요가 없다고 인정되는 경우가 아니면 교도관으로 하여금 검사하게 해야 한다. 이 경우 그 물품이 의약품인 경우에는 의무관으로 하여금 검사하게 해야 한다(형집행법 시행령 제43조).

✅**선지풀이** ① 동법 제27조 제3항
② 동법 시행령 제34조 제3항
③ 소장은 보관품이 금·은·보석·유가증권·인장, 그 밖에 특별히 보관할 필요가 있는 귀중품인 경우에는 잠금장치가 되어 있는 견고한 용기에 넣어 보관해야 한다(동법 시행령 제36조).

08　　정답 ②

✅정답풀이 동법 시행령 제75조 제1항

✍선지풀이 ① 집필용구의 구입비용은 수용자가 부담한다. 다만, 소장은 수용자가 그 비용을 부담할 수 없는 경우에는 필요한 집필용구를 지급할 수 있다(형집행법 시행령 제74조).
③ 수용자는 거실·작업장, 그 밖에 지정된 장소에서 집필할 수 있다.
④ 수용자는 작성 또는 집필한 문서나 도화를 법무부장관이 정하는 범위에서 지닐 수 있으며, 소장은 법무부장관이 정하는 범위를 벗어난 문서나 도화로서 교정시설에 특히 보관할 필요가 있다고 인정하지 아니하는 문서나 도화는 수용자로 하여금 자신이 지정하는 사람에게 보내게 하거나 그 밖에 적당한 방법으로 처분하게 할 수 있고, 소장은 수용자가 처분하여야 할 문서나 도화를 상당한 기간 내에 처분하지 아니하면 폐기할 수 있다(동법 제49조 제2항·동법 제26조 준용).

09　　정답 ③

✅정답풀이 미결수용자는 수사·재판·국정감사 또는 법률로 정하는 조사에 참석할 때에는 사복을 착용할 수 있다. 다만, 소장은 도주우려가 크거나 특히 부적당한 사유가 있다고 인정하면 교정시설에서 지급하는 의류를 입게 할 수 있다(형집행법 제82조).

✍선지풀이 ① 동법 제79조·제80조
② 동법 시행령 제104조·제105조
④ 동법 제83조

10　　정답 ④

✅정답풀이 형집행법 제95조 제2항·제96조 제2항

✍선지풀이 ① 소장은 ㉠ 수용자가 자살 또는 자해의 우려가 있는 때, ㉡ 신체적·정신적 질병으로 인하여 특별한 보호가 필요한 때에는 의무관의 의견을 고려하여 보호실에 수용할 수 있다(동법 제95조 제1항).
② 소장은 보호실 수용요건에 해당하면 의무관의 의견을 고려하여 보호실에 수용할 수 있고(동법 제95조 제1항), 진정실 수용요건에 해당하면 의무관의 의견을 고려하지 않고 진정실에 수용할 수 있다(동법 제96조 제1항). 즉 변호인의 의견 고려 규정은 없다.
③ 소장은 수용자를 보호실/진정실에 수용하거나 수용기간을 연장하는 경우에는 그 사유를 본인에게 알려 주어야 한다(동법 제95조 제4항·제96조 제4항). 즉 가족에게 알려야 하는 규정은 없다.

11　　정답 ②

✅정답풀이 소장은 징벌집행 중인 사람이 뉘우치는 빛이 뚜렷한 경우에는 그 징벌을 감경하거나 남은 기간의 징벌집행을 면제할 수 있다(형집행법 제113조 제2항). ⇨ 징벌집행의 유예는 소장의 결정사항이 아닌 징벌위원회의 의결사항이다(동법 제114조).

✍선지풀이 ① 동법 제113조 제1항
③ 동법 제114조 제3항
④ 동법 시행령 제135조

12　　정답 ④

✅정답풀이 교정법인의 대표자는 그 교정법인이 운영하는 민영교도소 등의 장을 겸할 수 없다(민영교도소 등의 설치·운영에 관한 법률 제13조 제1항).

✍선지풀이 ① 동법 제29조 제1항
② 동법 제22조 제1항
③ 동법 제23조 제1항

13　　정답 ②

✅정답풀이 옳은 것은 ㉠, ㉢이다.

✍선지풀이 ㉡ 자기보고조사는 경범죄(경미범죄)의 실태파악은 가능하지만, 처벌에 대한 두려움 등으로 중범죄(강력범죄)에 대한 실태파악은 곤란하다.
㉢ 절대적 암수범죄(Absolutes Dunkelfeld)는 성매매, 낙태, 도박, 마약매매와 같은 피해자가 없거나 피해자와 가해자의 구별이 어려운 범죄에서 많이 발생하게 된다. 이러한 범죄에 대한 국민의 고소·고발은 거의 기대할 수 없기 때문이다.
㉣ 케틀레(Quetelet)는 암수범죄와 관련하여 정비례의 법칙을 주장하면서 명역범죄(공식적으로 인지된 범죄)와 암역범죄 사이에는 변함없는 고정관계가 존재한다고 보고, 명역범죄가 크면 그만큼 암역범죄도 크며, 명역범죄가 작으면 그만큼 암역범죄도 작다고 하였다. 이 공식에 따라 공식적 통계상의 범죄현상은 실제의 범죄현상을 징표하거나 대표하는 의미가 있다고 보았다.

14　　정답 ③

✅정답풀이 벌금을 납입하지 아니한 자는 1일 이상 3년 이하, 과료를 납입하지 아니한 자는 1일 이상 30일 미만의 기간 노역장에 유치하여 작업에 복무하게 한다(형법 제69조 제2항).

✍선지풀이 ④ 동법 제45조

15　　정답 ④

✅정답풀이 현실요법은 글래저(Glaser)가 주장한 것으로, 모든 사람은 기본적 욕구를 가지고 있으며, 자신의 욕구에 따라 행동할 수 없을 때 무책임하게 행동한다는 가정에 기초하고 있다.
현실요법은 ㉠ 현실요법의 기본원리가 쉽게 학습되고 터득될 수 있고, ㉡ 재소자의 내부문제보다 외부세계에, 과거보다는 현재에, 개인적 문제보다는 인간적 잠재성에 초점을 맞추고 있으며, ㉢ 상담자에게 권한과 권위를 제공하고 보호관찰과 연계되어 지속될 수도 있다.

✍선지풀이 ① 사회요법 중 환경요법에 대한 설명이다. 환경요법은 모든 교정환경을 이용하여 수형자들 간의 상호작용의 수정과 환경통제를 통해서 개별 수형자의 행동에 영향을 미치고자 하는 것으로 교정시설의 환경을 통제하고 조절하여 수형자들의 행동의 변화를 추구한다.
② 물리요법은 각종 상담치료나 상담에 잘 반응하지 않고 별 효과가 없는 재소자에게 이용 가능한 강제적 기법으로, 진정제 투약과 같은 약물요법 등이 있다.
③ 행동수정에 대한 설명이다.

16

정답 ④

정답풀이 모핏(Moffitt)은 청소년한정형 범죄자보다 인생지속형 범죄자가 정신건강상의 문제를 더 많이 가지고 있다고 한다.
생애지속형 범죄자들은 비교적 소수에 불과하지만 이들은 아동기 때부터 비행행위를 시작해서 청소년기와 성년기를 거치는 전 생애 과정 동안 지속적으로 일탈을 일삼게 된다. 이들은 정상인에 비해 뇌신경학적 손상을 가지고 있고 또 어린 나이에 부모로부터 학대를 당하는 등 부모와 정상적인 애착관계를 형성하지 못하였다. 따라서 어릴 때부터 심각한 반사회적 성향과 행동을 보이고 이로 인해 가족, 학교, 친구, 기타 사회의 구성원들과 친사회적 유대 관계를 형성하지 못하며 결국 평생 동안 범죄의 소용돌이에서 헤어나지 못하게 된다.

17

정답 ④

정답풀이 소년부는 법원으로부터 송치받은 사건을 조사 또는 심리한 결과 사건의 본인이 19세 이상인 것으로 밝혀지면 결정으로써 송치한 법원에 사건을 다시 이송하여야 한다(소년법 제51조).
※ 소년부가 법원으로부터 송치받은 사건을 다시 이송할 수 있는 사유는 '19세 이상인 것으로 밝혀진 경우'뿐이며, 동기나 죄질이 무겁다는 이유로는 법원에 이송할 수 없다.

선지풀이 ① 동법 제50조
② 동법 제49조 제2항
③ 동법 제7조 제1항

18

정답 ①

정답풀이 전자장치 부착 등에 관한 법률 제31조의8 제4항 제3호
선지풀이 ② 보호관찰관은 전자장치를 부착하는 경우 송부된 전자장치 스토킹행위자에 대한 결정문 등본(제23조의10에 따른 사본을 포함한다)을 확인한 후 전자장치를 부착해야 한다(동법 시행령 제23조의12 제1항).
③ 스토킹행위자에 대한 잠정조치인 전자장치 부착은 다음 각 회[1. 잠정조치의 기간이 경과한 때, 2. 잠정조치가 변경 또는 취소된 때, 3. 잠정조치가 효력을 상실한 때]에 해당하는 때에는 그 집행이 종료된다(동법 제31조의7).
④ 법원은 「스토킹범죄의 처벌 등에 관한 법률」 제9조 제1항 제3호의2에 따른 잠정조치로 전자장치의 부착을 결정한 경우 그 결정문의 등본을 스토킹행위자의 사건 수사를 관할하는 경찰관서의 장과 스토킹행위자의 주거지를 관할하는 보호관찰소의 장에게 지체 없이 송부하여야 한다(동법 제31조의6 제1항).

19

정답 ②

정답풀이 치료감호 등에 관한 법률 제7조
선지풀이 ① 치료감호와 형이 병과된 경우에는 치료감호를 먼저 집행한다(동법 제18조).
③ 치료감호의 기간은 15년을 초과할 수 없다(동법 제16조 제2항).
④ 법원은 치료명령대상자에 대하여 형의 선고 또는 집행을 유예하는 경우에는 치료기간을 정하여 치료를 받을 것을 명할 수 있으며(동법 제44조의2 제1항), 치료를 명하는 경우 보호관찰을 병과하여야 한다(동법 제44조의2 제2항).

20

정답 ③

정답풀이 법원은 피해 금액이 특정되지 아니한 경우에는 배상명령을 하여서는 아니 된다(소송촉진 등에 관한 특례법 제25조 제3항 제2호).
선지풀이 ① 동법 제31조 제1항 · 제3항
② 동법 제26조 제1항
④ 동법 제34조 제2항

Answer

01	②	02	④	03	②	04	④	05	②
06	①	07	③	08	②	09	②	10	④
11	②	12	①	13	②	14	③	15	④
16	③	17	④	18	③	19	①	20	③

01
정답 ②

☑**정답풀이** 범죄를 저지른 사람에 대한 처벌이 일반시민들로 하여금 처벌에 대한 두려움을 불러 일으켜서 결과적으로 범죄가 억제되는 효과를 일반적 억제 또는 제지라 한다.

Tip

억제 또는 제지이론은 인간이란 합리적으로 즐거움과 고통, 이익과 비용을 계산할 줄 아는 이성적 존재이기 때문에 범죄의 비용이 높을수록 범죄수준은 낮아질 것이라는 가정, 즉 처벌을 강화하면 두려움과 공포로 인하여 사람들의 범죄동기가 억제되고 범죄는 줄어들 것이라는 가정에 기초한 이론으로 일반제지와 특별제지의 두 가지 형태로 논의되어 왔다. 범제 억제 구성요소로 처벌의 확실성, 처벌의 엄중성, 처벌의 신속성이 있다.

02
정답 ④

☑**정답풀이** 형집행법 시행규칙 제242조 제1항

✐**선지풀이** ① 위원은 판사, 검사, 변호사, 법무부 소속 공무원, 교정에 관한 학식과 경험이 풍부한 사람 중에서 법무부장관이 임명 또는 위촉한다(동법 제120조 제2항).
② 위원장이 부득이한 사정으로 직무를 수행할 수 없을 때에는 위원장이 미리 지정한 위원이 그 직무를 대행한다(동법 시행규칙 제238조 제2항).
③ 위원장은 위원회를 소집하고 위원회의 업무를 총괄하고, 위원장이 부득이한 사정으로 직무를 수행할 수 없을 때에는 위원장이 미리 지정한 위원이 그 직무를 대행한다(동법 시행규칙 제238조).

03
정답 ②

☑**정답풀이** 수형자란 징역형 · 금고형 또는 구류형의 선고를 받아 그 형이 확정되어 교정시설에 수용된 사람과 벌금 또는 과료를 완납하지 아니하여 노역장 유치명령을 받아 교정시설에 수용된 사람을 말한다(형집행법 제2조 제2호).

✐**선지풀이** ① 수형자란 징역형 · 금고형 또는 구류형의 선고를 받아 그 형이 확정되어 교정시설에 수용된 사람과 벌금 또는 과료를 완납하지 아니하여 노역장 유치명령을 받아 교정시설에 수용된 사람을 말한다(동법 제2조 제2호).
③ 동법 제2조 제3호
④ 동법 제2조 제4호

04
정답 ④

☑**정답풀이** 치료감호 등에 관한 법률 제27조

✐**선지풀이** ① 치료감호시설 수용 기간은 2년을 초과할 수 없다(동법 제16조 제2항 제2호).
② 구속영장에 의하여 구속된 피의자에 대하여 검사가 공소를 제기하지 아니하는 결정을 하고 치료감호 청구만을 하는 때에는 구속영장은 치료감호영장으로 보며 그 효력을 잃지 아니한다(동법 제8조).
③ 치료감호와 형이 병과된 경우에는 치료감호를 먼저 집행한다. 이 경우 치료감호의 집행기간은 형 집행기간에 포함한다(동법 제18조).

05
정답 ②

☑**정답풀이** 수용자가 구독을 신청할 수 있는 신문 · 잡지 또는 도서(신문 등)는 교정시설의 보관범위 및 수용자가 지닐 수 있는 범위를 벗어나지 않는 범위에서 신문은 월 3종 이내로, 도서(잡지를 포함)는 월 10권 이내로 한다. 다만, 소장은 수용자의 지식함양 및 교양습득에 특히 필요하다고 인정하는 경우에는 신문 등의 신청 수량을 늘릴 수 있다(형집행법 시행규칙 제35조).

✐**선지풀이** ① 동법 시행규칙 제34조 제1항
③ 동법 시행규칙 제31조 제1항
④ 동법 제46조

06
정답 ①

☑**정답풀이** 남성교도관이 1명의 여성수용자에 대하여 실내에서 상담 등을 하려면 투명한 창문이 설치된 장소에서 다른 여성을 입회시킨 후 실시하여야 한다(형집행법 제51조 제2항).

✐**선지풀이** ② 동법 제52조 제1항
③ 동법 시행규칙 제51조 제2항
④ 동법 시행규칙 제57조 제1항

07
정답 ③

☑**정답풀이** 사회봉사명령 및 수강명령 대상자는 대통령령으로 정하는 바에 따라 주거, 직업, 그 밖에 필요한 사항을 관할 보호관찰소의 장에게 신고하여야 한다(보호관찰 등에 관한 법률 제62조 제1항).

✐**선지풀이** ① 동법 제61조 제3항
② 동법 제62조 제4항
④ 동법 제63조 제1항 제2호

08　　　　　　　　　　　　　　　　　　정답 ①

☑ **정답풀이**　형집행법 시행규칙 제220조 제1항

☑ **선지풀이**　② 징벌위원회는 재적위원 과반수의 출석으로 개의하고, 출석위원 과반수의 찬성으로 의결한다. 이 경우 외부위원 1명 이상이 출석한 경우에만 개의할 수 있다.

③ 징벌대상자의 징벌을 결정하기 위하여 교정시설에 징벌위원회를 둔다(법 제111조 제1항).

④ 소장은 징벌집행을 받고 있거나 집행을 앞둔 수용자가 같은 행위로 형사 법률에 따른 처벌이 확정되어 징벌을 집행할 필요가 없다고 인정하면 징벌집행을 감경하거나 면제할 수 있다.

09　　　　　　　　　　　　　　　　　　정답 ②

☑ **선지풀이**　㉠ 책임의 부정

㉡ 가해의 부정

㉢ 비난자에 대한 비난

㉣ 상위가치에 대한 호소(고도의 충성심에의 호소)

10　　　　　　　　　　　　　　　　　　정답 ④

☑ **정답풀이**　형집행법 시행규칙 제89조 제2항

☑ **선지풀이**　① 가족 만남의 날 행사란 수형자와 그 가족이 교정시설의 일정한 장소에서 다과와 음식을 함께 나누면서 대화의 시간을 갖는 행사를 말하며, 가족 만남의 집이란 수형자와 그 가족이 숙식을 함께 할 수 있도록 교정시설에 수용동과 별도로 설치된 일반주택 형태의 건축물을 말한다(동법 시행규칙 제89조 제4항).

②, ③ 소장은 개방처우급·완화경비처우급 수형자에 대하여 가족 만남의 날 행사에 참여하게 하거나 가족 만남의 집을 이용하게 할 수 있다. 이 경우 접견 허용횟수에는 포함되지 아니한다(동법 시행규칙 제89조 제1항). 소장은 교화를 위하여 특히 필요한 경우에는 일반경비처우급 수형자에 대하여도 가족 만남의 날 행사 참여 또는 가족 만남의 집 이용을 허가할 수 있나(동법 시행규칙 제89조 제3항).

11　　　　　　　　　　　　　　　　　　정답 ②

☑ **정답풀이**　㉠, ㉡, ㉢ : 형집행법 제12조 제1항

☑ **선지풀이**　㉣ 수용자를 혼거수용할 수 있는 사유에 해당한다(동법 제14조 제2호).

12　　　　　　　　　　　　　　　　　　정답 ①

☑ **정답풀이**　옳은 것은 ㉠, ㉡, ㉢이다.

☑ **선지풀이**　㉠ 형집행법 제71조

㉡ 동법 제72조 제1항

㉢ 동법 제73조 제2항

㉣ 소장은 수형자에게 작업을 부과하려면 나이·형기·건강상태·기술·성격·취미·경력·장래생계, 그 밖의 수형자의 사정을 고려하여야 한다(법 제65조 제2항).

㉤ 작업과정은 작업성적, 작업시간, 작업의 난이도 및 숙련도를 고려하여 정한다. 작업과정을 정하기 어려운 경우에는 작업시간을 작업과정으로 본다(동법 시행령 제91조 제2항).

13　　　　　　　　　　　　　　　　　　정답 ②

☑ **정답풀이**
• 일반귀휴사유(형집행법 제77조 제1항) : ㉡, ㉢, ㉤
• 특별귀휴사유(동법 제77조 제2항) : ㉠, ㉣

14　　　　　　　　　　　　　　　　　　정답 ③

☑ **정답풀이**　법원은 치료명령 청구가 이유 있다고 인정하는 때에는 15년의 범위에서 치료기간을 정하여 판결로 치료명령을 선고하여야 한다(동법 제8조 제1항).

☑ **선지풀이**
① 성충동약물치료법 제4조 제3항

② 동법 제4조 제5항

④ 검사는 치료명령 청구대상자(치료명령 피청구자)에 대하여 정신건강의학과 전문의의 진단이나 감정을 받은 후 치료명령을 청구하여야 한다(동법 제4조 제2항).

15　　　　　　　　　　　　　　　　　　정답 ④

☑ **정답풀이**　㉡, ㉣, ㉤이 옳은 지문이다.

☑ **선지풀이**　㉠ 전화통화만 소장의 허가사항이다.

㉢ 법원의 재판업무 수행, 범죄의 수사와 공소의 제기 및 유지에 필요한 때는 관계기관으로부터의 접견기록물의 제출을 요청받은 경우 기록물을 세공할 수 있다. 즉 임의직 규정이다.

16　　　　　　　　　　　　　　　　　　정답 ③

☑ **정답풀이**　교정법인은 민영교도소 등에 수용되는 자에게 특별한 사유가 있다는 이유로 수용을 거절할 수 없다. 다만, 수용·작업·교화, 그 밖의 처우를 위하여 특별히 필요하다고 인정되는 경우에는 법무부장관에게 수용자의 이송을 신청할 수 있다(민영교도소 등의 설치·운영에 관한 법률 제25조 제2항).

☑ **선지풀이**　① 동법 제6조 제1항

② 동법 제13조 제1항

④ 동법 제11조 제3항

17 정답 ④

✏️선지풀이 ① 자연적 관찰 중 비참여적 관찰 방법에 속한다. 인위적 관찰은 의도적으로 범죄 상황을 실현하여 관찰하는 방법이다.
② 자기보고조사는 경범죄(경미범죄)의 실태파악은 가능하지만 처벌에 대한 두려움 등으로 중범죄(강력범죄)에 대한 실태파악은 곤란하다는 단점이 있다. 피해자조사는 경미범죄보다 강력범죄를 오래 기억하므로 강력범죄의 실태파악이 용이하다.
③ 피해자조사는 주로 전통적인 중범죄인 대인범죄나 재산범죄가 대상이 되므로 사회 전체의 범죄파악이 곤란하며, 마약범죄, 경제범죄, 정치범죄, 조직범죄와 가정에서 일어나는 범죄에 대한 자료를 거의 제공하지 못한다.

18 정답 ③

✅정답풀이 경찰 단계의 대표적 다이버전으로서 훈방, 경고, 통고처분, 보호기관 위탁 등이 있으며, 검찰 단계의 대표적 다이버전으로서 기소유예, 불기소처분, 선도조건부 기소유예, 약식명령청구 등이 있다.

19 정답 ①

✅정답풀이 소년원장은 미성년자인 보호소년 등이 친권자나 후견인이 없거나 있어도 그 권리를 행사할 수 없을 때에는 법원의 허가를 받아 그 보호소년 등을 위하여 친권자나 후견인의 직무를 행사할 수 있다(보호소년 등의 처우에 관한 법률 제23조).
✏️선지풀이 ② 동법 제15조 제4항
③ 동법 제14조의3 제2항
④ 동법 제14조의2 제7항

20 정답 ③

✅정답풀이 옳지 않은 것은 ㉡, ㉢이다.
✏️선지풀이 ㉠ 촉법·우범소년이 있을 때에는 경찰서장은 직접 관할 소년부에 송치하여야 한다(소년법 제4조 제2항).
㉡ 법으로 정한 사유가 있고 그의 성격이나 환경에 비추어 앞으로 형벌 법령에 저촉되는 행위를 할 우려가 있는 10세 이상 19세 미만인 소년(우범소년)이 있을 때에는 경찰서장은 직접 관할 소년부에 송치하여야 한다(동법 제4조 제2항).
㉢ 촉법소년은 형벌 법령에 저촉되는 행위를 한 10세 이상 14세 미만인 소년을 말한다(동법 제4조 제1항 제2호). 따라서 14세의 소년은 범죄소년 또는 우범소년이 될 수는 있으나 촉법소년은 될 수 없다.
㉣ 동법 제4조 제3항

Answer

01	④	02	②	03	②	04	①	05	④
06	④	07	③	08	④	09	④	10	②
11	②	12	②	13	①	14	②	15	①
16	②	17	③	18	①	19	②	20	④

01
정답 ④

☑정답풀이 비범죄화는 다양한 가치관이 공존하는 사회에서 개인의 이익을 구체적으로 침해하지 않는 경우에는 범죄로서 처벌하지 못하게 하자는 경향을 말한다.
※ 편의시설부정이용죄는 비범죄화의 고려 대상이 아니다.

02
정답 ②

☑정답풀이 협의회는 회장 1명을 포함하여 3명 이상 5명 이하의 내부위원과 10명 이상의 외부위원으로 구성한다(형집행법 시행규칙 제145조 제1항).
☑선지풀이 ① 동법 시행령 제85조 제1항
③ 동법 시행규칙 제145조 제1항
④ 동법 시행규칙 제148조 제1항

03
정답 ②

☑정답풀이 옳지 않은 것은 ㉡, ㉢이다.
☑선지풀이 ㉠ 형집행법 제88조
㉡ 소장은 사형을 집행하였을 경우에는 시신을 검사한 후 5분이 지나지 아니하면 교수형에 사용한 줄을 풀지 못한다(동법 시행령 제111조).
㉢ 소장은 사형확정자의 자살·도주 등의 사고를 방지하기 위하여 필요한 경우에는 사형확정자와 미결수용자를 혼거수용할 수 있고, 사형확정자의 교육·교화프로그램, 작업 등의 적절한 처우를 위하여 필요한 경우에는 사형확정자와 수형자를 혼거수용할 수 있다(동법 시행규칙 제150조 제4항).
㉣ 동법 시행규칙 제151조

04
정답 ①

☑정답풀이 이탈리아학파는 결정론을 전제로, 자연과학적 방법을 도입하여 범죄원인을 실증적으로 분석하였다. 자유의지에 따라 이성적으로 행동하는 인간을 전제로 한 것은 고전학파이다.
☑선지풀이 ② 페리는 롬브로조의 생물학적 범죄원인론에 관심을 가졌지만, 자신이 수용한 사회주의 영향으로 사회적·경제적·정치적 요인들의 영향을 더욱 강조하였다.
③ 범죄행위는 심리적 혹은 도덕적 변종에 의한 것이라고 가로팔로는 주장하였다. 즉 정상인들은 모두 이타적인 정서를 기본적으로 가지고 있는데 범죄자들은 이러한 정서가 결핍되어 있다는 것이다. 심리적 변종상태는 일반적인 정신이상이나 정신질환과는 다른 것이며 대체로 열등한 인종이나 민족들에서 많이 나타난다고 보았다. 따라서 범죄의 원인으로 고찰한 것은 신체적 특성이 아니라 심리적 상태였으며, 심리적으로 덜 발달된, 즉 이타적 정서가 미발달된 사람일수록 범죄를 저지르는 경향이 높다는 것이다.

④ 롬브로조와는 달리 생래적 범죄인에 대해서는 사형을 부정하고 무기격리할 것을 주장하였다.

05
정답 ④

☑정답풀이 범죄인 가계연구, 쌍생아 연구, 양자 연구는 유전과 범죄의 상관성을 입증하고자 하는 범죄생물학적 원인론에 입각한 연구이다.

06
정답 ④

☑정답풀이 소장은 다음[1. 고등학교 졸업 이상 학력이 인정되고 교육개시일을 기준으로 형기의 3분의 1(21년 이상의 유기형 또는 무기형의 경우에는 7년)이 지났으며, 집행할 형기가 2년 이상일 것] 요건을 갖춘 개방처우급·완화경비처우급·일반경비처우급 수형자가 제1항의 방송통신대학 교육과정,전문대학 위탁 교육과정에 지원하여 합격한 경우에는 교육대상자로 선발할 수 있다(형집행법 시행규칙 제111조 제2항, 제112조 제2항).
☑선지풀이 ① 동법 제63조 제2항·제3항
② 동법 시행규칙 제101조 제2항
③ 동법 시행규칙 제113조 제1항

07
정답 ③

☑정답풀이 소장은 수용자가 자신의 고의 또는 중대한 과실로 부상 등이 발생하여 외부의료시설에서 진료를 받는 경우에는 그 진료비의 전부 또는 일부를 그 수용자에게 부담하게 할 수 있다(형집행법 제37조 제5항).
☑선지풀이 ① 동법 시행령 제57조
② 동법 제37조 제2항
④ 동법 시행령 제47조 제1항

08
정답 ④

☑정답풀이 보호관찰 등에 관한 법률 제51조 제1항 제2호
☑선지풀이 ① 형법 제62조의2 제1항은 "형의 집행을 유예하는 경우에는 보호관찰을 받을 것을 명하거나 사회봉사 또는 수강을 명할 수 있다."고 규정하고 있는바, 집행유예를 선고할 경우에는 보호관찰과 사회봉사 또는 수강을 동시에 명할 수 있다(대법원 1998.4.24. 98도98).
② ~24시간(보호관찰 등에 관한 법률 제42조 제3항)
③ 보호관찰 대상자가 보호관찰 기간 중 금고 이상의 형의 집행을 받게 된 때에는 해당 형의 집행기간 동안 보호관찰 대상자에 대한 보호관찰 기간은 계속 진행되고, 해당 형의 집행이 종료·면제되거나 보호관찰 대상자가 가석방된 경우 보호관찰 기간이 남아있는 때에는 그 잔여기간 동안 보호관찰을 집행한다(동법 제51조 제2항).
※ 보호관찰심사위원회의 보호관찰 정지결정 사유는 '가석방 또는 임시퇴원된 사람이 있는 곳을 알 수 없어 보호관찰을 계속할 수 없을 때'이다(동법 제53조 제1항).

09   정답 ④

✅정답풀이 치료감호대상자란 다음의 어느 하나에 해당하는 자로서 치료감호시설에서 치료를 받을 필요가 있고 재범의 위험성이 있는 자를 말한다(치료감호 등에 관한 법률 제2조 제1항).

---
1. 「형법」 제10조 제1항(심신상실자)에 따라 벌하지 아니하거나 제2항(심신미약자)에 따라 형을 감경할 수 있는 심신장애인으로서 금고 이상의 형에 해당하는 죄를 지은 자
2. 마약·향정신성의약품·대마, 그 밖에 남용되거나 해독을 끼칠 우려가 있는 물질이나 알코올을 식음·섭취·흡입·흡연 또는 주입받는 습벽이 있거나 그에 중독된 자로서 금고 이상의 형에 해당하는 죄를 지은 자
3. 소아성기호증, 성적가학증 등 성적 성벽이 있는 정신성적 장애인으로서 금고 이상의 형에 해당하는 성폭력범죄를 지은 자
---

10   정답 ②

✅정답풀이 • 부착명령의 청구는 공소가 제기된 특정범죄사건의 항소심 변론종결 시까지 하여야 한다(전자장치 부착 등에 관한 법률 제5조 제6항).
• 법원은 공소가 제기된 특정범죄사건을 심리한 결과 부착명령을 선고할 필요가 있다고 인정하는 때에는 검사에게 부착명령의 청구를 요구할 수 있다(동법 제5조 제7항).

✏️선지풀이 ① 동법 제5조 제1항~제4항
③ 동법 제28조 제1항
④ 동법 제22조 제1항

11   정답 ②

✅정답풀이 낙인이론은 탈시설수용을 강조하였다.

✏️선지풀이 ① 일탈적 낙인이 초래하는 부정적 결과는 부정적 자아관념의 문제이다. 자신에게 일탈자로서의 낙인이 붙게 되면 일탈자 스스로의 눈으로도 일탈자가 되는 것이다. 즉 부정적 낙인은 부정적 자아관념을 심어 주게 된다는 것이다. 다시 말해서 낙인은 정상적 자아관념을 일탈적 자아관념으로 전환시키는 하나의 과정이기 때문이다. 따라서 일단 자신에게 일탈자로서 낙인이 붙게 되면, 스스로 일탈자로 치부하게 되어 일탈적 행위를 지속하도록 만든다는 것이다. 탄넨바움(Tannenbaum)은 이러한 과정을 '악의 극화'라고 부른다.

12   정답 ②

✅정답풀이 보호소년 등의 처우에 관한 법률 제14조의2 제2항 제2호

✏️선지풀이 ① 보호장비의 종류는 수갑, 포승, 가스총, 전자충격기, 머리보호장비, 보호대가 있다(동법 제14조의2 제1항).
③ 원장은 다른 사람에게 위해를 가하거나 가하려고 하는 때에는 소속 공무원으로 하여금 보호소년 등에 대하여 수갑, 포승 또는 보호대 외에 가스총이나 전자충격기를 사용하게 할 수 있다(동법 제14조의2 제3항 제2호).
④ 보호장비는 필요한 최소한의 범위에서 사용하여야 하며, 보호장비를 사용할 필요가 없게 되었을 때에는 지체 없이 사용을 중지하여야 한다(동법 제14조의2 제6항).

13   정답 ①

✅정답풀이 ①, ④ 선별적 무능력화는 과학적 방법에 의해 재범의 위험성이 높은 것으로 판단되는 개인을 구금하는 전략으로, 집합적 무능력화에 비하여 교정예산의 절감에 도움이 된다. 또 상습적 누범자들의 격리를 통해 범죄를 감소시키고, 교정시설의 과밀화를 해소하는 효과를 거둘 수 있으며, 경미한 범죄자의 사회내 처우를 활성화하는데 유리하다.
② 선별적 무능력화의 대표적인 반론이 범죄자 대체이다. 이들 중누범자가 구금되더라도 그 자리는 다른 범죄자들이 대신 차지하게 되어 범죄감소효과는 사실상 기대하기 어렵다는 것이다.
③ 선별적 무력화는 범죄자의 특성에 기초하여 행해지고, 범죄자를 개선하고자 의도하지 않는다. 비슷한 정도의 범죄를 저지른 사람들에게 비슷한 정도의 장기형이 선고되어야 한다는 것은 집합적 무력화의 입장이다.

14   정답 ②

✅정답풀이 형법 제70조 제2항, 벌금을 납입하지 아니한 자는 1일 이상 3년 이하의 기간 노역장에 유치하여 작업에 복무하게 한다(동법 제69조 제2항).

✏️선지풀이 ① 징역 또는 금고의 집행을 종료하거나 집행이 면제된 자가 피해자의 손해를 보상하고 자격정지 이상의 형을 받음이 없이 7년을 경과한 때에는 본인 또는 검사의 신청에 의하여 그 재판의 실효를 선고할 수 있다(동법 제81조).
③ 판결선고 전의 구금일수는 그 전부를 유기징역, 유기금고, 벌금이나 과료에 관한 유치 또는 구류에 산입한다(동법 제57조 제1항).
④ 벌금과 과료는 판결확정일로부터 30일내에 납입하여야 한다. 단, 벌금을 선고할 때에는 동시에 그 금액을 완납할 때까지 노역장에 유치할 것을 명할 수 있다(동법 제69조 제1항).

15   정답 ①

✅정답풀이 같은 교정시설의 수용자 간에 편지를 주고받으려면 소장의 허가를 받아야 하지만(형집행법 제43조 제2항), 수용자는 다른 사람과 편지를 주고받을 수 있으므로(동법 제43조 제1항 본문) 다른 교정시설에 수용되어 있는 수용자에게 편지를 보내는 경우에는 허가의 대상이 아니다.

✏️선지풀이 ② 수용자가 보내거나 받는 편지는 법령에 어긋나지 않으면 횟수를 제한하지 않는다(동법 시행령 제64조).
③ 마약류사범이 다른 수용자와 편지를 주고받는 때에는 그 내용을 검열할 수 있다(동법 시행령 제66조 제1항). 수용자 간에 오가는 편지에 대한 검열은 편지를 보내는 교정시설에서 한다. 다만, 특히 필요하다고 인정되는 경우에는 편지를 받는 교정시설에서도 할 수 있다(동법 시행령 제66조 제2항).
④ 소장은 발신 또는 수신이 금지된 편지는 그 구체적인 사유를 서면으로 작성해 관리하고, 수용자에게 그 사유를 알린 후 교정시설에 보관한다. 다만, 수용자가 동의하면 폐기할 수 있다(동법 제43조 제7항).

16 정답 ②

정답풀이 소장은 교정시설에 마약류를 반입하는 것을 방지하기 위하여 필요하면 강제에 의하지 아니하는 범위에서 수용자의 소변을 채취하여 마약반응검사를 할 수 있다(형집행법 시행규칙 제206조 제2항).

선지풀이 ① 동법 시행규칙 제199조
③ 동법 시행규칙 제206조 제1항
④ 동법 시행규칙 제208조

17 정답 ③

정답풀이 옳은 것은 ㉢, ㉣, ㉤이다.
선지풀이 ㉠ 수용자의 보호실 수용기간은 15일 이내로 한다. 다만, 소장은 특히 계속하여 수용할 필요가 있으면 의무관의 의견을 고려하여 1회당 7일의 범위에서 기간을 연장할 수 있다(법 제95조 제2항).
㉡ 수용자를 보호실에 수용할 수 있는 기간은 계속하여 3개월을 초과할 수 없다(법 제95조 제3항).
㉢ 법 제96조 제2항
㉣ 법 제96조 제3항
㉤ 법 제96조 제4항

18 정답 ①

정답풀이 ㉠ 19+㉡ 23+㉢ 65+㉣ 10=117
선지풀이 ㉠ 19세 미만의 소년수형자(형집행법 시행규칙 제73조 제4호)
㉡ 23세 미만의 청년수형자(동법 시행규칙 제73조 제5호)
㉢ 65세 이상의 노인수형자(동법 시행규칙 제73조 제6호)
㉣ 형기가 10년 이상인 장기수형자(동법 시행규칙 제73조 제7호)

19 정답 ②

정답풀이 교정시설의 장은 민간기업이 참여할 교도작업(민간참여작업)의 내용을 해당 기업체와의 계약으로 정하고 이에 대하여 법무부장관의 승인(재계약의 경우에는 지방교정청장의 승인)을 받아야 한다. 다만, 법무부장관이 정하는 단기의 계약(계약기간이 2개월 이하인 계약)에 대하여는 그러하지 아니하다(교도작업의 운영 및 특별회계에 관한 법률 제6조 제2항).

선지풀이 ① 동법 제4조
③ 동법 제8조 제2항
④ 동법 제10조

20 정답 ④

정답풀이 옳지 않은 것은 ㉡, ㉢, ㉣이다.
선지풀이 ㉠ 소년법 제32조 제3항
㉡ 단기 보호관찰 또는 장기 보호관찰의 처분을 할 때에 1년 이내의 기간을 정하여 야간 등 특정 시간대의 외출을 제한하는 명령을 보호관찰대상자의 준수 사항으로 부과할 수 있다(동법 제32조의2 제2항).
㉢ 장기로 소년원에 송치된 소년의 보호기간은 2년을 초과하지 못한다(동법 제33조 제6항).
㉣ 1개월 이내의 소년원 송치 처분은 보호관찰관의 단기 보호관찰 처분과 병합할 수 없지만, 보호관찰관의 장기 보호관찰 처분과는 병합할 수 있다(동법 제32조 제2항).
㉤ 동법 제40조

제 04 회

Answer

01	②	02	①	03	②	04	③	05	④
06	②	07	②	08	④	09	④	10	③
11	①	12	①	13	①	14	③	15	④
16	②	17	②	18	②	19	④	20	③

01 정답 ②

☑정답풀이 올바르게 말한 사람은 중사이다.

☑선지풀이 • 중사: 소장은 수형자에게 부상·질병, 그 밖에 작업을 계속하기 어려운 특별한 사정이 있으면 그 사유가 해소될 때까지 작업을 면제할 수 있다(동법 제72조 제2항).

• 하사: 19세 미만 수형자의 작업시간은 1일에 8시간을, 1주에 40시간을 초과할 수 없다(형집행법 제71조 제3항).

• 상사: 소장은 수형자의 가족 또는 배우자의 직계존속이 사망하면 2일간, 부모 또는 배우자의 제삿날에는 1일간 해당 수형자의 작업을 면제한다. 다만, 수형자가 작업을 계속하기를 원하는 경우는 예외로 한다(동법 제72조 제1항).

• 준위: 공휴일·토요일과 대통령령으로 정하는 휴일에는 작업을 부과하지 아니한다. 다만, ㉠ 취사·청소·간병 등 교정시설의 운영과 관리에 필요한 작업을 하는 경우, ㉡ 작업장의 운영을 위하여 불가피한 경우, ㉢ 공공의 안전이나 공공의 이익을 위하여 긴급히 필요한 경우, ㉣ 수형자가 신청하는 경우에는 작업을 부과할 수 있다(동법 제71조 제5항).

02 정답 ①

☑정답풀이 옳은 지문 ㉠, ㉡, ㉢, ㉤

☑선지풀이 ㉠ 형집행법 제117조 제3항

㉡ 분쟁의 소지가 있는 외국인수용자는 거실을 분리하여 수용하여야 한다(동법 시행규칙 제57조 제1항).

㉢ 동법 제117조 제4항

㉣ 청원하려는 수용자는 청원서를 작성하여 봉한 후 소장에게 제출하여야 한다. 다만, 순회점검공무원에 대한 청원은 말로도 할 수 있다(동법 117조 제2항). 청원에 관한 결정은 문서로 하여야 한다(동법 117조 제5항).

㉤ 동법 제116조 제3항

㉥ 동법 시행규칙 제56조 제1항

03 정답 ②

☑정답풀이 소년법 제4조 제1항 제2호(수강명령) 및 제10호(장기 소년원 송치)의 처분은 12세 이상의 소년에게만 할 수 있다(소년법 제32조 제4항).

☑선지풀이 ① 소년법 제4조 제1항 제1호·제2호

③ 동법 제50조

④ 동법 제60조 제1항

04 정답 ③

☑정답풀이 보호관찰소의 장은 보호관찰 대상자를 구인한 경우에는 긴급구인서를 작성하여 즉시 관할 지방검찰청 검사의 승인을 받아야 한다(보호관찰 등에 관한 법률 제40조 제2항).

☑선지풀이 ① 동법 제40조 제1항

② 동법 제40조 제3항

④ 동법 제41조

05 정답 ④

☑정답풀이 옳은 것은 ㉢, ㉤, ㉥이다.

☑선지풀이 ㉠ 소장은 여성수용자의 목욕횟수를 정하는 경우에는 그 신체적 특성을 특히 고려하여야 한다(동법 시행령 제77조 제1항)

㉡ 소장은 외국인수용자의 수용거실을 지정하는 경우에는 종교 또는 생활관습이 다르거나 민족감정 등으로 인하여 분쟁의 소지가 있는 외국인수용자는 거실을 분리하여 수용하여야 한다(동법 시행규칙 제57조 제1항).

㉢ 동법 시행규칙 제50조 제1항

㉣ 소장은 소년수용자가 작업을 원하는 경우에는 나이·건강상태 등을 고려하여 해당 수용자가 감당할 수 있는 정도의 작업을 부과한다. 이 경우 의무관의 의견을 들어야 한다(동법 시행규칙 제59조의7).

㉤ 동법 시행규칙 제57조 제1항

㉥ 동법 시행규칙 제56조 제1항

06 정답 ②

☑정답풀이 형집행법 제101조 제1항 제4호

Tip 무기의 사용(동법 제101조 제1항, 제2항)

수용자에 대한 사용	수용자 外의 사람에 대한 사용
1. 수용자가 다른 사람에게 중대한 위해를 끼치거나 끼치려고 하여 그 사태가 위급한 때 2. 수용자가 폭행 또는 협박에 사용할 위험물을 지니고 있어 교도관이 버릴 것을 명령하였음에도 이에 따르지 아니하는 때 3. 수용자가 폭동을 일으키거나 일으키려고 하여 신속하게 제지하지 아니하면 그 확산을 방지하기 어렵다고 인정되는 때 4. 도주하는 수용자에게 교도관이 정지할 것을 명령하였음에도 계속하여 도주하는 때 5. 수용자가 교도관의 무기를 탈취하거나 탈취하려고 하는 때 6. 그 밖에 사람의 생명·신체 및 설비에 대한 중대하고도 뚜렷한 위험을 방지하기 위하여 무기의 사용을 피할 수 없는 때	교도관은 교정시설의 안(교도관이 교정시설의 밖에서 수용자를 계호하고 있는 경우 그 장소를 포함한다)에서 1. 자기 또는 타인의 생명·신체를 보호하기 위하여 급박하다고 인정되는 상당한 이유가 있는 때 2. 수용자의 탈취를 저지하기 위하여 급박하다고 인정되는 상당한 이유가 있는 때 3. 건물 또는 그 밖의 시설과 무기에 대한 위험을 방지하기 위하여 급박하다고 인정되는 상당한 이유가 있는 때 ⇩ 수용자 외의 사람에 대하여도 무기를 사용할 수 있다.

07　정답 ②

✅**정답풀이** 옳은 것은 ㉠, ㉣, ㉤이다.

✏️**선지풀이** ㉠ 형집행법 시행규칙 제62조 제1항 제2호

㉡, ㉢ 소장은 수형자가 다음 각 호[1. 질병 등으로 분류심사가 곤란한 때, 2. 법 제107조 제1호부터 제5호까지의 규정에 해당하는 행위 및 이 규칙 제214조 각 호에 해당하는 행위(이하 "징벌대상행위"라 한다)의 혐의가 있어 조사 중이거나 징벌집행 중인 때, 3. 그 밖의 사유로 분류심사가 특히 곤란하다고 인정하는 때]에 해당하는 사유가 있으면 분류심사를 유예한다(동법 시행규칙 제62조 제2항).

㉣ 동법 시행규칙 제62조 제3항

㉤ 동법 시행규칙 제62조 제1항 제1호

08　정답 ④

✅**정답풀이** 협의체의 위원장은 협의체의 회의 결과를 위원이 소속된 기관의 장에게 통보해야 한다(동법 시행령 제1조의2 제4항).

✏️**선지풀이** ① 형집행법 시행령 제1조의2 제1항

② 동법 시행령 제1조의2 제2항

③ 동법 시행령 제1조의2 제3항

09　정답 ④

✅**정답풀이** 재범률의 증가와 신종범죄 및 범죄의 양적 급증은 교정시설의 과밀수용으로 나타났고, 이는 형사사법기관의 업무량 증가와 비효율화를 초래하게 되었다. 범죄환경의 변화에 따른 다양한 처벌의 필요성이 대두되며, 교도소가 범죄인의 개선이 아닌 악풍감염과 낙인으로 범죄를 악화시키는 장소로 인식되었고, 범죄유발 장소가 지역사회인 만큼 해결의 실마리도 지역사회에서 찾아야 한다는 인식의 변화가 일었다. ④의 경우는 사회정책적 측면에서 이루어지는 범죄예방으로, 빔죄행위를 야기할 가능성이 있는 문제들을 미연에 방지할 목적으로 범죄기회를 제공하거나 범죄를 촉진하는 물리적·사회적 환경조건을 변화시키는 것을 말한다.

10　정답 ③

✅**정답풀이** 법무부장관은 필요하다고 인정하면 교정업무를 공공단체 외의 법인·단체 또는 그 기관이나 개인에게 위탁할 수 있다. 다만, 교정업무를 포괄적으로 위탁하여 한 개 또는 여러 개의 교도소 등을 설치·운영하도록 하는 경우에는 법인에만 위탁할 수 있다(민영교도소 등의 설치·운영에 관한 법률 제3조 제1항).

✏️**선지풀이** ① 동법 제29조 제2항

② 동법 제23조 제1항

④ 동법 제14조 제2항

11　정답 ①

✅**정답풀이** 믿음(신념)이란 내적 통제를 의미하는 것으로 사람들마다 사회규범을 준수해야 한다고 믿는 정도에는 차이가 있고 규범에 대한 믿음이 약할수록 비행이나 범죄를 저지를 가능성이 높다고 보았다.

탄넨바움(Tannenbaum)은 공공(公共)에 의해 부여된 범죄자라는 꼬리표에 비행소년 스스로가 자신을 동일시하고 그에 부합하는 역할을 수행하게 되는 과정을 '악의 극화'라고 하였다. 따라서 지역사회가 청소년의 초기 비행행동에 대해 과잉반응하지 않고 꼬리표를 붙이지 않는다면, 이들 청소년의 비행교우와 비행활동이 그만큼 적어질 수 있고, 결과적으로 자신을 정상적으로 생각하게 되어 비행이나 범죄적 생활에 전념하는 것을 방지할 수 있는 것이다.

12　정답 ①

✅**정답풀이** 벌금과 과료는 판결확정일로부터 30일내에 납입하여야 한다. 단, 벌금을 선고할 때에는 동시에 그 금액을 완납할 때까지 노역장에 유치할 것을 명할 수 있다(형법 제69조 제1항 단서).

✏️**선지풀이** ② 동법 제69조 제2항

③ 동법 제71조

④ 형사소송법 제478조

13　정답 ①

✅**정답풀이** 성공목표를 달성하기 위한 수단이 주로 사회경제적 계층에 따라 차등적으로 분배되어 목표와 수단의 괴리가 커지게 될 때 범죄가 발생한다는 머튼(Merton)의 아노미이론은 기회구조가 차단된 하류계층의 범죄를 설명하는 데에는 유용하지만, 최근 증가하는 중산층 범죄나 상류층의 범죄를 설명하는 데에는 한계가 있다.

14　정답 ③

✅**정답풀이** 법원은 다음 경우[1. 피해자의 성명·주소가 분명하지 아니한 경우, 2. 피해 금액이 특정되지 아니한 경우, 3. 피고인의 배상책임의 유무 또는 그 범위가 명백하지 아니한 경우, 4. 배상명령으로 인하여 공판절차가 현저히 지연될 우려가 있거나 형사소송 절차에서 배상명령을 하는 것이 타당하지 아니하다고 인정되는 경우] 피해 금액이 특정되지 아니한 경우]에는 배상명령을 하여서는 아니 된다(소송촉진 등에 관한 특례법 제25조 제3항 제2호).

✏️**선지풀이** ① 동법 제26조 제1항 전단

② 동법 제33조 제2항

④ 동법 제34조 제2항

제 05 회

15 정답 ④

☑정답풀이 동법 시행규칙 제234조 제1항 라목

☑선지풀이 ① 16일 이상 20일 이하의 금치 : 2년(형집행법 시행규칙 제234조 제1항 나목)

② 21일 이상 30일 이하의 금치 : 2년 6개월(동법 시행규칙 제1항 가목)

③ 10일 이상 15일 이하의 금치 : 1년 6개월(동법 시행규칙 제1항 다목)

16 정답 ②

☑정답풀이 수용자가 「형사소송법」에 따른 상소권회복 또는 재심 청구사건의 대리인이 되려는 변호사와 접견할 수 있는 횟수는 사건 당 2회이다(형집행법 시행령 제59조의2 제2항).

☑선지풀이 ① 소장은 개방처우급 수형자에 대하여는 법무부장관이 정하는 바에 따라 접촉차단시설이 설치된 장소 외의 적당한 곳에서 접견을 실시할 수 있다. 다만, 처우상 특히 필요하다고 인정하는 경우에는 그 밖의 수형자에 대하여도 이를 허용할 수 있다(동법 시행규칙 제88조).

③ 동법 제41조 제2항 제1호

④ 소장은 다음 경우(1. 범죄의 증거를 인멸하거나 형사 법령에 저촉되는 행위를 할 우려가 있는 때, 2. 수형자의 교화 또는 건전한 사회복귀를 위하여 필요한 때, 3. 시설의 안전과 질서유지를 위하여 필요한 때)에는 교도관으로 하여금 수용자의 접견내용을 청취·기록·녹음 또는 녹화하게 하게 할 수 있다(동법 제41조 제4항).

17 정답 ②

☑정답풀이 치료를 받을 것을 명할 수 있다(치료감호 등에 관한 법률 제44조의2 제1항).

☑선지풀이 ① 동법 제2조 제1항 제3호

③ 동법 제44조의5 제2호

④ 동법 제44조의2 제3항·제4항

18 정답 ②

☑정답풀이 소년원을 임시퇴원한 사람에 대한 보호관찰 규정은 있으나, 소년원을 퇴원한 사람에 대하여 보호관찰을 할 수 있는 규정은 없다.

Tip 보호관찰의 기간(보호관찰 등에 관한 법률 제30조)

1. 보호관찰을 조건으로 형의 선고유예를 받은 사람 : 1년
2. 보호관찰을 조건으로 형의 집행유예를 선고받은 사람 : 그 유예기간. 다만, 법원이 보호관찰 기간을 따로 정한 경우에는 그 기간
3. 가석방자 : 형법 제73조의2(가석방의 기간 및 보호관찰) 또는 소년법 제66조(가석방 기간의 종료)에 규정된 기간(형법 제73조의2 : 무기형에 있어서는 10년으로 하고 유기형에 있어서는 남은 형기, 소년법 제66조 : 가석방 전에 집행을 받은 기간과 같은 기간)
4. 임시퇴원자 : 퇴원일부터 6개월 이상 2년 이하의 범위에서 심사위원회가 정한 기간
5. 소년법 제32조 제1항 제4호(보호관찰관의 단기 보호관찰 : 1년) 및 제5호(보호관찰관의 장기 보호관찰 : 2년+1년)의 보호처분을 받은 사람 : 그 법률에서 정한 기간
6. 다른 법률에 따라 이 법에서 정한 보호관찰을 받는 사람 : 그 법률에서 정한 기간

19 정답 ④

☑정답풀이 소장은 신입자 또는 다른 교정시설로부터 이송되어 온 사람이 있으면 그 사실을 수용자의 가족(배우자, 직계 존속·비속 또는 형제자매를 말한다.)에게 지체 없이 알려야 한다. 다만, 수용자가 알리는 것을 원하지 아니하면 그러하지 아니하다(형집행법 제21조).

☑선지풀이 ① 동법 시행령 제23조

② 소장은 신입자 및 다른 교정시설로부터 이송되어 온 사람에 대하여 수용자번호를 지정하고 수용 중 번호표를 상의의 왼쪽 가슴에 붙이게 하여야 한다. 다만, 수용자의 교화 또는 건전한 사회복귀를 위하여 특히 필요하다고 인정하면 번호표를 붙이지 아니할 수 있다(동법 시행령 제17조 제2항).

③ 동법 제6조 제1항

20 정답 ③

☑정답풀이 보호소년 등의 전화통화를 중지시키려면 미리 보호소년 등에게 경고하여야 하며, 전화통화를 중지시킬 경우 통화상대방에게도 그 사유를 알려야 한다(보호소년 등의 처우에 관한 법률 시행령 제39조의2 제3항).

☑선지풀이 ① 동법 시행령 제39조의2 제1항

② 동법 시행령 제39조의2 제2항

④ 동법 제18조 제8항

Answer

01	③	02	②	03	④	04	③	05	③
06	②	07	③	08	①	09	④	10	④
11	②	12	②	13	②	14	①	15	③
16	①	17	③	18	④	19	④	20	①

01
정답 ③

✅**정답풀이** 소장은 외국인에게 참관을 허가할 경우에는 미리 관할 지방교정청장의 승인을 받아야 한다(형집행법 시행령 제3조 제2항).

✔**선지풀이** ① 동법 제9조 제1항
② 동법 제6조 제2항
④ 동법 제6조 제1항

02
정답 ②

✅**정답풀이** 위원은 교정에 관한 학식과 경험이 풍부한 외부인사 중에서 지방교정청장의 추천을 받아 법무부장관이 위촉한다(형집행법 제129조 제2항).

✔**선지풀이** ① 교정자문위원회의 기능은 다음 각 호[1. 교정시설의 운영에 관한 자문에 대한 응답 및 조언, 2. 수용자의 급양·의료·교육 등 처우에 관한 자문에 대한 응답 및 조언, 3. 노인·장애인수용자 등의 보호, 성차별 및 성폭력 예방정책에 관한 자문에 대한 응답 및 조언, 4. 그 밖에 지방교정청장이 자문하는 사항에 대한 응답 및 조언]와 같다(동법 시행규칙 제264조).
③ 동법 시행규칙 제268조 제3항
④ 동법 시행규칙 제268조 제1항

03
정답 ④

✅**정답풀이** 법무부장관은 치료명령을 받은 사람의 치료를 위하여 치료기관을 지정할 수 있다(치료감호 등에 관한 법률 제44조의7).

✔**선지풀이** ① 법원은 치료를 명하기 위하여 필요하다고 인정하면 피고인의 주거지 또는 그 법원의 소재지를 관할하는 보호관찰소의 장에게 범죄의 동기, 피고인의 신체적·심리적 특성 및 상태, 가정환경, 직업, 생활환경, 병력, 치료비용 부담능력, 재범위험성 등 피고인에 관한 사항의 조사를 요구할 수 있다(동법 제44조의3 제1항).
② 동법 제7조
③ 동법 제44조의2 제2항

04
정답 ③

✅**정답풀이** 옳은 것은 ㉠, ㉡, ㉣이다.

✔**선지풀이** ㉠ 형집행법 제133조 제1항
㉡ 동법 제133조 제2항
㉢ 1년 이하의 징역에 처한다(동법 제134조 제1호). 벌금형이 없다.
㉣ 동법 제135조

05
정답 ③

✅**정답풀이** 수용자는 편지를 보내려는 경우 해당 편지를 봉함하여 교정시설에 제출한다. 다만, 소장은 다음 각 호의 어느 하나[1. 다음 각 목의 어느 하나(가. 마약류사범·조직폭력사범 등 법무부령으로 정하는 수용자. 나. 처우등급이 중경비시설 수용대상인 수형자)에 해당하는 수용자가 변호인 외의 자에게 편지를 보내려는 경우, 2. 수용자가 같은 교정시설에 수용 중인 다른 수용자에게 편지를 보내려는 경우, 3. 규율위반으로 조사 중이거나 징벌집행 중인 수용자가 다른 수용자에게 편지를 보내려는 경우]에 해당하는 경우로서 금지물품의 확인을 위하여 필요한 경우에는 편지를 봉함하지 않은 상태로 제출하게 할 수 있다(형집행법 시행령 제65조 제1항).

✔**선지풀이** ① 동법 시행령 제64조
② 동법 시행령 제67조
④ 동법 제43조 제3항

06
정답 ②

✅**정답풀이** 장애인수형자 전담교정시설의 장은 장애인의 재활에 관한 전문적인 지식을 가진 의료진과 장비를 갖추도록 노력하여야 한다(형집행법 시행규칙 제52조).

✔**선지풀이** ① 동법 시행규칙 제44조 제2항
③ 동법 시행규칙 제50조 제1항
④ 동법 제51조 제2항

07
정답 ③

✅**정답풀이** ①, ③ 소장은 수용자가 사망한 사실을 알게 된 사람이 [1. 임시로 매장하려는 경우에는 사망한 사실을 알게 된 날부터 3일 이내, 2. 화장하여 봉안하려는 경우에는 사망한 사실을 알게 된 날부터 60일 이내에] 그 시신을 인수하지 아니하거나 시신을 인수할 사람이 없으면 임시로 매장하거나 화장 후 봉안하여야 한다. 다만, 감염병 예방 등을 위하여 필요하면 즉시 화장하여야 하며, 그 밖에 필요한 조치를 할 수 있다(형집행법 제128조 제2항).
② 소장은 시신을 임시로 매장하거나 화장하여 봉안한 후 2년이 지나도록 시신의 인도를 청구하는 사람이 없을 때에는 다음 각 호[1. 임시로 매장한 경우에는 화장 후 자연장을 하거나 일정한 장소에 집단으로 매장할 수 있고, 2. 화장하여 봉안한 경우에는 자연장]에 따라 할 수 있다(동법 제128조 제3항).
④ 동법 제127조, 동법 시행령 제146조

08 정답 ①

☑정답풀이 소장은 형집행정지 중에 있는 사람이 기간만료 또는 그 밖의 정지사유가 없어져 재수용된 경우에는 석방 당시와 동일한 처우등급을 부여할 수 있다(형집행법 시행규칙 제60조 제2항).

☑선지풀이 ② 동법 시행규칙 제60조 제3항
③ 소장은 가석방의 취소로 재수용되어 잔형이 집행되는 경우에는 석방 당시보다 한 단계 낮은 처우등급(경비처우급에만 해당한다)을 부여한다. 다만, 「가석방자관리규정」 제5조 단서(천재지변, 질병, 부득이한 사유로 출석의무를 위반 시)를 위반하여 가석방이 취소되는 등 가석방 취소사유에 특히 고려할 만한 사정이 있는 때에는 석방당시와 동일한 처우등급을 부여할 수 있다(동법 시행규칙 제60조 제3항).
④ 동법 시행규칙 제60조 제4항

09 정답 ④

☑정답풀이 ① 노무작업, ② 직영작업, ③ 위탁작업, ④ 도급작업

10 정답 ④

☑정답풀이 행위자의 개별 책임뿐만 아니라 행위자의 반사회적 위험성까지 척도로 하여 일정한 제재를 가하게 되면 형벌의 대원칙인 책임주의에 반할 위험성이 있다는 문제점이 있다.

11 정답 ②

☑정답풀이 갱생보호사업을 하려는 자는 법무부령으로 정하는 바에 따라 법무부장관의 허가를 받아야 한다(보호관찰 등에 관한 법률 제67조 제1항).

☑선지풀이 ① 동법 제41조 제2항
③ 동법 시행령 제41조의2
④ 동법 시행령 제40조 제1항

12 정답 ②

☑정답풀이 위탁계약의 기간은 수탁자가 교도소 등의 설치비용을 부담하는 경우에는 10년 이상 20년 이하, 그 밖의 경우에는 1년 이상 5년 이하로 하되, 그 기간은 갱신할 수 있다(민영교도소 등의 설치·운영에 관한 법률 제4조 제4항).

☑선지풀이 ① 동법 제3조 제1항
③ 동법 제13조
④ 동법 제33조 제1항

13 정답 ②

☑정답풀이 고전주의학파 : ㉠, ㉡, ㉣
실증주의학파 : ㉢, ㉤

14 정답 ①

☑정답풀이 민영교도소는 반드시 개방처우를 위한 시설이라 할 수 없다.

15 정답 ③

☑정답풀이 소장은 다른 사람의 건강에 위해를 끼칠 우려가 있는 감염병에 걸린 사람의 수용을 거절할 수 있다(형집행법 제18조 제1항).

☑선지풀이 ① 동법 제14조
② 동법 제16조 제1항
④ 동법 시행령 제10조

16 정답 ①

☑정답풀이 벌금을 선고할 때에는 동시에 그 금액을 완납할 때까지 노역장에 유치할 것을 명할 수 있다(형법 제69조 제1항 단서).

☑선지풀이 ② 동법 제62조 제1항
③ 동법 제71조
④ 동법 제70조 제2항

17 정답 ③

☑정답풀이 옳은 것은 ㉡, ㉢, ㉣이다.

Tip 간이입소절차

> 다음의 어느 하나[1. 「형사소송법」 제200조의2(영장에 의한 체포), 제200조의3(긴급체포) 또는 제212조(현행범인의 체포)에 따라 체포되어 교정시설에 유치된 피의자, 2. 「형사소송법」 제201조의2(구속영장 청구와 피의자 심문) 제10항 및 제71조의2(구인 후의 유치)에 따른 구속영장 청구에 따라 피의자 심문을 위하여 교정시설에 유치된 피의자]에 해당하는 신입자의 경우에는 법무부장관이 정하는 바에 따라 간이입소절차를 실시한다(형집행법 제16조의2).

18 정답 ④

☑정답풀이 동법 제32조 제2항 단서·동법 제33조

☑선지풀이 ① 만 19세 미만의 자에 대하여 부착명령을 선고한 때에는 19세에 이르기까지 이 법에 따른 전자장치를 부착할 수 없다(전자장치 부착 등에 관한 법률 제4조).
② 잠정조치 결정을 받은 스토킹행위자는 법원이 지정한 일시까지 보호관찰소에 출석하여 대통령령으로 정하는 신상정보 등을 서면으로 신고한 후 보호관찰관의 지시에 따라 전자장치를 부착하여야 한다(제31조의6 제2항)
③ 특정범죄란 성폭력범죄, 미성년자 대상 유괴범죄, 살인범죄, 강도범죄 및 스토킹범죄를 말한다(동법 제2조 제1호).

19　　　　　　　　　　　　　　　　　　　정답 ④

☑정답풀이　검사는 (소년)피의자에 대하여 다음 각 호[1. 범죄예방자원봉사위원의 선도, 2. 소년의 선도·교육과 관련된 단체·시설에서의 상담·교육·활동 등]에 해당하는 선도 등을 받게 하고, 피의사건에 대한 공소를 제기하지 아니할 수 있다. 이 경우 소년과 소년의 친권자·후견인 등 법정대리인의 동의를 받아야 한다(소년법 제49조의3).

☑선지풀이　① 동법 제70조 제1항
② 동법 제51조
③ 동법 제13조

20　　　　　　　　　　　　　　　　　　　정답 ①

☑정답풀이　① 균형·회복적 사법(balanced and restorative justice)은 피해자의 회복, 가해자의 준법적인 삶으로의 회복, 범죄로 인해 공동체에 발생한 피해의 회복 등을 통하여 비행 청소년의 책임, 역량 개발, 지역사회 안전이라는 목표를 달성하여 소년의 건전한 재사회화를 이루는 데 초점을 둔다.

☑선지풀이　② 국가가 소년을 처벌하기보다 다른 처우를 통해 비행원인이 되는 환경과 성행을 개선하고, 법을 지키는 사람으로 살아가는 데 필요한 교육과 복지를 제공해야 한다는 이념을 소년보호주의라고 하며, 그 바탕에는 국친사상 이념이 있다. 국친사상은 부모가 소년을 보호하지 못하면, 국가를 대리하는 소년법원이 부모가 베풀지 않는 정도까지 부모의 책임을 인수한다는 사상이다. 그러므로 소년범에 대한 형사법원 이송은 전통적인 소년사법 이념인 국친사상에 부합하지 않는다.
③ 바툴라스와 밀러의 소년교정모형 중 의료모형은 비행소년은 자신이 통제할 수 없는 요인에 의해서 범죄자로 결정되었으며, 이들은 사회적으로 약탈된 사회적 병질자이기 때문에 처벌의 대상이 아니라 치료의 대상으로 본다. 범죄통제모형은 비행 청소년은 자유의지로 비행을 저지른다고 가성한다. 청소년도 자신의 행동에 대해서 책임을 져야 하므로, 청소년 범죄자에 대한 처벌을 강화하는 것만이 청소년범죄를 줄일 수 있다고 한다.
④ 비시설수용은 청소년범죄자는 시설수용보다는 비서설수용적 처우와 지역사회 처우를 하여, 구금으로 인한 범죄의 학습과 악풍의 감염, 부정적 낙인 등의 폐해를 방지하고자 하는 것이다.

제06회

Answer

01	④	02	②	03	③	04	①	05	②
06	④	07	④	08	②	09	①	10	②
11	①	12	③	13	②	14	③	15	①
16	④	17	③	18	①	19	①	20	③

01
정답 ④

☑정답풀이 ① 태형은 가장 가벼운 형벌로서 작은 가시나무 회초리로 죄인의 볼기를 10대에서 50대까지 때렸으며, 5등급으로 구분되었다. 장형은 큰 회초리로 죄인의 볼기를 때리는 형벌로, 60대에서 100대까지 5등급이 있었다.
② 모반, 대역, 불효 등 특별히 정한 범죄를 제외하고는 형 대신 금전으로 납부할 수 있는 속전제도가 있었다.
③ 중도부처는 관원(일반관원)에 대하여 과하는 형으로 일정한 지역을 지정하여 그곳에서만 거주하도록 하는 것으로 유생에 대해서도 적용되었다.

02
정답 ②

☑정답풀이 갱생보호사업을 하려는 자는 법무부령으로 정하는 바에 따라 법무부장관의 허가를 받아야 한다(보호관찰 등에 관한 법률 제67조 제1항).
☑선지풀이 ① 동법 제65조 제1항
③ 동법 제70조의2
④ 동법 제71조

03
정답 ③

☑정답풀이 유엔에서 분류한 회복적 사법의 세가지 분류는 대면개념, 회복(배상)개념, 변환개념이다.

대면개념	범죄 피해자와 가해자의 만남을 통한 범죄문제의 해결을 위한 토론
회복(배상)개념	피해자의 공판참여, 지원, 법원에 의한 피해 회복적 조치 등
변환개념	범죄원인의 구조적·개인적 불의를 시정하는 것으로 빈곤이나 차별적 교육개선

Tip 재통합적 수치심부여이론

① 브레이스웨이트는 낙인이론, 하위문화이론, 기회이론, 통제이론, 차별적 접촉이론, 사회학습이론을 통합하였다.
② 사회가 범죄를 감소시키기 위해서는 좀 더 효과성 있게 수치심부여를 하여야 한다고 주장하고, 이를 재통합과 거부로 나누었다. 재통합적 수치심부여는 범죄자를 사회와 결속시키기 위한 고도의 낙인을 주는 것이고, 거부적 수치심부여는 범죄자에게 명백한 낙인을 찍어 높은 수치심을 주는 것으로 전자는 범죄율이 보다 낮은 반면, 후자는 범죄율이 더 높은 결과가 초래된다고 하였다.
③ 이 관점은 지역사회에서 범죄자에게 수치심을 주는 태도 및 방법의 차이를 잘 설명하면서 회복적 사법을 지지한다.
④ 회복적 사법이 재통합적 수치심이론을 그 근본 배경이론으로 삼는 이유는, 이 이론이 범죄자 하나에 초점을 두고 범죄자를 비난하는 것이 아니라, 객관적인 범죄행동에 관심을 갖고 가족, 친구, 지역사회 시민들 전체가 자발적 참여와 문제해결에 관심을 두어 실천방안을 제시하기 때문이다.
⑤ 결국 피해자와 지역사회가 원하는 것이 무엇인지 논의하고 가해자에게 그 메시지를 명확하게 전달하여 가해자로 하여금 재통합적 수치심을 느끼게 하고, 가해자가 피해자의 욕구를 받아들임으로써 궁극적으로는 지역사회의 회복적 사법을 통해 재범을 예방하는 것이다.

04
정답 ①

☑정답풀이 사형확정자의 심리적 안정 도모 또는 교정시설의 안전과 질서유지를 위하여 특히 필요하다고 인정하는 경우에는 교도소에 수용할 사형확정자를 구치소에 수용할 수 있고, 구치소에 수용할 사형확정자를 교도소에 수용할 수 있다(형집행법 시행규칙 제150조 제2항).
☑선지풀이 ② 동법 시행규칙 제150조 제1항 단서
③ 동법 시행규칙 제150조 제4항
④ 동법 시행규칙 제150조 제3항

05
정답 ②

☑정답풀이 선도조건부 기소유예, 벌금형, 배상처분은 후문전략이 아니라 정문전략이다.

06
정답 ④

☑정답풀이 소장은 수용자가 사망하면 법무부장관이 정하는 범위에서 화장·시신인도 등에 필요한 비용을 인수자에게 지급할 수 있다(동법 제128조 제5항).
☑선지풀이 ① 소장은 사망한 수용자의 친족 또는 특별한 연고가 있는 사람이 그 시신 또는 유골의 인도를 청구하는 경우에는 인도하여야 한다. 다만, 제3항에 따라 자연장을 하거나 집단으로 매장을 한 후에는 그러하지 아니하다(동법 제128조 제1항).
② 소장은 병원이나 그 밖의 연구기관이 학술연구상의 필요에 따라 수용자의 시신인도를 신청하면 본인의 유언 또는 상속인의 승낙이 있는 경우에 한하여 인도할 수 있다(동법 제128조 제4항).
③ 소장은 제2항에 따라 시신을 임시로 매장하거나 화장하여 봉안한 후 2년이 지나도록 시신의 인도를 청구하는 사람이 없을 때에는 다음 각 호(1. 임시로 매장한 경우: 화장 후 자연장을 하거나 일정한 장소에 집단으로 매장, 2. 화장하여 봉안한 경우: 자연장)의 구분에 따른 방법으로 처리할 수 있다(동법 제128조 제3항).
④ 소장은 수용자가 사망하면 법무부장관이 정하는 범위에서 화장·시신인도 등에 필요한 비용을 인수자에게 지급할 수 있다(동법 제128조 제5항).

07
정답 ④

☑정답풀이 형의 집행 및 수용자 처우에 관한 기본계획에는 다음의 사항이 포함되어야 한다(형집행법 제5조의2 제2항).

1. 형의 집행 및 수용자 처우에 관한 기본 방향
2. 인구·범죄의 증감 및 수사 또는 형 집행의 동향 등 교정시설의 수요 증감에 관한 사항
3. 교정시설의 수용 실태 및 적정한 규모의 교정시설 유지 방안
4. 수용자에 대한 처우 및 교정시설의 유지·관리를 위한 적정한 교도관 인력 확충 방안
5. 교도작업과 직업훈련의 현황, 수형자의 건전한 사회복귀를 위한 작업설비 및 프로그램의 확충 방안
6. 수형자의 교육·교화 및 사회적응에 필요한 프로그램의 추진방향
7. 수용자 인권보호 실태와 인권 증진 방안
8. 교정사고의 발생 유형 및 방지에 필요한 사항
9. 형의 집행 및 수용자 처우와 관련하여 관계 기관과의 협력에 관한 사항
10. 그 밖에 법무부장관이 필요하다고 인정하는 사항

08 정답 ②

☑정답풀이 지방교정청장의 이송승인은 관할 내 이송으로 한정한다(형집행법 시행령 제22조 제2항).

☑선지풀이 ① 동법 제20조 제1항
③ 동법 제120조 제4항
④ 동법 시행령 제24조

09 정답 ①

☑선지풀이 ② 소장은 수용자가 건강유지에 필요한 운동 및 목욕을 정기적으로 할 수 있도록 하여야 한다(법 제33조 제1항). 운동시간·목욕횟수 등에 관하여 필요한 사항은 대통령령으로 정한다(법 제33조 제2항).
③ 소장은 수용자가 감염병에 걸렸다고 의심되는 경우에는 1주 이상 격리수용하고 그 수용자의 휴대품을 소독하여야 한다(시행령 제53조 제1항).
④ 소장은 수용자가 자신의 고의 또는 중대한 과실로 부상 등이 발생하여 외부의료시설에서 진료를 받은 경우에는 그 진료비의 전부 또는 일부를 그 수용자에게 부담하게 할 수 있다(법 제37조 제5항).

10 정답 ②

☑정답풀이 형집행법 제43조 제4항 제3호

☑선지풀이 ① 원칙적으로 수용자는 소장의 허가 없이 다른 사람과 편지를 주고받을 수 있으나(동법 제43조 제1항), 같은 교정시설의 수용자 간에 편지를 주고받으려면 소장의 허가를 받아야 한다(동법 제43조 제2항).
③ 소장은 법원·경찰관서, 그 밖의 관계기관에서 수용자에게 보내온 문서는 다른 법령에 특별한 규정이 없으면 열람한 후 본인에게 전달하여야 한다(동법 시행령 제67조).
④ 소장은 규율위반으로 징벌집행 중인 수용자가 다른 수용자와 편지를 주고받는 때에는 그 내용을 검열하여야 한다(동법 시행령 제67조).

11 정답 ①

☑정답풀이 소장은 수용자가 임신 중이거나 출산(유산·사산을 포함한다)한 경우에는 모성보호 및 건강유지를 위하여 정기적인 검진 등 적절한 조치를 하여야 한다(형집행법 제52조 제1항).

☑선지풀이 ② 동법 시행규칙 제50조 제1항
③ 동법 시행규칙 제59조
④ 동법 시행규칙 제44조 제2항

12 정답 ③

☑정답풀이 교정법인의 대표자는 그 교정법인이 운영하는 민영교도소 등의 장을 겸할 수 없다(형집행법 제13조 제1항).

☑선지풀이 ① 동법 제25조 제2항
② 동법 제23조 제1항
④ 동법 제33조 제1항

13 정답 ②

☑정답풀이 옳은 것은 ㉠, ㉢이다.

☑선지풀이 ㉡ 절대적 암수범죄의 발생은 강간, 강제추행 등과 같은 성범죄의 경우 피해자가 수치심 때문에 범죄신고를 하지 않는 경우가 많고, 범죄신고에 따른 불편과 범죄자에 의한 보복의 두려움 등이 절대적 암수범죄의 발생 원인이 된다.
㉣ 직접적 관찰은 실제로 일어나는 암수범죄를 직접 관찰하는 자연적 관찰과 인위적인 실험을 통하여 암수범죄를 직접 실증하려는 인위적 관찰인 실험이 있다.

14 정답 ③

☑정답풀이 법원은 치료명령 청구가 이유 있다고 인정하는 때에는 결정으로 치료명령을 고지하고, 이 결정에 따른 치료기간은 15년을 초과할 수 없다(성충동약물치료법 제16조 제1항).

☑선지풀이 ① 동법 제32조
② 동법 제22조 제2항 제1호
④ 동법 제4조 제1항

15 정답 ①

☑정답풀이 허쉬(Hirschi)는 사회유대이론에서 개인이 사회와 유대를 맺는 방법인 애착, 전념, 참여, 믿음의 정도에 따라 비행을 저지를지 여부가 결정된다고 보았다.
㉠ 전념(commitment)에 대한 설명이다. 사회에서의 주요 활동에 대한 관여 또는 투자하는 정도를 말하며, 규범준수에 따른 사회적 보상에 얼마나 관심을 갖는가에 관한 것이다. 미래를 위해 교육에 투자하고 저축하는 것처럼 관습적 활동에 소비하는 시간과 에너지, 노력 등으로, 시간과 노력을 투자할수록 비행을 저지름으로써 잃게 되는 손실이 커져 비행을 저지르지 않는 것을 말한다.
㉡ 참여(involvement)에 대한 설명이다. 행위적 측면에서 개인이 사회와 맺고 있는 유대의 형태로, 개인이 인습적인 활동에 얼마나 많은 시간을 투여하고 있는가에 따라 평가할 수 있다. 관습적 활동 또는 일상적 활동에 열중하는 것으로, 참여가 높을수록 범죄에 빠질 기회와 시간이 적어져 범죄를 저지를 가능성이 감소되는 것을 말한다.

16 정답 ④

☑정답풀이 레머트(E. Lemert)의 '낙인이론'은 일차적 일탈자가 이차적 일탈자로 발전하는 데에 일상생활에서 행해지는 공식적 반응이 비공식적 반응보다 더욱 심각한 낙인효과를 끼친다고 주장한다.

17 정답 ③

☑정답풀이 법원은 공소제기된 사건의 심리결과 치료감호를 할 필요가 있다고 인정할 때에는 검사에게 치료감호 청구를 요구할 수 있다(치료감호법 제4조 제7항).

※ 법원은 치료감호를 선고함에 있어 검사의 청구에 의해서만 할 수 있다. 심리결과 치료감호에 처함이 상당하다고 판단할 때에는 검사에게 치료감호청구를 요구하고, 그 청구가 있는 경우 치료감호를 선고할 수 있는 것이다.

☑선지풀이 ① 동법 제8조
② 동법 제4조 제5항
④ 동법 제18조

18 정답 ①

☑정답풀이 보호관찰소의 장은 보호관찰 대상자가 제32조의 준수사항을 위반하였거나 위반하였다고 의심할 만한 상당한 이유가 있고, 다음의 어느 하나[1. 일정한 주거가 없는 경우, 2. 조사에 따른 소환에 따르지 아니한 경우, 3. 도주한 경우 또는 도주할 염려가 있는 경우]에는 관할 지방검찰청의 검사에게 신청하여 검사의 청구로 관할 지방법원 판사의 구인장을 발부받아 보호관찰 대상자를 구인할 수 있다(보호관찰 등에 관한 법률 제39조 제1항).

☑선지풀이 ② 보호관찰소의 장은 보호관찰 대상자를 긴급구인한 경우에는 긴급구인서를 작성하여 즉시 관할 지방검찰청 검사의 승인을 받아야 한다(보호관찰 등에 관한 법률 제40조 제2항).
③ 법원은 다음 경우 [1. 보호관찰을 조건으로 한 형의 선고유예의 실효 및 집행유예의 취소 청구의 신청 또는 2. 보호처분의 변경 신청]에 심리를 위하여 필요하다고 인정되면 심급마다 20일의 범위에서 한 차례만 유치기간을 연장할 수 있다(보호관찰 등에 관한 법률 제43조 제2항). 보호관찰소의 장은 가석방 및 임시퇴원의 취소 신청이 있는 경우에 심사위원회의 심사에 필요하면 검사에게 신청하여 검사의 청구로 지방법원 판사의 허가를 받아 10일의 범위에서 한 차례만 유치기간을 연장할 수 있다(동법 제43조 제3항).
④ 보호관찰소의 장은 긴급구인에 대한 검사의 승인을 받지 못하면 즉시 보호관찰 대상자를 석방하여야 한다(동법 제40조 제3항).

19 정답 ①

☑정답풀이 검사는 다음 각 호의 어느 하나[1. 성폭력범죄로 징역형의 실형을 선고받은 사람이 그 집행을 종료한 후 또는 집행이 면제된 후 10년 이내에 성폭력범죄를 저지른 때, 2. 성폭력범죄로 이 법에 따른 전자장치를 부착받은 전력이 있는 사람이 다시 성폭력범죄를 저지른 때, 3. 성폭력범죄를 2회 이상 범하여(유죄의 확정판결을 받은 경우를 포함한다) 그 습벽이 인정된 때, 4. 19세 미만의 사람에 대하여 성폭력범죄를 저지른 때, 5. 신체적 또는 정신적 장애가 있는 사람에 대하여 성폭력범죄를 저지른 때]에 해당하고, 성폭력범죄를 다시 범할 위험성이 있다고 인정되는 사람에 대하여 전자장치를 부착하도록 하는 명령(이하 "부착명령"이라 한다)을 법원에 청구할 수 있다(전자장치부착법 제5조 제1항).

20 정답 ③

☑선지풀이 ① 장기 소년원 송치는 12세 이상인 소년이 대상이고 그 기간은 2년이다.
② 사회봉사명령과 의료재활소년원 위탁은 병합처분을 할 수 없다.
④ 수강명령은 100시간이 최대이다.

Answer

01	④	02	①	03	①	04	④	05	④
06	③	07	②	08	②	09	③	10	②
11	③	12	④	13	②	14	④	15	③
16	④	17	③	18	②	19	①	20	④

01　정답 ④

☑ 정답풀이 　징벌위원회는 위원장을 포함한 5명 이상 7명 이하의 위원으로 구성하며, 외부위원은 3명 이상으로 하고(동법 제111조 제2항), 위원이 해당 징벌대상 행위의 조사를 담당한 경우에는 해당 위원회에 참석할 수 없다(동법 시행령 제131조).

☑ 선지풀이 　① 교정자문위원회는 10명 이상 15명 이하의 위원으로 성별을 고려하여 구성하며(형집행법 제129조 제2항), 위원 중 4명 이상은 여성으로 하고(동법 시행규칙 제265조 제2항), 위원의 임기는 2년으로 한다(동법 시행규칙 제266조 제1항).

② 가석방심사위원회는 위원장을 포함한 5명 이상 9명 이하의 위원으로 구성하며(법 제120조 제1항).회의는 재적위원 과반수의 출석으로 개의하고, 출석위원 과반수의 찬성으로 의결한다(동법 시행규칙 제242조 제1항).

③ 귀휴심사위원회는 위원장을 포함한 6명 이상 8명 이하의 위원으로 구성하며(동법 시행규칙 제131조 제2항), 외부위원은 2명 이상으로 하고(동법 시행규칙 제181조 제3항), 외부위원의 임기는 2년으로 한다(동법 시행규칙 제181조 제3항).

02　정답 ①

☑ 정답풀이 　전자영상장비로 거실에 있는 수용자를 계호하는 것은 자살 등의 우려가 큰 때에만 할 수 있다(형집행법 제94조 제1항 단서).

☑ 선지풀이 　② 동법 제94조 제1항
③ 동법 시행규칙 제164조
④ 동법 시행규칙 제161조

03　정답 ①

☑ 선지풀이 　② 의료모형은 1920년대 말과 1930년대 초에 미국 교정국 등의 주도하에 발전한 것으로 제2차 세계대전 이후 1960년대까지의 주요한 모델로, 결정론적 시각에서 범죄자를 사회화나 인성에 결함이 있는 환자로 취급하면서 범죄의 원인은 치료의 대상이고 완치될 수 있다고 보아 치료모델이라고도 한다.범죄자는 자신의 의지에 따라 의사를 결정하고 선택할 능력이 없으므로 처벌로는 범죄자의 문제를 해결할 수 없고 교정을 통해 치료되어야 한다고 보았다.

③ 재통합모형의 가장 기본적인 가정은 범죄자의 문제는 범죄문제가 시작된 바로 그 사회에서 해결되어야 한다는 것이며, 범죄자의 사회재통합을 위해서는 지역사회와의 의미 있는 접촉과 유대 관계가 전제되어야 한다는 것이다. 그러므로 범죄자는 일반시민으로서, 직장인으로서, 가족구성원으로서 자신의 정상적인 역할을 수행할 수 있는 기회를 가질 수 있어야 한다.

④ 정의모형은 수형자를 처우의 객체로 보던 기존의 관점들을 부정하고 처우의 주체적 지위로 끌어 올려놓고 수형자의 자발적 참여와 동의를 전제로 수형자 자치제의 확대를 강조한다. 적법절차를 강조하고 부정기형의 도입을 비판하였으며 법을 준수하는 방식으로 수형자를 처우해야 한다는 주장으로, 사회내 처우를 강조하는 전환정책과는 거리가 있으며,공정하고 합리적이며 인본적이고 합헌적인 교정제도를 통해 수형자를 처우하여야 한다고 보았다. 이는 수형자를 의도적으로 개선하려고 하기보다는 수형자의 자기의지에 의해 적용하도록 돕는 것을 의미한다.

04　정답 ④

☑ 정답풀이 　다음 각 호의 어느 하나[1. 관할 법원 및 검찰청 소재지에 구치소가 없는 때, 2. 구치소의 수용인원이 정원을 훨씬 초과하여 정상적인 운영이 곤란한 때, 3. 범죄의 증거인멸을 방지하기 위하여 필요하거나 그 밖에 특별한 사정이 있는 때]에 해당하는 사유가 있으면 교도소에 미결수용자를 수용할 수 있다(형의 집행 및 수용자의 처우에 관한 법률 제12조 제1항).

05　정답 ④

☑ 정답풀이 　다른 수용자의 징벌대상행위를 방조(幇助)한 수용자에게는 그 징벌대상행위를 한 수용자에게 부과되는 징벌과 같은 징벌을 부과하되, 그 정황을 고려하여 2분의 1까지 감경할 수 있다(형의 집행 및 수용자의 처우에 관한 법률 시행규칙 제217조 제2항).

06　정답 ③

☑ 정답풀이 　수형자자치제도는 수형자의 책임감과 자치심으로 교도소의 질서를 유지하고, 계호주의의 흠결을 보정하며 그들 스스로 사회에 복귀할 준비를 하도록 유도하는 교도 민주주의의 실험이라 할 수 있는 자치생활제도를 의미한다. 정기형제도하에서는 자치심이 형성되지 않은 수형자라도 형기가 종료되면 반드시 사회에 복귀시켜야 되므로 부정기형제도하에서 운영되어야 한다.

07　정답 ②

☑ 정답풀이 　㉠ 펜실베니아제 : 절대침묵과 정숙을 유지하며 주야구분 없이 엄정한 독거수용을 통해 회오반성을 목적으로 한 구금방식으로 엄정독거제, 분방제, 필라델피아제로 불린다.

㉡ 오번제 : 엄정독거제의 결점을 보완하고 혼거제의 폐해인 수형자 상호 간의 악풍감염을 제거하기 위한 구금형태로 절충제(엄정독거제와 혼거제를 절충), 완화독거제(반독거제. 엄정독거제보다 완화된 형태), 교담금지제(침묵제. 주간작업 시 엄중침묵 강요)라고도 한다.

㉢ 엘마이라제 : 엘마이라 감화원에서 처음 실시한 것으로 마코노키의 잉글랜드제, 크로프톤의 아일랜드제 및 부정기형제도를 결합하여 최고 형기를 설정한 일종의 상대적 부정기형 하에서 행형성적에 따라 진급하는 누진제를 채택하고 수형자의 발분노력을 통한 자력개선에 초점을 두었다.

㉣ 카티지제 : 소집단 처우제도로서 기존의 대집단 처우제도가 대규모 시설에서의 획일적이고 기계적인 수용처우라는 단점을 보완하기 위한 대안적 제도로, 소집단으로 가족적인 분위기에서 처우한다.

08 정답 ②

✅정답풀이 협의회의 회의는 반기마다 개최한다(형집행법 시행규칙 제148조 제1항).

✅선지풀이 ① 동법 시행규칙 제148조 제2항

③ 동법 시행규칙 제148조 제3항

④ 동법 시행규칙 제149조 제1항

09 정답 ③

✅정답풀이 옳은 것은 ㉠, ㉢, ㉣이다.

✅선지풀이 ㉠ 시행규칙 제11조

㉡ 소장은 수용자에 대한 원활한 급식을 위하여 해당 교정시설의 직전 분기 평균 급식 인원을 기준으로 1개월의 주식을 항상 확보하고 있어야 한다(시행규칙 제12조).

㉢ 시행규칙 제13조

㉣ 시행규칙 제14조

㉤ 소장은 작업시간을 3시간 이상 연장하는 경우에는 주, 부식 또는 대용식 1회분을 간식으로 지급할 수 있다(시행규칙 제15조 제2항).

10 정답 ②

✅정답풀이 형집행법은 수형자의 교정교화와 건전한 사회복귀를 도모하고, 수용자의 처우와 권리 및 교정시설의 운영에 관하여 필요한 사항을 규정함을 목적으로 한다(형집행법 제1조).

11 정답 ③

✅정답풀이 소장은 미결수용자에 대하여는 신청에 따라 교육 또는 교화프로그램을 실시하거나 작업을 부과할 수 있다(형집행법 제86조). 이 경우 교육·교화프로그램 또는 작업은 교정시설 밖에서 행하는 것은 포함하지 아니한다(동법 시행령 제103조 제1항).

✅선지풀이 ① 동법 시행규칙 제101조 제4항

② 동법 제63조 제3항

④ 동법 시행규칙 제105조 제3항

12 정답 ④

✅정답풀이 검사는 피의자에 대하여 다음 각 호[1. 범죄예방자원봉사위원의 선도, 2. 소년의 선도·교육과 관련된 단체·시설에서의 상담·교육·활동 등]에 해당하는 선도 등을 받게 하고, 피의사건에 대한 공소를 제기하지 아니할 수 있다(소년법 제49조의3)고 규정되어 있으나, 법률에 명시되어 있지 않다.

✅선지풀이 ① 검사의 기소편의주의와 소년사건의 검사선의주의에 기초하여 등장한 것이 선도조건부 기소유예제도이다.

② 선도조건부 기소유예처분은 기소나 소년부 송치에 대한 대안에 해당하므로 협의의 불기소처분대상(혐의 없음, 죄가 안됨, 공소권 없음, 각하)의 사건은 당연히 대상에서 제외된다.

③ 소년법 제49조의3 제2호

13 정답 ②

✅정답풀이 검사는 소년에 대한 피의사건을 수사한 결과 보호처분에 해당하는 사유가 있다고 인정한 경우에는 사건을 관할 소년부에 송치하여야 한다(소년법 제49조 제1항).

✅선지풀이 ① 동법 제50조

③ 동법 제49조

④ 동법 제33조 제4항

14 정답 ④

✅정답풀이 보안처분이란 형벌로는 행위자의 사회복귀와 범죄로부터 사회방위가 불가능하거나 부적당한 경우에 범죄행위자 또는 장래 범죄의 위험성이 있는 자에 대하여 과해지는 형벌 이외의 범죄예방처분을 말한다. 이는 형벌의 책임주의에 따른 사회방위수단으로서의 한계를 보충하기 위한 수단으로, 현행 헌법은 보안처분 법정주의를 선언하고 있다(헌법 제12조 제1항). 행위자의 사회적 위험성을 전제로 하여 특별예방의 관점에서 과하여진다.

15 정답 ③

✅정답풀이 수갑·포승·보호대를 사용할 경우에는 보호관찰 대상자에게 그 사유를 알려주어야 한다. 다만, 상황이 급박하여 시간적인 여유가 없을 때에는 보호장구 사용 직후 지체 없이 알려주어야 한다(보호관찰 등에 관한 법률 제46조의4 제1항).

가스총·전자충격기를 사용할 경우에는 사전에 상대방에게 이를 경고하여야 한다. 다만, 상황이 급박하여 경고할 시간적인 여유가 없는 때에는 그러하지 아니하다(동법 제46조의4 제2항).

✅선지풀이 ① 동법 제46조의3 제1항

② 동법 제46조의3 제2항 제1호

④ 동법 제46조의5

16 정답 ④

[정답풀이] 옳은 것은 ㉠, ㉡, ㉢, ㉣이다.

[선지풀이] ㉠ 치료감호대상자란 치료감호시설에서 치료를 받을 필요가 있고 재범의 위험성이 있는 자를 말한다(치료감호 등에 관한 법률 제2조 제1항).

㉡ 동법 제3조 제2항

㉢ 치료감호심의위원회는 피치료감호자에 대하여 치료감호 집행을 시작한 후 매 6개월마다 치료감호의 종료 또는 가종료 여부를 심사·결정하고, 가종료 또는 치료위탁된 피치료감호자에 대하여는 가종료 또는 치료위탁 후 매 6개월마다 종료 여부를 심사·결정한다(동법 제22조).

㉣ 동법 제4조 제7항

㉤ 치료감호 청구의 시효는 치료감호가 청구된 사건과 동시에 심리하거나 심리할 수 있었던 죄에 대한 공소시효기간이 지나면 완성된다(동법 제45조 제1항). 검사는 다음 경우[1. 피의자가 형법 제10조 제1항(심신상실자)에 해당하여 벌할 수 없는 경우, 2. 고소·고발이 있어야 논할 수 있는 죄(친고죄, 전속고발범죄)에서 그 고소·고발이 없거나 취소된 경우 또는 피해자의 명시적인 의사에 반하여 논할 수 없는 죄(반의사불벌죄)에서 피해자가 처벌을 원하지 아니한다는 의사표시를 하거나 처벌을 원한다는 의사표시를 철회한 경우, 3. 피의자에 대하여 형사소송법 제247조(기소유예)에 따라 공소를 제기하지 아니하는 결정을 한 경우]에는 공소를 제기하지 아니하고 치료감호만을 청구할 수 있다(동법 제7조).

17 정답 ③

[정답풀이] 만 19세 미만의 자에 대하여 부착명령을 선고한 때에는 19세에 이르기까지 이 법에 따른 전자장치를 부착할 수 없다(전자장치 부착 등에 관한 법률 제4조). 즉 19세 미만의 자에 대해서도 전자장치 부착명령을 선고할 수 있으나, 19세에 이르기까지 부착할 수 없을 뿐이다.

[선지풀이] ① 동법 제2조 제1호

② 검사는 살인범죄를 저지른 사람으로서 살인범죄를 다시 범할 위험성이 있다고 인정되는 사람에 대하여 부착명령을 법원에 청구할 수 있다. 다만, 살인범죄로 징역형의 실형 이상의 형을 선고받아 그 집행이 종료 또는 면제된 후 다시 살인범죄를 저지른 경우에는 부착명령을 청구하여야 한다(동법 제5조 제3항).

④ 부착명령은 부착명령기간이 경과한 때, 부착명령과 함께 선고한 형이 사면되어 그 선고의 효력을 상실하게 된 때, 부착명령이 임시해제된 자가 그 임시해제가 취소됨이 없이 잔여 부착명령기간을 경과한 때에 그 집행이 종료된다(동법 제20조).

18 정답 ②

[정답풀이] 낙인이론은 탈시설수용을 강조하였다.

[선지풀이] ① 일탈적 낙인이 초래하는 부정적 결과는 부정적 자아관념의 문제이다. 자신에게 일탈자로서의 낙인이 붙게 되면 일탈자 스스로의 눈으로도 일탈자가 되는 것이다. 즉 부정적 낙인은 부정적 자아관념을 심어 주게 된다는 것이다. 다시 말해서 낙인은 정상적 자아관념을 일탈적 자아관념으로 전환시키는 하나의 과정이기 때문이다. 따라서 일단 자신에게 일탈자로서 낙인이 붙게 되면, 스스로 일탈자로 치부하게 되어 일탈적 행위를 지속하도록 만든다는 것이다. 탄넨바움(Tannenbaum)은 이러한 과정을 '악의 극화'라고 부른다.

19 정답 ①

[정답풀이] 사이크스(Sykes)와 맛차(Matza)가 제시한 중화기술유형에 해당하지 않는다.

[선지풀이] ② 피해자의 부정은 피해자가 피해를 입어도 마땅하다고 생각함으로써 자기행위를 합리화시키는 기술이다.

③ 책임의 부정은 자기의 비행에 대해서 사실상 책임이 없다고 합리화시키는 기술로서 비행의 책임을 열악한 가정환경, 부모의 잘못된 양육, 빈곤 등 외부적 요인으로 전가시키는 것이다.

④ 비난자에 대한 비난은 자신을 비난하는 사람을 비난함으로써 자신의 행위를 정당화시키는 기술이다.

20 정답 ④

[정답풀이] 하위계층 소년들의 비행원인을 지위좌절, 반항형성, 비행하위문화의 출현 등과 같은 새로운 개념들로 설명하여, 학교 등에서 비행적 폭력조직을 형성하는 이유를 비교적 잘 설명하고 있다. 중산층 또는 상류계층 청소년의 비행이나 범죄를 잘 설명하지 못한다.

제 08 회

Answer

01	③	02	②	03	④	04	②	05	①
06	③	07	④	08	④	09	②	10	④
11	③	12	④	13	③	14	②	15	④
16	②	17	②	18	④	19	④	20	②

01
정답 ③

☑정답풀이 성매매, 도박, 마약매매와 같은 피해자가 없거나 피해자와 가해자의 구별이 어려운 범죄에 대해 고소·고발은 거의 기대할 수 없다. 이처럼 실제로 범죄가 발생하였으나 고소·고발 등 신고가 이루어지지 않아 수사기관이 인지하지 못한 범죄는 절대적 암수범죄가 된다. 상대적 암수범죄는 수사기관에 인지는 되었으나 해결되지 않은 범죄로 수사기관과 법원과 같은 법집행기관의 자의 또는 재량 때문에 발생하는 암수범죄이다. 즉 경찰, 검찰, 법관 등이 범죄의 혐의가 명백히 존재함에도 개인적인 편견이나 가치관에 따라 범죄자에 대하여 차별적인 취급을 함으로써 상대적 암수범죄가 발생한다.

☑선지풀이 ① 암수범죄는 실제로 범죄가 발생하였으나 수사기관에 인지되지 않았거나, 인지되기는 하였으나 해명(해결)되지 않아 공식적인 범죄통계에 나타나지 않는 범죄를 말한다.
② 일탈자에 대한 사회의 반응으로 인한 암수의 문제점을 지적하고 자기보고나 참여적 관찰에 의한 보충을 요구하였다.
④ 피해자조사는 암수범죄의 조사방법으로 가장 많이 활용되는 것으로 실제 범죄의 피해자로 하여금 범죄의 피해경험을 보고하게 하는 방법이다.

02
정답 ②

☑정답풀이 범죄행위 학습의 주요 부분은 친밀한 집단 내에서 이루어진다(제3명제). 범죄행위의 학습은 의사소통을 나누는 대상이 중요하며, 그 대상은 친밀한 집단이다. 친밀한 집단은 일상적인 삶을 함께하는 부모, 형제자매, 친구, 친척, 지역주민 등 자주 접하는 사람들을 의미한다. 결국 범죄행위의 학습은 일상적으로 가까이 지내고 있는 사람들과의 의사소통을 통해 학습되는 것이다.

☑선지풀이 ① 범죄행위는 의사소통과정에 있는 다른 사람과의 상호작용에서 학습된다(제2명제).
③ 법률위반에 대한 호의적인 규정이 법률위반에 대한 비호의적인 규정을 초과하기 때문에 사람이 일탈자 또는 범죄자가 된다(제6명제).
④ 차별적 접촉은 교제의 빈도, 기간, 우선순위, 강도에 있어 다양할 수 있다(제7명제).

03
정답 ④

☑정답풀이 잠재적 특질이론은 범죄행동이 출생 또는 그 직후에 나타나고, 평생을 통해서 변화하지 않는 주요한 특질에 의해 통제되기 때문에 인간은 변하지 않고 기회가 변할 뿐이라는 관점을 취한다.

☑선지풀이 ① 모핏(Moffitt)은 범죄자를 청소년한정형 범죄자와 인생지속형 범죄자로 분류하고, 청소년한정형 범죄자보다 인생지속형 범죄자가 정신건강상의 문제를 더 많이 가지고 있다고 하였다.
② 글룩(Glueck)부부의 생애과정이론은 범죄성의 지속요인을 경험적으로 측정하기 위해 비행경력자들을 대상으로 이루어진 일련의 종단연구였다. 실증적 연구를 통하여 많은 인간적 요인과 사회적 요인들이 지속적인 범죄성과 관련이 있다는 사실을 확인했는데 그중에서 가장 중요한 요인은 가족관계였다. 사회적 변수의 영향에만 한정하지 않고, 체형, 지능 그리고 성격 같은 심리적·생물학적 특질요인들을 포함시켰다. 반사회적 아이들은 성인이 되어 가해경력을 지속할 가능성이 크다.
③ 다양한 사회적·개인적 그리고 경제적 요인들은 범죄성에 영향을 주며, 이러한 요인들은 시간이 흐름에 따라서 변화하고 범죄성도 역시 변화한다. 생애의 성장 전환점마다 사회적 상호작용의 성질은 변화하기 때문에, 사람의 행동은 바뀌게 된다.

04
정답 ②

☑정답풀이 20일 이내의 기간 동안 지정된 실 안에서 근신하게 하는 처분은 14세 미만의 보호소년 등에게는 부과하지 못한다(보호소년 등의 처우에 관한 법률 제15조 제3항).

☑선지풀이 ① 동법 제8조 제3항
③ 동법 제9조 제1항·제5항
④ 동법 제46조 제1항

05
정답 ①

☑정답풀이 동법 제30조 제3호·소년법 제66조.

☑선지풀이 ② 형의 선고를 유예하는 경우에 재범방지를 위하여 지도 및 원호가 필요한 때에는 보호관찰을 받을 것을 명할 수 있으며(형법 제59조의2 제1항), 이 경우 보호관찰의 기간은 1년으로 한다(동법 제59조의2 제2항).
③ 판결 전 조사 요구를 받은 보호관찰소의 장은 지체 없이 이를 조사하여 서면으로 해당 법원에 알려야 한다. 이 경우 필요하다고 인정하면 피고인이나 그 밖의 관계인을 소환하여 심문하거나 소속 보호관찰관에게 필요한 사항을 조사하게 할 수 있다(동법 제19조 제2항).
④ 검사는 조건부 기소유예처분(소년법 제49조의3)을 할 수 있으나 보호관찰을 명할 수 없고, 보호관찰 처분은 소년부 판사가 한다(동법 제32조 제1항).

06 정답 ③

정답풀이 치료감호 등에 관한 법률 제4조 제5항

선지풀이 ① 피치료감호자에 대한 치료감호가 가종료되었을 때에 보호관찰이 시작된다(동법 제32조 제1항).
② 치료감호와 형이 병과된 경우에는 치료감호를 먼저 집행한다(동법 제18조).
④ 피해자의 명시적인 의사에 반하여 논할 수 없는 죄에서 피해자가 처벌을 원하지 아니한다는 의사표시를 하거나 처벌을 원한다는 의사표시를 철회한 경우에 검사는 공소를 제기하지 아니하고 치료감호만을 청구할 수 있다(동법 제7조 제2호).

07 정답 ④

정답풀이 인간의 자유의지를 중시한 고전학파(고전주의)는 비결정론적 입장이며, 인간을 자유의지를 가진 합리적 · 이성적 존재로 본다. 또한 범죄원인에는 관심이 없었고, 법과 형벌제도의 개혁에 관심을 가졌다.

선지풀이 ① 형법전이나 금지행위에 대한 처벌체계가 구성되어야 한다고 주장한다. 특히 베카리아(Beccaria)는 형벌은 성문의 법률에 의해 규정되어야 하고, 법조문은 누구나 알 수 있게 쉬운 말로 작성되어야 한다고 주장하였다.
② 고전학파는 범죄결과(범죄사실)에 대해 그에 상응한 형벌을 부과할 것을 중시하였고 인간의 주관적 의사는 고려하지 않았다.
③ 베카리아(Beccaria)는 범죄예방(억제)을 위해서는 형벌의 확실성, 신속성, 엄중성이 필요하다고 주장하였으나 이에 대한 실증적 연구는 1960년대 현대적 고전주의가 다시 등장하면서 발전하게 되었다.

08 정답 ④

선지풀이 ① 구조적 선택모형은 범죄기회구조와 표적선택을 통합한 이론모형으로서 미테(Mieth)와 메이어(Meier)가 생활양식 · 노출이론과 일상활동이론을 통합하여 범죄발생의 네 가지 요인(범죄근접성, 범죄노출성, 표적의 매력성, 보호능력)을 범행기회와 대상의 선택이라는 두 가지 관점으로 압축한다.
② 클라크(Clarke)와 코니쉬(Cornish)의 표적선택과정이론은 범행대상을 선정하여 범행을 실행하기까지는 범죄자가 의사결정을 통하여 선택한다는 이론이다.
③ 휴(Hough)의 선정모형은 동기부여된 범죄자에게 쉽게 노출되고(근접성), 범행대상으로서 잠재적 수확가능성이 있으며(보상), 접근 또한 용이하여 범행대상으로 매력이 있을 뿐만 아니라 충분한 방어수단이 갖추어져 있지 않으면(보호성 부재) 범행대상으로 선정될 위험성이 높다고 본다.

Tip 범죄대체효과와 무임승차효과(토마스 가보. Thomas Gabor)

㉠ 피해자이론이 주로 개인적 원인을 통한 분석이라면, 가보(Gabor)는 특정지역의 보호 · 보안수준의 차이는 지역적 · 집단적 측면에서 범죄발생에 영향을 줄 수 있다고 한다.
㉡ 범죄대체효과란 특정지역의 범죄를 예방하기 위하여 사전조치가 철저하게 이루어지고 있다면 이로 인하여 범죄의 보안수준이나 보호수준이 낮은 지역으로 옮겨가는 효과를 말한다.
㉢ 무임승차효과란 그 지역에 거주하는 특정인이 개인적인 일상활동이나 생활양식상 범죄의 위험성이 높다할지라도 그 지역이 보안수준이나 보호수준이 높아 범죄피해의 위험성이 줄어드는 효과를 말한다.

09 정답 ②

정답풀이 교정법인의 대표자는 그 교정법인이 운영하는 민영교도소 등의 장을 겸할 수 없고, 이사는 감사나 해당 교정법인이 운영하는 민영교도소 등의 직원(민영교도소 등의 장은 제외한다)을 겸할 수 없으며, 감사는 교정법인의 대표자 · 이사 또는 직원(그 교정법인이 운영하는 민영교도소 등의 직원을 포함한다)을 겸할 수 없다(민영교도소 등의 설치 · 운영에 관한 법률 제13조).

선지풀이 ① 동법 제3조 제1항
③ 동법 제6조 제1항
④ 동법 제33조 제1항

10 정답 ④

정답풀이 소장은 다음의 요건을 갖춘 수형자가 독학에 의한 학사학위 취득과정(학사고시반 교육)을 신청하는 경우에는 교육대상자로 선발할 수 있다(형집행법 시행규칙 제110조 제2항).

1. 고등학교 졸업 또는 이와 동등한 수준 이상의 학력이 인정될 것
2. 교육개시일을 기준으로 형기의 3분의 1(21년 이상의 유기형 또는 무기형의 경우에는 7년)이 지났을 것
3. 집행할 형기가 2년 이상일 것

11 정답 ③

정답풀이 소장은 석방될 수형자의 재범방지, 자립지원 및 피해자 보호를 위하여 필요하다고 인정하면 해당 수형자의 수용이력 또는 사회복귀에 관한 의견을 그의 거주지를 관할하는 경찰관서나 자립을 지원할 법인 또는 개인에게 통보할 수 있다. 다만, 법인 또는 개인에게 통보하는 경우에는 해당 수형자의 동의를 받아야 한다(형집행법 제126조의2 제1항).
⇨ 경찰관서에 통보할 때에는 해당 수형자의 동의를 받지 않아도 된다.

선지풀이 ① 동법 시행령 제142조
② 동법 제125조
④ 동법 시행령 제143조 제1항

12 정답 ④

정답풀이 형집행법 시행규칙 제268조 제1항

선지풀이 ① 수용자의 관리 · 교정교화 등 사무에 관한 지방교정청장의 자문에 응하기 위하여 지방교정청에 교정자문위원회를 둔다(동법 제129조 제1항).
② 위원회는 10명 이상 15명 이하의 위원으로 성별을 고려하여 구성하고, 위원장은 위원 중에서 호선하며, 위원은 교정에 관한 학식과 경험이 풍부한 외부인사 중에서 지방교정청장의 추천을 받아 법무부장관이 위촉한다(동법 제129조 제2항).
③ 위원장이 부득이한 사유로 직무를 수행할 수 없을 때에는 부위원장이 그 직무를 대행하고, 부위원장도 부득이한 사유로 직무를 수행할 수 없을 때에는 위원장이 미리 지명한 위원이 그 직무를 대행한다(동법 시행규칙 제267조 제2항).

제 09 회

13

정답 ③

☑정답풀이 백제는 삼국 중에서 행형제도가 가장 발달하였으며, 국가공권력에 의한 행형을 중시하였으나 고구려와 마찬가지로 응보적 수준의 행형이 주류였다. 6좌평 중 조정좌평은 중앙의 형옥과 법무를 관장하였으며, 지방은 행정권을 가진 기관의 장이 행형을 관장하였다.

14

정답 ②

☑정답풀이 중심인은 교도관의 의견, 태도, 신념을 취하는 재소자로 이들은 선처를 얻기 위해 권력을 가진 교도관들에게 아첨하는 것으로 알려져 있다. 생쥐(rats)는 약삭빠른, 얌체, 교도관과 내통하면서 동료를 배신하는 유형, 재소자들 간의 융화를 거부함으로써 재소자사회 전체를 배신하는 재소자이다.

☑선지풀이 ① 어리석은 파괴자에 대한 설명이다.
③ 프랭크 쉬멜레걸의 수형자의 역할 유형 중 은둔자에 대한 설명이다.
④ 생쥐에 대한 설명이다.

15

정답 ④

☑정답풀이 형집행법 시행령 제116조

☑선지풀이 ① 수용자의 신체를 검사하는 경우에는 불필요한 고통이나 수치심을 느끼지 아니하도록 유의하여야 하며, 특히 신체를 면밀하게 검사할 필요가 있으면 다른 수용자가 볼 수 없는 차단된 장소에서 하여야 한다(동법 제93조 제2항).
② 소장은 교도관에게 수용자의 거실, 작업장, 그 밖에 수용자가 생활하는 장소를 정기적으로 검사하게 하여야 한다. 다만, 금지물품을 숨기고 있다고 의심되는 수용자와 마약류사범·조직폭력사범 등 법무부령으로 정하는 수용자의 거실 등은 수시로 검사하게 할 수 있다(동법 시행령 제112조).
③ 소장은 교도관에게 작업장이나 실외에서 수용자거실로 돌아오는 수용자의 신체·의류 및 휴대품을 검사하게 하여야 한다. 다만, 교정성적 등을 고려하여 그 검사가 필요하지 아니하다고 인정되는 경우에는 예외로 할 수 있다(동법 시행령 제113조).

16

정답 ②

☑정답풀이 보호침대나 보호복은 자살·자해의 우려가 큰 때에만 사용할 수 있으나(형집행법 제98조 제2항 제4호), 보호의자는 '자살·자해의 우려가 큰 때', '도주 또는 다른 사람에 대한 위해의 우려가 큰 때'에도 사용할 수 있다(형집행법 제98조 제2항 제3호).

☑선지풀이 ① 동법 제98조 제2항 제1호
③ 동법 제98조 제2항 제2호
④ 동법 제98조 제2항 제4호

17

정답 ②

☑정답풀이 소장은 응급용무의 보조를 위하여 교정성적이 우수한 수형자를 선정하여 필요한 훈련을 시킬 수 있다(형집행법 시행령 제127조 제1항).

☑선지풀이 ① 동법 제102조 제1항
③ 동법 제102조 제2항·제3항
④ 동법 제102조 제4항

18

정답 ④

☑정답풀이 형집행법 제124조 제1항

☑선지풀이 ① 가석방의 기간은 무기형에 있어서는 10년으로 하고, 유기형에 있어서는 남은 형기로 하되, 그 기간은 10년을 초과할 수 없다(형법 제73조의2 제1항).
② 소장은 가석방이 허가되지 아니한 수형자에 대하여 그 후에 가석방을 허가하는 것이 적당하다고 인정하는 경우에는 다시 가석방 적격심사 신청을 할 수 있다(형집행법 시행규칙 제251조).
③ 가석방의 처분을 받은 후 그 처분이 실효 또는 취소되지 아니하고 가석방기간을 경과한 때에는 형의 집행을 종료한 것으로 본다(형법 제76조 제1항).

19

정답 ④

☑정답풀이 옳은 것은 ㉡, ㉣, ㉥이다.

☑선지풀이 ㉠ 장애인수형자 전담교정시설의 장은 장애인의 재활에 관한 전문적인 지식을 가진 의료진과 장비를 갖추도록 노력하여야 한다(형집행법 시행규칙 제52조).
㉡ 동법 시행규칙 제44조 제2항
㉢ 외국인 미결수용자에게 소송 진행에 필요한 법률지식을 제공하는 등의 조력을 하여야 한다(동법 시행규칙 제56조 제2항).
㉣ 동법 시행규칙 제58조 제1항
㉤ 소년수형자 전담교정시설이 아닌 교정시설에서는 소년수용자를 수용하기 위하여 별도의 거실을 지정하여 운용할 수 있다(동법 시행규칙 제59조의3 제1항).
㉥ 동법 시행규칙 제59조의2 제2항

20

정답 ②

☑정답풀이 소장은 외부통근자가 법령에 위반되는 행위를 하거나 법무부장관 또는 소장이 정하는 지켜야 할 사항을 위반한 경우에는 외부통근자 선정을 취소할 수 있다(형집행법 시행규칙 제121조).

☑선지풀이 ① 동법 시행규칙 제120조 제1항 제1호
③ 동법 시행규칙 제122조
④ 동법 시행규칙 제120조 제3항

Answer

01	③	02	④	03	②	04	②	05	①
06	④	07	③	08	③	09	④	10	①
11	②	12	①	13	①	14	③	15	②
16	③	17	④	18	②	19	②	20	①

01

정답 ③

☑ 정답풀이 사이크스(Sykes)와 맛차(Matza)는 중화이론에서 비행을 해서는 안 된다고 생각하면서도 순간적으로 표류하여 비행을 하게 될 때 비행 전에 자신의 비행행위를 정당화하고 중화하는 것이 비행의 원인이라고 보았다. 비행소년들이 범죄자와 접촉하는 과정에서 전통의 규범을 중화시키는 기술을 습득하게 된다고 한다. 즉 범죄는 사회적으로 용인된 기술을 학습하여 얻은 자기합리화의 결과이다.

02

정답 ④

☑ 정답풀이 퀴니(Quinney)는 범죄발생은 개인의 소질이 아니라 자본주의의 모순으로 인해 자연적으로 발생하는 사회현상이라고 보고, 자본가 계층의 억압적 전술로부터 살아남기 위한 노동자 계급(피지배 집단)의 범죄를 적응(화해)범죄와 대항(저항)범죄로 구분하였다. 적응범죄의 예로 절도, 강도, 마약거래 등과 같은 경제적 약탈범죄와 살인, 폭행, 강간 등 같은 계층에 대해 범해지는 대인범죄를 들고 있으며, 대항범죄의 예로 시위, 파업 등을 들고 있다.

☑ 선지풀이 ① 비판범죄학자(갈등론자)들은 사회의 다양한 집단들 중에서 자신들의 정치적·경제적 힘을 주장할 수 있는 집단이 자신들의 이익과 기득권을 보호하기 위한 수단으로 만들어 낸 것이 법이라고 인식한다. 상층범죄에 관심을 집중한 나머지 범죄의 주된 희생자인 하층계급의 보호에 충분한 배려가 없다.
② 터크(Turk)의 권력갈등이론은 다른 갈등이론과 달리 법제도 자체보다는 법이 집행되는 과정에서 특정집단의 구성원이 범죄자로 규정되는 과정을 중시하였는데, 법집행기관이 자신들의 이익을 위해 차별적 법집행을 한다고 보았으며, 이를 '범죄화(criminalization)'라고 규정하였다.
③ 볼드(Vold)의 집단갈등이론은 법의 제정, 위반 및 법집행의 전 과정은 집단이익의 갈등이나 국가의 권력을 이용하고자 하는 집단 간 투쟁의 결과이다. 특히 법 제정을 권력집단의 협상의 결과로 보고 범죄를 개인적 법률위반이 아니라 비권력 소수계층의 집단투쟁으로 이해한다. 집단 간의 이익갈등이 가장 첨예한 상태로 대립하는 영역은 입법정책 부분이며, 노조파업과 같은 일시적 갈등 및 소수집단이 그들의 지위를 쉽게 바꿀 수 있는 양심적 반대자 그리고 나이가 들면서 자연히 지위가 변할 수 있는 비행청소년처럼 소멸될 수 있는 갈등을 이해하는 데 유용하다.

03

정답 ②

☑ 정답풀이 범죄를 특정 개인 또는 지역사회에 대한 침해행위로 이해하며 중재나 협상, 합의 등을 통해 피해자 회복과 가해자 교화개선 등에 그 목표를 둔다.

☑ 선지풀이 ① 회복적 사법은 중재자의 도움으로 범죄로 인한 피해자와 가해자, 그 밖의 관련자 및 지역공동체가 함께 범죄로 인한 문제를 치유하고 해결하는 데에 적극적으로 참여하는 절차를 의미한다.
③ 피해자와 가해자의 화해모델은 1970년대 캐나다 온타리오에서 보호관찰에 토대를 둔 유죄판결 후 형선고의 대안으로 시작하여 피해자와 가해자 대부분 절차와 결과에 만족한다.
④ 브레이스웨이트(Braithwaite)의 재통합적 수치이론(Reintegrative Shaming Theory)은 낙인이론, 하위문화이론, 기회이론, 통제이론, 차별적 접촉이론, 사회학습이론을 통합하였다. 사회가 범죄를 감소시키기 위해서는 좀 더 효과성 있게 수치심부여를 하여야 한다고 주장하고, 이를 재통합과 거부로 나누었다. 재통합적 수치심부여는 범죄자를 사회와 결속시키기 위한 고도의 낙인을 주는 것이고, 거부적 수치심부여는 범죄자에게 명백한 낙인을 찍어 높은 수치심을 주는 것으로 전자는 범죄율이 보다 낮은 반면, 후자는 범죄율이 더 높은 결과가 초래된다고 하였다.

04

정답 ②

☑ 정답풀이 범죄피해자 보호법 제42조 제1항

☑ 선지풀이 ①, ④ 형사조정에 회부할 수 있는 형사사건의 구체적인 범위는 대통령령으로 정한다. 다만, 다음 각 호의 어느 하나[1. 피의자가 도주하거나 증거를 인멸할 염려가 있는 경우, 2. 공소시효의 완성이 임박한 경우, 3. 불기소처분의 사유에 해당함이 명백한 경우(다만, 기소유예처분의 사유에 해당하는 경우는 제외)]에 해당하는 경우에는 형사조정에 회부하여서는 아니 된다(동법 제41조 제2항).
③ 형사조정위원회는 필요하다고 인정하면 형사조정의 결과에 이해관계가 있는 사람의 신청 또는 직권으로 이해관계인을 형사조정에 참여하게 할 수 있다(동법 제43조 제3항).

05

정답 ①

☑ 선지풀이 ①, ② 일원주의는 형벌의 본질이 사회방위, 교화개선에 있다고 보며, 형벌과 보안처분은 모두 사회방위 처분이므로 양자는 본질직 차이가 없다고 본다. 일원주의는 책임주의와 상충한다고 할 수 있다. 이원주의는 형벌의 본질이 응보에 있다고 보는 입장에서 형법과 보안처분은 각기 그 성격을 달리한다. 형벌은 책임을 한계로, 보안처분은 책임 이외에 행위자의 장래의 위험성을 근거로 과해지는 처분이라는 것이 이원주의의 기본사상이다.
그러나 어느 주의를 취하든 보안처분은 책임에 상응한 처벌이 아니라 범죄자의 재범위험성에 대한 판단을 기초로 한다.
③ 보안처분은 이미 저질러진 범죄사실과는 관계없이 또는 그것과는 별도로 장래의 범죄위험성에 대응해서 전망적인 예방조치로 과해지는 것이므로, 그 성질은 전망성, 범죄위험 대응성, 특별예방, 제2차적 목적성으로 정리할 수 있다.
④ 대체주의는 형사정책상 형벌과 보안처분에 별 차이가 없다는 점과 이중적 처벌의 폐단이 있는 이원주의를 배제할 수 있다는 것에 근거하여 형벌은 책임의 정도에 따라 선고하되 그 집행단계에서 보안처분에 의해 대체하거나 보안처분의 집행이 종료된 후에 집행하는 주의이다. 이와 관련하여 볼 때 일원론자들은 형벌과 보안처분 양자의 대체성을 인정하고, 이원론자들은 부정한다.

117

06
정답 ④

✅정답풀이 보호관찰을 조건으로 한 형의 선고유예의 실효 및 집행유예의 취소는 법원에서 한다.

Tip 보호관찰 심사위원회의 심사·결정사항(보호관찰 등에 관한 법률 제6조)

> 1. (소년수형자에 대한)가석방과 (보호관찰을 받는 성인·소년 가석방 대상자의)그 취소에 관한 사항
> 2. 임시퇴원, 임시퇴원의 취소 및 보호소년의 퇴원에 관한 사항
> 3. 보호관찰의 임시해제와 그 취소에 관한 사항
> 4. 보호관찰의 정지와 그 취소에 관한 사항
> 5. 가석방 중인 사람의 부정기형의 종료에 관한 사항
> 6. 이 법 또는 다른 법령에서 심사위원회의 관장 사무로 규정된 사항
> 7. 제1호부터 제6호까지의 사항과 관련된 사항으로서 위원장이 회의에 부치는 사항

07
정답 ③

✅정답풀이 형집행법 제86조 제2항·제70조 제1항

✅선지풀이 ① 수형자는 자신에게 부과된 작업과 그 밖의 노역을 수행하여야 할 의무가 있다(동법 제66조).
② 소장은 금고형 또는 구류형의 집행 중에 있는 사람에 대하여는 신청에 따라 작업을 부과할 수 있다(동법 제67조).
④ 공휴일·토요일과 대통령령으로 정하는 휴일에는 작업을 부과하지 아니한다. 다만, ㉠ 취사·청소·간병 등 교정시설의 운영과 관리에 필요한 작업을 하는 경우, ㉡ 작업장의 운영을 위하여 불가피한 경우, ㉢ 공공의 안전이나 공공의 이익을 위하여 긴급히 필요한 경우, ㉣ 수형자가 신청하는 경우에는 작업을 부과할 수 있다(동법 제71조 제5항).

08
정답 ③

✅정답풀이 특별회계의 결산상 잉여금은 다음 연도의 세입에 이입한다(교도작업의 운영 및 특별회계에 관한 법률 제11조의2).

✅선지풀이 ① 교도작업으로 생산된 제품은 민간기업 등에 직접 판매하거나 위탁하여 판매할 수 있다(동법 제7조).
② 동법 제10조
④ 동법 시행규칙 제9조 제2항

09
정답 ④

✅정답풀이 특별귀휴는 경비처우급에 따른 제한이 없다.

✅선지풀이 ① 일반귀휴와 특별귀휴의 기간은 형 집행기간에 포함한다(형집행법 제77조 제4항).
② 일반귀휴의 기간(1년 중 20일 이내)에는 특별귀휴 기간(5일 이내)이 포함되지 않는다.
③ 소장은 토요일, 공휴일, 그 밖에 위원회의 소집이 매우 곤란한 때에 수형자의 가족 또는 배우자의 직계존속이 사망하여 특별귀휴의 사유가 발생한 경우에는 귀휴심사위원회의 심사를 거치지 아니하고 귀휴를 허가할 수 있다(동법 시행규칙 제129조 제2항). 다만, 이 경우 수용관리를 담당하고 있는 부서·귀휴업무를 담당하고 있는 부서의 장의 의견을 들어야 한다(동법 시행규칙 제134조 제1항).

10
정답 ①

✅선지풀이 ①, ② 소장은 「형법」제72조 제1항의 기간(무기형은 20년, 유기형은 형기의 3분의 1)을 경과한 수형자로서 교정성적이 우수하고 뉘우치는 빛이 뚜렷하여 재범의 위험성이 없다고 인정하는 경우에는 분류처우위원회의 의결을 거쳐 가석방 적격심사신청 대상자를 선정한다(형집행법 시행규칙 제245조 제1항).
③ 동법 시행규칙 제250조 제3항
④ 동법 시행규칙 제251조

11
정답 ②

✅선지풀이 ① 동법 제14조 제3항
③ 동법 제17조
④ 동법 제18조

Tip 회계의 구분(민영교도소 등의 설치·운영에 관한 법률 제15조)

교정법인회계	민영교도소 등의 설치·운영에 관한 회계	교도작업회계
		일반회계
	법인의 일반업무에 관한 회계	일반업무회계
		수익사업회계

12
정답 ①

✅정답풀이 소장은 신입자거실에 수용된 사람에게는 작업을 부과해서는 아니 된다(형집행법 시행령 제18조 제2항).

✅선지풀이 ② 소장은 19세 미만의 신입자 그 밖에 특히 필요하다고 인정하는 수용자에 대하여는 신입자거실의 수용기간을 30일까지 연장할 수 있다(동법 시행령 제18조 제3항).
③ 신입자의 건강진단은 수용된 날부터 3일 이내에 하여야 한다. 다만, 휴무일이 연속되는 등 부득이한 사정이 있는 경우에는 예외로 한다(동법 시행령 제15조).
④ 소장은 신입자 또는 이입자를 수용한 날부터 3일 이내에 수용기록부, 수용자명부 및 형기종료부를 작성·정비하고 필요한 사항을 기록하여야 한다(동법 시행령 제19조).

13
정답 ①

✅정답풀이 소장은 수용자가 매일(공휴일 및 법무부장관이 정하는 날은 제외) 「국가공무원 복무규정」에 따른 근무시간 내에서 1시간 이내의 실외운동을 할 수 있도록 하여야 한다. 다만, 다음의 어느 하나[1. 작업의 특성상 실외운동이 필요 없다고 인정되는 때, 2. 질병 등으로 실외운동이 수용자의 건강에 해롭다고 인정되는 때, 3. 우천, 수사, 재판, 그 밖의 부득이한 사정으로 실외운동을 하기 어려운 때]에 해당하면 실외운동을 실시하지 아니할 수 있다(형집행법 시행령 제49조).

14　정답 ③

정답풀이 소장은 소년수형자 등의 나이 · 적성 등을 고려하여 필요하다고 인정하면 접견 횟수를 늘릴 수 있다(형집행법 시행규칙 제59조의4).

선지풀이 ① 동법 시행령 제59조 제2항 제1호
② 동법 시행령 제59조 제2항 제3호
④ 동법 시행령 제110조

15　정답 ②

정답풀이 소장은 조직폭력수용자에게 거실 및 작업장 등의 봉사원, 반장, 조장, 분임장, 그 밖에 수용자를 대표하는 직책을 부여해서는 아니 된다(형집행법 시행규칙 제200조).

선지풀이 ① 소장은 조직폭력수용자가 다른 사람과 접견할 때에는 외부 폭력조직과의 연계가능성이 높은 점 등을 고려하여 접촉차단시설이 있는 장소에서 하게 하여야 하며, 귀휴나 그 밖의 특별한 이익이 되는 처우를 결정하는 경우에는 해당 처우의 허용 요건에 관한 규정을 엄격히 적용하여야 한다(동법 시행규칙 제202조).
③ 소장은 조직폭력수형자가 작업장 등에서 다른 수형자와 음성적으로 세력을 형성하는 등 집단화할 우려가 있다고 인정하는 경우에는 법무부장관에게 해당 조직폭력수형자의 이송을 지체 없이 신청하여야 한다(동법 시행규칙 제201조).
④ 동법 시행규칙 제203조

16　정답 ③

정답풀이 소장은 의무관 또는 의료관계 직원으로부터 보호장비의 사용 중지의견을 보고받았음에도 불구하고 해당 수용자에 대하여 보호장비를 계속하여 사용할 필요가 있는 경우에는 의무관 또는 의료관계 직원에게 건강유지에 필요한 조치를 취할 것을 명하고 보호장비를 사용할 수 있다. 이 경우 소장은 보호장비 사용 심사부에 보호장비를 계속 사용할 필요가 있다고 판단하는 근거를 기록하여야 한다(형집행법 시행규칙 제183조 제2항).

선지풀이 ① 동법 시행규칙 제184조 제2항
② 동법 시행규칙 제183조 제1항
④ 교도관은 보호장비 사용 사유가 소멸한 경우에는 소장의 허가를 받아 지체 없이 보호장비 사용을 중단하여야 한다. 다만, 소장의 허가를 받을 시간적 여유가 없을 때에는 보호장비 사용을 중단한 후 지체 없이 소장의 승인을 받아야 한다(동법 시행규칙 제184조 제1항).

17　정답 ④

정답풀이 수용자의 진정실 수용기간은 24시간 이내로 한다. 다만, 소장은 특히 계속하여 수용할 필요가 있으면 의무관의 의견을 고려하여 1회당 12시간의 범위에서 기간을 연장할 수 있으며, 수용자를 진정실에 수용할 수 있는 기간은 계속하여 3일을 초과할 수 없다(형집행법 제96조 제2항 · 제3항).

선지풀이 ① 소장은 수용자가 다음 각 호[1. 자살 또는 자해의 우려가 있는 때, 2. 신체적 · 정신적 질병으로 인하여 특별한 보호가 필요한 때]에 해당하는 때에는 의무관의 의견을 고려하여 보호실에 수용할 수 있다(동법 제95조 제1항).
② 수용자의 보호실 수용기간은 15일 이내로 한다. 다만, 소장은 특히 계속하여 수용할 필요가 있으면 의무관의 의견을 고려하여 1회당 7일의 범위에서 기간을 연장할 수 있으며, 수용자를 보호실에 수용할 수 있는 기간은 계속하여 3개월을 초과할 수 없다(동법 제95조 제2항 · 제3항).
③ 진정실 수용은 수용자가 진정실 수용사유가 있는 경우로서 강제력을 행사하거나 보호장비를 사용하여도 그 목적을 달성할 수 없는 경우에만 수용할 수 있다(동법 제96조 제1항).

18　정답 ②

정답풀이 지방교정청장은 교정시설의 안전과 질서유지를 위하여 긴급하게 이송할 필요가 있다고 인정되는 때에는 관할 내 다른 교정시설로의 수용자 이송을 승인할 수 있다(형집행법 시행령 제22조).

선지풀이 ① 동법 제20조 제1항
③ 동법 시행령 제24조
④ 동법 시행령 제23조

19　정답 ②

정답풀이 청원에 관한 결정은 문서로 하여야 한다(형집행법 제117조 제5항).

선지풀이 ① 동법 제117조 제3항
③ 동법 시행령 제130조 제4항
④ 동법 시행령 제139조 제3항

20　정답 ①

정답풀이 소장은 사형확정자의 자살 · 도주 등의 사고를 방지하기 위하여 필요한 경우에는 사형확정자와 미결수용자를 혼거수용할 수 있고, 사형확정자의 교육 · 교화프로그램, 작업 등의 적절한 처우를 위하여 필요한 경우에는 사형확정자와 수형자를 혼거 수용할 수 있다(형집행법 제89조 제1항 단서).

선지풀이 ② 동법 시행규칙 제156조
③ 동법 시행규칙 제150조 제2항
④ 동법 시행규칙 제152조

Answer

01	③	02	④	03	①	04	④	05	①
06	①	07	③	08	②	09	①	10	①
11	①	12	③	13	④	14	④	15	③
16	④	17	②	18	②	19	①	20	②

01

정답 ③

정답풀이 특별억제를 말한다. 억제이론은 인간은 합리적으로 즐거움과 고통, 이익과 비용을 계산할 줄 아는 이성적 존재이기 때문에 범죄의 비용이 높을수록 범죄수준은 낮아질 것이라는 가정, 즉 처벌을 강화하면 두려움과 공포로 인하여 사람들의 범죄동기가 억제되고 범죄는 줄어들 것이라는 가정에 기초한 이론이다. 특별억제는 강력한 처벌에 의해 경력 범죄자들, 즉 전과자들이 범죄를 되풀이하지 못하도록 대책을 강구하는 것을 목적으로 한다. 범죄의 종류나 범죄인의 특성에 따라서 차별화되어야 한다

02

정답 ④

정답풀이 쥬크(Juke)가(家)와 칼리카크(Kallikak)가(家)에 대한 가계도 연구는 범죄자 집안의 선대 사람들의 범죄 경력을 조사하여 범죄성의 유전을 입증한 연구이다.

선지풀이 ① 셸던은 사람의 신체유형은 태아가 형성될 때에 기본적인 3개의 세포막, 즉 내배엽, 중배엽, 외배엽이 어떻게 구성되는가에 의해 구별할 수 있다고 보고, ㉠ 내배엽은 이후 성장하여 소화기관이 되고, ㉡ 중배엽은 뼈나 근육 그리고 운동근육이나 힘줄이 되며, ㉢ 외배엽은 신경체계의 연결세포나 피부 또는 관련조직으로 분화·발전되므로 태아형성시 배엽구성의 형태에 따라 각자의 신체유형을 알 수 있다고 보았다.

② 고링(Goring)은 범죄란 신체적 변이형태와 관계된 것이 아니라 유전에 의해 전수되는 것이며, 각자가 처해있는 사회적 환경이나 자연적 환경의 결과가 아니라고 주장하여 롬브로조의 이론에 반론을 제기한 사람이다.

③ 보통의 남성보다 공격성이 더 강한 것으로 알려져 있는 초남성(supermale)이란 XYY의 성염색체를 가진 남성을 말한다.

03

정답 ①

정답풀이 ㉠ 비난자에 대한 비난, ㉡ 피해자의 부정이다.

㉠ 자신을 비난하는 사람, 즉 경찰·기성세대·부모·선생님 등이 더 나쁜 사람이면서 소년 자신의 작은 잘못을 비난하는 것은 모순이라는 식으로 합리화해 가는 것을 말한다. 따라서 '비난자에 대한 비난'에 해당한다.

㉡ 자신의 행위가 피해를 유발한 것은 인정하지만 그 피해는 당해야 마땅한 사람에 대한 일종의 정의로운 응징이라고 주장하거나(도덕적 복수자) 또는 피해를 본 사람이 노출되지 않은 경우에 피해자의 권리를 무시함으로써 중화시키는 것을 말한다. 따라서 '피해자의 부정'에 해당한다.

04

정답 ④

정답풀이 범죄자의 개선뿐만 아니라 그가 돌아가야 할 환경의 변화 또한 중요하다고 보고, 범죄문제의 근본적 해결을 위해서는 범죄자 스스로의 행동 변화는 물론 범죄를 유발했던 지역사회도 변화되어야 한다는 입장이다. 범죄자의 주체성과 자율성을 인정하면서 범죄자의 동의와 참여하에 처우프로그램을 결정하고 시행하게 되며, 범죄자를 처우의 객체가 아니라 처우의 주체로 보므로 처우행형과 범죄자의 법적 지위확립은 조화를 이루게 된다.

05

정답 ①

정답풀이 성인수형자에 대한 가석방 적격 심사는 가석방심사위원회가 한다(형집행법 제119조).

보호관찰심사위원회는 징역 또는 금고의 형을 선고받은 소년(소년수형자)에 대한 가석방과 (보호관찰을 받는 성인·소년 가석방 대상자의)그 취소에 관한 사항을 심사·결정한다(보호관찰 등에 관한 법률 제6조·제23조).

06

정답 ①

Tip 성폭력범죄자에 대한 부착명령 청구(전자장치 부착 등에 관한 법률 제5조 제1항)

검사는 다음의 어느 하나에 해당하고, 성폭력범죄를 다시 범할 위험성이 있다고 인정되는 사람에 대하여 전자장치를 부착하도록 하는 명령(부착명령)을 법원에 청구할 수 있다.
1. 성폭력범죄로 징역형의 실형을 선고받은 사람이 그 집행을 종료한 후 또는 집행이 면제된 후 10년 이내에 성폭력범죄를 저지른 때
2. 성폭력범죄로 이 법에 따른 전자장치를 부착받은 전력이 있는 사람이 다시 성폭력범죄를 저지른 때
3. 성폭력범죄를 2회 이상 범하여(유죄의 확정판결을 받은 경우를 포함한다) 그 습벽이 인정된 때
4. 19세 미만의 사람에 대하여 성폭력범죄를 저지른 때
5. 신체적 또는 정신적 장애가 있는 사람에 대하여 성폭력범죄를 저지른 때

07

정답 ③

정답풀이 법 제7조 제3항

선지풀이 ① 긴급응급조치대상자나 그 법정대리인은 긴급응급조치의 취소 또는 그 종류의 변경을 사법경찰관에게 신청할 수 있다(법 제7조 제1항)

② 스토킹행위의 상대방 등이나 그 법정대리인은 제4조 제1항 제1호의 긴급응급조치가 있은 후 스토킹행위의 상대 방 등이 주거 등을 옮긴 경우에는 사법경찰관에게 긴급응급조치의 변경을 신청할 수 있다(법 제7조 제2항).

④ 사법경찰관은 정당한 이유가 있다고 인정하는 경우에는 직권으로 또는 제1항부터 제3항까지의 규정에 따른 신청에 의하여 해당 긴급응급조치를 취소할 수 있고, 지방법원 판사의 승인을 받아 긴급응급조치의 종류를 변경할 수 있다(법 제7조 제4항).

08 정답 ②

✅선지풀이 ㉠ 법무부장관은 형의 집행 및 수용자 처우에 관한 사항을 협의하기 위하여 법원, 검찰 및 경찰 등 관계 기관과 협의체를 설치하여 운영할 수 있다(형집행법 제5조의3 제1항).

㉡ 동법 제5조

㉢ 동법 제6조 제1항

㉣ 법무부장관은 교정시설의 설치 및 운영에 관한 업무의 일부를 법인 또는 개인에게 위탁할 수 있다(동법 제7조 제1항).

㉤ 동법 제8조

㉥ 동법 시행령 제3조 제1항

09 정답 ①

✅정답풀이 수용자의 접견은 접촉차단시설이 설치된 장소에서 하게 한다. 다만, 다음 각 호[1. 미결수용자(형사사건으로 수사 또는 재판을 받고 있는 수형자와 사형확정자를 포함한다)가 변호인(변호인이 되려는 사람을 포함한다.)과 접견하는 경우, 2. 수용자가 소송사건의 대리인인 변호사와 접견하는 경우] 등 수용자의 재판청구권 등을 실질적으로 보장하기 위하여 대통령령으로 정하는 경우로서 교정시설의 안전 또는 질서를 해칠 우려가 없는 경우에는 접촉차단시설이 설치되지 아니한 장소에서 접견하게 한다(형집행법 제41조 제2항).

✅선지풀이 ② 동법 제41조 제6항

③ 동법 시행령 제58조 제3항·제2항

④ 소장은 개방처우급 수형자에 대하여는 법무부장관이 정하는 바에 따라 접촉차단시설이 설치된 장소 외의 적당한 곳에서 접견을 실시할 수 있다. 다만, 처우상 특히 필요하다고 인정하는 경우에는 그 밖의 수형자에 대하여도 이를 허용할 수 있다(동법 시행령 제88조).

10 정답 ①

✅정답풀이 클레머(Clemmer)의 주장으로 수형자의 수용기간이 길수록 반교정적·반사회적·친범죄적 부문화에의 재현이 더 커진다고 보고, 수용기간의 장기화에 따라 수형자의 교도소화 정도도 강화된다고 주장했다. 그러나 단순히 수형기간이 아니라 수형자의 역할(슈랙. Schrag)이나 수형단계(휠러의 U형곡선)에 따라 교도소화의 정도가 달라진다는 사실이 밝혀지게 되었다.

11 정답 ①

✅정답풀이 조선시대 사법업무와 노예에 관한 업무를 담당하였던 형조(刑曹)에는 상이사(중죄에 대한 복심업무의 주관 부서), 고율사(율령에 관한 사항 관장), 장금사(감옥과 범죄수사 업무처리), 장예사(노예의 호적과 소송, 포로에 관한 업무 담당)등 4사(4司)와 전옥서(죄수의 구금 담당)가 있었다. 전옥서는 고려의 제도를 계승하여 건국 초부터 형조에 소속되어 옥수(獄囚)를 맡아하던 관서로서 옥시설로는 대표적인 기관이다. 전옥서는 갑오개혁 이후 경무청 감옥서로 변경되었다가 1907년 감옥사무가 법부(法部)로 이관된 후 경성감옥으로 개칭되었다. 전옥서는 고려 이래 같은 관서 명으로 가장 오래 동안 존속해 온 행형시설로써 520여 년간 존속하였다.

12 정답 ③

✅정답풀이 법무부장관은 다음 각 호[1. 갱생보호사업에 필요한 경제적 능력을 가질 것, 2. 갱생보호사업의 허가신청자가 사회적 신망이 있을 것, 3. 갱생보호사업의 조직 및 회계처리 기준이 공개적일 것]의 기준에 맞지 아니할 때에는 갱생보호사업의 허가를 하여서는 아니 된다(보호관찰법 제68조).

✅선지풀이 ① 동법 제70조의 제1호

② 동법 제70조의 제2호

④ 동법 제70조의 제4호

13 정답 ④

✅정답풀이 조정된 처우등급에 따른 처우는 그 조정이 확정된 다음 날부터 한다. 이 경우 조정된 처우등급은 그 달 초일부터 적용된 것으로 본다(동법 시행규칙 제82조 제1항).

✅선지풀이 ① 동법 시행규칙 제78조 제2항 제1호

② 동법 시행규칙 제79조 제1항

③ 동법 시행규칙 제81조

14 정답 ④

✅정답풀이 집합적 무능력화는 유죄 확정된 모든 강력범죄자에 대해 장기형의 선고를 권장하는 제도로서 부정기형제도 하에서 보호관찰부 가석방의 지침이나 요건강화로 가석방 지연, 정기형제도하에서 장기형을 강제하는 법률의 제정, 선시제도 운영상 선행에 대한 가산점을 줄이는 정책이다.

블럼슈타인이 주장한 과밀수용의 해소방안으로는 무익한 전략, 정문정책전략, 후문정책, 전략, 선별적 무능력화, 교정시설의 증설, 사법 절차와 과성의 개선 등이 있다.

15 정답 ③

✅정답풀이 우리나라의 외부통근제도는 행정형에 해당된다.

Tip 개방처우 개념

① 사회적 처우(개방처우)의 기초는 수형자에 대한 신뢰와 수형자 각자의 자율에 두는 것으로, 시설내 처우에 기반을 두면서 시설의 폐쇄성을 완화하여 구금의 폐해를 최소화하고 그 생활조건을 일반 사회생활에 접근시킴으로써 수형자의 재사회화 내지 개선효과를 얻고자 하는 처우방법이다.

② 보안 상태나 행동의 자유에 대한 제한 등이 완화된 시설 또는 폐쇄시설이라도 시설내 처우와 연계되면서 사회생활의 준비가 필요한 수형자를 대상으로 사회적응력을 배양시키려는 개방된 처우 형태이다.

③ 구금상태를 완화하는 반자유처우(외부통근제, 외부통학제, 외부통원제, 주말구금, 휴일구금, 야간구금, 단속구금, 귀휴제)가 이에 해당한다.

16 정답 ④

✅정답풀이 교화프로그램의 종류에는 문화프로그램, 문제행동예방프로그램, 가족관계회복프로그램, 교화상담, 그 밖에 법무부장관이 정하는 교화프로그램이 있다(형집행법 시행규칙 제114조).

17 　　　　　　　　　　　　　　　　　정답 ②

Tip 위탁작업의 장·단점

장점	단점
① 기계·기구의 설비자금, 원자재의 구입자금이 필요 없어 사무가 단순하다.	① 부당경쟁의 사례가 생기기 쉽다.
② 직영작업과 노무작업에 비하여 사기업의 압박이 덜하다.	② 업종이 다양하지 못하여 직업훈련에 부적합하다.
③ 적은 비용으로 행할 수 있다.	③ 위탁자의 경영사정에 따라 일시적 작업이 보통으로 교도작업의 목적과 부합하지 않을 수 있다.
④ 경제사정의 변화에 따른 직접적인 영향을 받지 않아 위험이 적다(생산해서 납품만하면 됨으로).	④ 위탁업자의 잦은 공장출입으로 보안상의 문제점이 있다.
⑤ 재료의 구입, 제품의 판매와 관계없이 납품만 하면 됨으로 제품처리에 문제가 없다.	⑤ 경제적 이윤이 적다.
⑥ 다수의 인원을 취업시킬 수 있어 불취업자를 해소할 수 있고 교정행정(행형)의 통일성을 유지할 수 있다.	
⑦ 직영작업의 간격을 이용하여 시행할 수 있으므로 취업비의 부족으로 인한 작업중단을 방지할 수 있다.	

18 　　　　　　　　　　　　　　　　　정답 ②

☑ 정답풀이 소장은 개방처우급 혹은 완화경비처우급 수형자가 다음의 사유에 모두 해당하는 경우에는 교정시설에 설치된 개방시설에 수용하여 사회 적응에 필요한 교육, 취업지원 등 적정한 처우를 할 수 있다(형집행법 시행규칙 제93조 제1항).

> 1. 형기가 3년 이상인 사람
> 2. 범죄 횟수가 2회 이하인 사람
> 3. 중간처우를 받는 날부터 가석방 또는 형기 종료 예정일까지 기간이 3개월 이상 1년 6개월 이하인 사람

19 　　　　　　　　　　　　　　　　　정답 ①

☑ 정답풀이 수용자를 부를 때에는 수용자 번호를 사용한다. 다만, 수용자의 심리적 안정이나 교화를 위하여 필요한 경우에는 수용자 번호와 성명을 함께 부르거나 성명만을 부를 수 있다(교도관 직무규칙 제12조).

☑ 선지풀이 ② 동 규칙 제6조
③ 동 규칙 제41조 제1항
④ 동 규칙 제14조 제1항

20 　　　　　　　　　　　　　　　　　정답 ②

☑ 정답풀이 형집행법 시행규칙 제238조 제2항

☑ 선지풀이 ① 위원회는 법무부차관인 위원장을 포함한 5명 이상 9명 이하의 위원으로 구성한다(동법 제120조 제1항·제2항).
③ 위원장은 법무부차관이 되고, 위원은 판사, 검사, 변호사, 법무부 소속 공무원, 교정에 관한 학식과 경험이 풍부한 사람 중에서 법무부장관이 임명 또는 위촉한다(동법 제120조 제2항).
④ 위원의 임기는 2년으로 하며, 한 차례만 연임할 수 있다(동법 시행규칙 제240조).

Answer

01	①	02	③	03	④	04	④	05	②
06	④	07	④	08	③	09	③	10	②
11	④	12	②	13	①	14	④	15	②
16	②	17	③	18	④	19	③	20	③

01
정답 ①

✅정답풀이 유배죄인의 가옥 주위에 가시나무 울타리로 외출을 못하게 하여 연금에 해당, 가족과의 거주가 허용되지 않아, 통상의 유형에 비해 가혹한 형벌이다.

02
정답 ③

✅정답풀이 정의(사법, 응보, 법치, 공정)모델은 수형자를 처우의 객체로 보던 기존의 관점들을 부정하였으며, 사법기관이나 교정기관의 재량권 남용을 반대하였다. 범죄자에게 가해지는 처벌은 범죄로 인하여 사회에 가해진 해악이나 범죄의 경중에 상응한 것이어야 한다.

03
정답 ④

✅정답풀이 협의체의 위원장은 협의체 회의를 소집하며, 회의 개최 7일 전까지 회의의 일시·장소 및 안건 등을 각 위원에게 알려야 한다(동법 시행령 제1조의2 제3항).

✅선지풀이 ① 형집행법 제5조의2 제1항
② 동법 제5조의2 제5항
③ 동법 제5조의3 제1항

04
정답 ④

✅정답풀이 소장은 개방처우급·완화경비처우급 수형자에 대하여 교정시설 밖에서 이루어지는 사회견학, 사회봉사, 자신이 신봉하는 종교행사 참석, 연극·영화·그 밖의 문화공연 관람을 허가할 수 있다. 다만, 처우상 특히 필요한 경우에는 일반경비처우급 수형자에게도 이를 허가할 수 있다(동법 시행규칙 제92조 제1항).

✅선지풀이 ① 중경비처우급의 전화통화 허용횟수는 처우상 특히 필요한 경우 월 2회 이내이다(형집행법 시행규칙 제90조 제1항 제4호).
② 재심사에 따라 경비처우급을 조정할 필요가 있는 경우에는 한 단계의 범위에서 조정한다. 다만, 수용 및 처우를 위하여 특히 필요한 경우에는 두 단계의 범위에서 조정할 수 있다(동법 시행규칙 제68조 제2항).
③ 완화경비처우급·일반경비처우급·중경비처우급의 접견은 1일 1회만 허용한다. 다만, 처우상 특히 필요한 경우에는 그러하지 아니하다(동법 시행규칙 제87조 제2항).

05
정답 ②

✅정답풀이 소장은 신입자에게 질병이나 그 밖의 부득이한 사정이 있는 경우가 아니면 지체 없이 목욕을 하게 하여야 한다.

✅선지풀이 ① 신입자의 건강진단은 수용된 날부터 3일 이내에 하여야 한다. 다만, 휴무일이 연속되는 등 부득이한 사정이 있는 경우에는 예외로 한다(형집행법 시행령 제15조 제2항, 영 제15조).
③ 동법 시행령 제14조
④ 동법 시행령 제18조 제3항

06
정답 ④

✅정답풀이 수용자가 자신의 비용으로 구독을 신청할 수 있는 신문·잡지 또는 도서(이하 "신문 등")는 교정시설의 보관범위 및 수용자가 지닐 수 있는 범위를 벗어나지 않는 범위에서 신문은 월 3종 이내로, 도서(잡지를 포함한다)는 월 10권 이내로 한다. 다만, 소장은 수용자의 지식함양 및 교양습득에 특히 필요하다고 인정하는 경우에는 신문 등의 신청 수량을 늘릴 수 있다(동법 시행규칙 제35조).

✅선지풀이 ① 형집행법 시행규칙 제39조
② 동법 시행규칙 제34조 제1항
③ 동법 시행규칙 제33조

07
정답 ④

✅정답풀이 모두 옳은 설명이다.
㉠ 형집행법 제129조 제1항
㉡ 동법 제129조 제2항
㉢ 동법 시행규칙 제265조 제2항
㉣ 동법 시행규칙 제267조 제2항
㉤ 동법 시행규칙 제266조 제1항

08
정답 ③

✅정답풀이 귀휴·외부통근, 그 밖의 사유로 소장의 허가를 받아 교도관의 계호 없이 교정시설 밖으로 나간 후에 정당한 사유 없이 기한까지 돌아오지 아니하는 행위를 한 수용자는 1년 이하의 징역에 처한다(동법 제134조 제2호).

✅선지풀이 ① 형집행법 제132조 제1항
② 동법 제133조 제2항
④ 동법 제135조

09

정답 ③

정답풀이 완화경비처우급 수형자에게 일반귀휴 사유(본인의 입학식 참석)가 있으면 허가할 수 있으나(동법 시행규칙 제129조 제3항 제7호), 형기의 3분의 1(8개월)이 지나지 않았으므로 일반귀휴를 허가할 수 있는 대상이 아니다(동법 제77조 제1항).

선지풀이 ① 가족이 사망한 때에는 5일 이내의 특별귀휴를 허가할 수 있다. 소장은 다음의 어느 하나(1. 가족 또는 배우자의 직계존속이 사망한 때, 2. 직계비속의 혼례가 있는 때)에 해당하는 사유가 있는 수형자에 대하여는 5일 이내의 특별귀휴를 허가할 수 있다(형집행법 제77조 제2항). ※ 경비처우급에 따른 제한은 없다.
② 완화경비처우급 수형자에게 일반귀휴 사유(가족이 위독한 때)가 있으면 허가할 수 있으나(동법 제77조 제1항), 형기의 3분의 1(6년)이 지나지 않았으므로 일반귀휴를 허가할 수 있는 대상이 아니다(동법 제77조 제1항).
④ 완화경비처우급 수형자에게 일반귀휴 사유(국내기능경기대회의 참가)가 있으면 허가할 수 있으나(동법 시행규칙 제129조 제3항 제4호), 2개 이상의 징역 또는 금고의 형을 선고받은 수형자의 경우에는 그 형기를 합산(13년)하므로(동법 시행규칙 제130조 제1항) 형기의 3분의 1(4년 4개월)이 지나지 않아 일반귀휴를 허가할 수 있는 대상이 아니다(동법 제77조 제1항).

10

정답 ②

정답풀이 소장은 형기종료로 석방될 수형자에 대하여는 석방 10일 전까지 석방 후의 보호에 관한 사항을 조사하여야 하며(동법 시행령 제142조), 수형자의 건전한 사회복귀를 위하여 필요하다고 인정하면 석방 전 3일 이내의 범위에서 석방예정자를 별도의 거실에 수용하여 장래에 관한 상담과 지도를 할 수 있다(동법 시행령 제141조).

선지풀이 ① 형집행법 제125조
③ 동법 시행령 제144조
④ 동법 제57조 제4항

11

정답 ④

정답풀이 동법 제111조 제6항

선지풀이 ① 법무부장관은 가석방심사위원회의 가석방 허가신청이 적정하다고 인정하면 허가할 수 있다(형집행법 제122조 제2항).
② 교정자문위원회는 10명 이상 15명 이하의 위원으로 성별을 고려하여 구성하고, 위원장은 위원 중에서 호선하며, 위원은 교정에 관한 학식과 경험이 풍부한 외부인사 중에서 지방교정청장의 추천을 받아 법무부장관이 위촉한다(동법 제129조 제2항).
③ 분류처우위원회는 위원장을 포함한 5명 이상 7명 이하의 위원으로 구성하고, 위원장은 소장이 되며, 위원은 위원장이 소속 기관의 부소장 및 과장(지소의 경우에는 7급 이상의 교도관) 중에서 임명한다(동법 제62조 제2항).

12

정답 ②

정답풀이 펜실베니아제는 엄정독거방식이므로 질병방지에 있어서는 유리할지 모르나, 교정교육이나 운동, 교도작업 등의 운영이 어렵다. 이들의 운영에 유용한 것은 혼거제이다.

Tip 펜실베니아제의 장·단점

장점	단점
① 수형자 간 통모가 불가능하여 동료 수형자 간 악풍감염의 폐해를 방지할 수 있다(펜실베니아제와 오번제의 공통점).	① 공동생활이 불가능하기 때문에 교정교육, 운동, 의료활동, 교도작업 등 사회적 훈련이 어렵다.
② 수형자 스스로의 정신적 개선작용으로 자신의 범죄에 대한 회오·반성 및 속죄할 기회를 제공하여 교화에 효과적이다.	② 구금성 정신질환 등 정신적·심리적 장애를 유발할 수 있다.
③ 고독의 공포가 취업자로 하여금 생산작업에 전념하게 할 수 있다.	③ 공동생활에 대한 적응능력 배양을 저해하여 원만한 사회복귀를 어렵게 할 수 있다.
④ 개별처우에 편리하다.	④ 동료 수용자 간 감시불편으로 자살의 가능성이 높아지고 건강상의 문제가 발생할 수 있다.
⑤ 통모에 의한 교정사고를 사전에 차단할 수 있으며, 미결수용자의 경우 증거인멸 방지에 효과적이다.	⑤ 개개 수형자의 독립된 생활공간 확보 등 행형경비가 많이 필요하다.
⑥ 계호 및 규율유지에 용이하다.	
⑦ 수형자의 사생활 침해를 방지하는데 효과적이다.	

13

정답 ①

정답풀이 소년원장은 미성년자인 보호소년 등이 친권자나 후견인이 없거나 있어도 그 권리를 행사할 수 없을 때에는 법원의 허가를 받아 그 보호소년 등을 위하여 친권자나 후견인의 직무를 행사할 수 있다(보호소년 등의 처우에 관한 법률 제23조).

선지풀이 ② 동법 제18조 제2항
③ 동법 제7조의 제1항
④ 동법 제12조 제1항

14

정답 ④

정답풀이 비행하위문화의 성격은 비합법적인 기회가 어떻게 분포되었는가에 따라 그 지역 비행하위문화의 성격 및 비행의 종류도 달라진다. 즉 조직적인 범죄활동이 많은 지역은 다른 지역에 비해 범죄기술을 배우거나 범죄조직에 가담할 수 있는 기회가 많기 때문에 비합법적인 방법으로 문화적 목표를 성취할 수 있는 기회가 많이 있다. 갈등적 하위문화는 성인들의 범죄가 조직화되지 않아 소년들이 비합법적인 수단에 접근할 수 없는 지역에서 형성되는 하위문화로, 좌절이 공격성으로 나타난 현상이다. 범죄조직에 대한 통제가 확고하지 않은 관계로 과시적인 폭력과 무분별한 갱전쟁 등이 빈번하게 발생한다.

15

정답 ②

정답풀이 베카리아는 죄형법정주의를 주장하며, 입법의 역할을 강조한 것으로, 판사는 이미 설정되어 있는 범위를 넘어 범죄자들에게 형벌을 부과할 수 없도록 하여야 한다.

16

☑정답풀이 허쉬(Hirschi)의 사회통제이론의 사회연대 요소 중 '전념'에 해당한다. 전념은 규범준수에 따른 사회적 보상에 얼마나 관심을 갖는가에 관한 것이다. 미래를 위해 교육에 투자하고 저축하는 것처럼 관습적 활동에 소비하는 시간과 에너지, 노력 등을 의미하며, 각자의 합리적인 판단을 바탕으로 개인과 사회의 유대가 형성되고 유지되는 형태이다. 전념에 의한 통제는 규범적인 생활에 집착하고 많은 관심을 두었던 사람은 그렇지 않은 사람들에 비해 잃을 것이 많기 때문에 비행이나 범죄를 자제하도록 한다고 본다.

☑선지풀이 ① 사회통제이론은 "범죄의 원인은 무엇인가?"의 물음에서 "왜 대부분의 사람들은 일탈하지 않고 사회규범에 동조하는가?"의 물음에 관한 이론이다.

③ 사회연대 요소 중 '참여'는 행위적 측면에서 개인이 사회와 맺고 있는 유대의 형태로 개인이 인습적인 활동에 얼마나 많은 시간을 투여하고 있는가에 따라 평가할 수 있다.참여와 범죄발생의 관계에 대해서 허쉬는 마치 '게으른 자에게 악이 번창하듯이' 사회생활에 대하여 참여가 낮으면 그만큼 일탈행동의 기회가 증가됨으로써 비행이나 범죄를 저지를 가능성이 높다고 보았다.

④ 허쉬(Hirschi)는 『비행의 원인』(1969)에서 뒤르켕의 아노미이론(범죄는 정상적인 사회현상이다)과 반대로 규범준수행위가 정상적이고 규범위반행위는 비정상적이라고 보면서 우리 사회는 비행을 저지르도록 강요하는 긴장은 없으며 오히려 저지르지 못하게 하는 요인, 즉 사회연대의 요소만이 있다고 본다. 누구든지 범행 가능성이 잠재되어 있음에도 불구하고 이를 통제하는 요인으로 허쉬가 지적한 것은 개인이 사회와 맺고 있는 일상적인 유대이다. 따라서 허쉬는 비행이 발생한 경우에 비행문화를 내면화하였다든지, 불량친구의 영향을 받았다든지 하는 측면에서 설명하지 않는다. 대신에 해당소년과 사회와의 유대가 약화되거나 단절됨으로써 소년의 타고난 비행성향이 노출된 것으로 이해한다.

17

☑정답풀이 치료감호 등에 관한 법률, 전자장치 부착 등에 관한 법률, 성충동범죄자의 성충동 약물치료에 관한 법률에는 사회봉사 또는 수강을 명할 수 있는 규정이 없다.

Tip 사회봉사·수강명령 대상자(보호관찰 등에 관한 법률 제3조 제2항)

1. 「형법」제62조의2(집행유예시 보호관찰, 사회봉사·수강명령)에 따라 사회봉사 또는 수강을 조건으로 형의 집행유예를 선고받은 사람
2. 「소년법」제32조(보호처분의 결정)에 따라 사회봉사명령 또는 수강명령을 받은 사람
3. 다른 법률에서 이 법에 따른 사회봉사 또는 수강을 받도록 규정된 사람

18

☑정답풀이 ~국가가 비용을 부담할 수 있다(치료감호 등에 관한 법률 제44조의9 제1항).

☑선지풀이 ① 법원은 치료를 명하기 위하여 필요하다고 인정하면 피고인의 주거지 또는 그 법원의 소재지를 관할하는 보호관찰소의 장에게 범죄의 동기, 피고인의 신체적·심리적 특성 및 상태, 가정환경, 직업, 생활환경, 병력, 치료비용 부담능력, 재범위험성 등 피고인에 관한 사항의 조사를 요구할 수 있다(동법 제44조의3 제1항).

② 동법 제44조의2 제2항

③ 동법 제44조의6 제3항

19

☑정답풀이 보호처분의 결정(소년법 제32조) 및 부가처분 등의 결정(동법 제32조의2) 또는 보호처분·부가처분 변경 결정(동법 제37조)이 다음 각 호[1. 해당 결정에 영향을 미칠 법령 위반이 있거나 중대한 사실 오인이 있는 경우, 2. 처분이 현저히 부당한 경우]에 해당하는 때에는 사건본인·보호자·보조인 또는 그 법정대리인은 관할 가정법원 또는 지방법원 본원 합의부에 항고할 수 있다(동법 제43조 제1항).

20

☑정답풀이 검사는 소년 피의사건에 대하여 소년부 송치, 공소제기, 기소유예 등의 처분을 결정하기 위하여 필요하다고 인정하면 피의자의 주거지 또는 검찰청 소재지를 관할하는 보호관찰소의 장, 소년분류심사원장 또는 소년원장(보호관찰소장 등)에게 피의자의 품행, 경력, 생활환경이나 그 밖에 필요한 사항에 관한 조사를 요구할 수 있다(소년법 제49조의2 제1항, 검사의 결정 전 조사). ⇨ 소년부 판사의 허가를 요하지 않는다.

☑선지풀이 ① 소년부는 보호자, 학교의 장, 사회복지시설의 장, 보호관찰소의 장에 의해 통고(동법 제4조 제3항)된 소년을 심리할 필요가 있다고 인정하면 그 사건을 조사하여야 한다(동법 제11조 2항).

② 동법 제56조

④ 동법 제25조의3 제3항

제12회

정답 및 해설
기출문제

2025년도 5급(교정관) 승진 시험

Answer

01	⑤	02	⑤	03	②	04	①	05	없음
06	③	07	⑤	08	⑤	09	④	10	②
11	④	12	②	13	④	14	②	15	③
16	①	17	④	18	⑤	19	⑤	20	①
21	④	22	②	23	③	24	④	25	③

01
정답 ⑤

선지풀이 ㉠ 형집행법 제12조 제1항
㉡ 동법 시행령 제8조
㉢ 동법 시행령 제5조 제2항
㉣ 동법 제18조 제1항
㉤ 동법 시행령 제11조
㉥ 소장은 수용자를 다른 교정시설에 이송하는 경우에 의무관으로부터 수용자가 건강상 감당하기 어렵다는 보고를 받으면 이송을 중지하고 그 사실을 이송받을 소장에게 알려야 한다(동법 시행령 제23조).

02
정답 ⑤

정답풀이 형집행법 시행규칙 제132조 제2항

선지풀이 ① 소장은 법 제111조 제2항에 따른 징벌위원회의 외부위원을 다음 각 호[1. 변호사, 2. 대학에서 법률학을 가르치는 조교수 이상의 직에 있는 사람, 3. 교정협의회(교정위원 전원으로 구성된 협의체를 말한다)에서 추천한 사람, 4. 그 밖에 교정에 관한 학식과 경험이 풍부한 사람]의 사람 중에서 위촉한다(동법 시행규칙 제223조 제1항).
② 위원회의 사무를 처리하기 위하여 위원회에 간사 1명을 둔다. 간사는 해당 지방교정청의 총무과장 또는 6급 이상의 교도관으로 한다(동법 시행규칙 제271조 제1항).
③ 협의회의 회의는 반기마다 개최한다. 다만, 다음 각 호[1. 수형자의 사회복귀 지원을 위하여 협의가 필요할 때, 2. 회장이 필요하다고 인정하는 때, 3. 위원 3분의 1 이상의 요구가 있는 때]의 어느 하나에 해당하는 경우에는 임시회의를 개최할 수 있다(동법 시행규칙 제148조 제1항).
④ 위원장은 법무부차관이 되고, 위원은 판사, 검사, 변호사, 법무부 소속 공무원, 교정에 관한 학식과 경험이 풍부한 사람 중에서 법무부장관이 임명 또는 위촉한다(동법 제120조 제2항).

03
정답 ②

선지풀이 ㉠ 법무부장관은 형의 집행 및 수용자 처우에 관한 사항을 협의하기 위하여 법원, 검찰 및 경찰 등 관계 기관과 협의체를 설치하여 운영할 수 있다(형집행법 제5조의3 제1항).
㉡ 동법 제5조
㉢ 동법 제6조 제1항
㉣ 법무부장관은 교정시설의 설치 및 운영에 관한 업무의 일부를 법인 또는 개인에게 위탁할 수 있다(동법 제7조 제1항).
㉤ 동법 제8조
㉥ 동법 시행령 제3조 제1항

04
정답 ①

정답풀이 교정 이전 단계에서 범죄자를 보호관찰, 가택구금, 벌금형, 배상처분, 사회봉사명령, 선도조건부 기소유예 등의 비구금적 제재로 전환시킴으로써 교정시설에 수용되는 인구 자체를 줄이자는 전략이다. 선시제도는 수형 기간 중 스스로 선행을 유지함으로써 일정한 법률적 기준 하에 석방 시기를 단축하는 제도로 형기자기단축제도, 선행보상제도 또는 선행감형제도라고도 한다(상우제도로서의 성격).

05
정답 없음

정답풀이 문제의 질문이 '법률'인데, 정답이 '시행령'이므로 출제 오류로 최종 정답 없음
④ 형집행법 시행령 제45조 제1항

선지풀이 ① 소장은 사망한 수용자의 친족 또는 특별한 연고가 있는 사람이 그 시신 또는 유골의 인도를 청구하는 경우에는 인도하여야 한다. 다만, 제3항에 따라 자연장을 하거나 집단으로 매장을 한 후에는 그러하지 아니하다(동법 제128조 제1항).
② 소장은 병원이나 그 밖의 연구기관이 학술연구상의 필요에 따라 수용자의 시신인도를 신청하면 본인의 유언 또는 상속인의 승낙이 있는 경우에 한하여 인도할 수 있다(동법 제128조 제4항).
③ 소장은 제2항에 따라 시신을 임시로 매장하거나 화장하여 봉안한 후 2년이 지나도록 시신의 인도를 청구하는 사람이 없을 때에는 다음 각 호(1. 임시로 매장한 경우: 화장 후 자연장을 하거나 일정한 장소에 집단으로 매장, 2. 화장하여 봉안한 경우: 자연장)의 구분에 따른 방법으로 처리할 수 있다(동법 제128조 제3항).
⑤ 소장은 수용자가 사망하면 법무부장관이 정하는 범위에서 화장·시신인도 등에 필요한 비용을 인수자에게 지급할 수 있다(동법 제128조 제5항).

06
정답 ③

선지풀이 ㉠ 형집행법 제65조 제2항
㉡ 동법 제70조 제1항
㉢ 19세 미만 수형자의 작업시간은 1일에 8시간을, 1주에 40시간을 초과할 수 없다(동법 제71조 제4항).
㉣ 소장은 수형자의 가족 또는 배우자의 직계존속이 사망하면 2일간, 부모 또는 배우자의 제삿날에는 1일간 해당 수형자의 작업을 면제한다. 다만, 수형자가 작업을 계속하기를 원하는 경우는 예외로 한다(동법 제72조 제1항).
㉤ 소장은 수형자의 근로의욕을 고취하고 건전한 사회복귀를 지원하기 위하여 법무부장관이 정하는 바에 따라 작업의 종류, 작업성적, 교정성적, 그 밖의 사정을 고려하여 수형자에게 작업장려금을 지급할 수 있다(동법 제73조 제2항).
㉥ 동법 시행령 제95조

07

정답풀이 가석방취소자 및 가석방실효자의 남은 형기 기간은 가석방을 실시한 다음 날부터 원래 형기의 종료일까지로 하고, 남은 형기 집행 기산일은 가석방의 취소 또는 실효로 인하여 교정시설에 수용된 날부터 한다(형집행법 시행규칙 제263조 제5항).

선지풀이 ① 헌재 2013.8.29. 2011헌마458

② 헌재 1995.3.23. 93헌마12

③ 형집행법 시행규칙 제263조 제6항

④ 헌재 2002.4.25. 98헌마425

08

정답풀이 형집행법 시행규칙 제120조 제1항

선지풀이 ①, ③ 동법 시행규칙 제120조 제1항

②, ④ 동법 시행규칙 제120조 제2항

Tip 외부통근자 선정기준(시행규칙 제120조)

외부기업체에 통근하며 작업하는 수형자 (외부통근작업자)	교정시설 안에 설치된 외부기업체의 작업장에 통근하며 작업하는 수형자 (개방지역작업자)
① 18세 이상 65세 미만일 것	① 18세 이상 65세 미만일 것
② 해당 작업 수행에 건강상 장애가 없을 것	② 해당 작업 수행에 건강상 장애가 없을 것
③ 개방처우급·완화경비처우급에 해당할 것	③ 개방처우급·완화경비처우급·일반경비처우급에 해당할 것
④ 가족·친지 또는 교정위원 등과 접견·편지수수·전화통화 등으로 연락하고 있을 것	④ 가족·친지 또는 교정위원 등과 접견·편지수수·전화통화 등으로 연락하고 있을 것
⑤ 집행할 형기가 7년 미만이고 가석방이 제한되지 아니할 것	⑤ 집행할 형기가 10년 미만이거나 형기기산일부터 10년 이상이 지난 수형자

- 소장은 작업 부과 또는 교화를 위하여 특히 필요하다고 인정하는 경우에는 위의 수형자 외의 수형자에 대하여도 외부통근자로 선정할 수 있다(시행규칙 제120조).
- 외부직업훈련 : 개방처우급 또는 완화경비처우급으로서 직업능력 향상을 위하여 특히 필요한 경우에는 교정시설 외부의 공공기관 또는 기업체 등에서 운영하는 직업훈련을 받게 할 수 있다(시행규칙 제96조 제1항)

09

정답풀이 형집행법 시행규칙 제93조 제1항·제2항

Tip 중간처우(시행규칙 제93조)

교정시설 설치 개방시설 수용 사회적응 필요교육, 취업지원 등 적정처우 대상자(제1항)	지역사회에 설치된 개방시설 수용 사회적응 필요교육, 취업지원 등 적정처우 대상자(제2항)
1. 개방처우급 혹은 완화경비처우급 수형자	
2. 형기가 2년 이상인 사람	
3. 범죄 횟수가 3회 이하인 사람	3. 범죄 횟수가 1회인 사람
4. 중간처우를 받는 날부터 가석방 또는 형기 종료 예정일까지 기간이 3개월 이상 2년 6개월 미만인 사람	4. 중간처우를 받는 날부터 가석방 또는 형기 종료 예정일까지의 기간이 1년 6개월 미만인 사람

제1항 및 제2항에 따른 중간처우 대상자의 선발절차, 교정시설 또는 지역사회에 설치하는 개방시설의 종류 및 기준, 그 밖에 필요한 사항은 법무부장관이 정한다(제3항).

10

선지풀이 ㉠ 동법 제82조

㉡ 동법 제84조 제1항

㉢ 소장은 미결수용자가 징벌대상자로서 조사받고 있거나 징벌집행 중인 경우에도 소송서류의 작성, 변호인과의 접견·편지수수, 그 밖의 수사 및 재판 과정에서의 권리행사를 보장하여야 한다(형집행법 제85조).

㉣ 소장은 미결수용자에 대하여는 신청에 따라 교육 또는 교화프로그램을 실시하거나 작업을 부과할 수 있다(동법 제86조 제1항).

㉤ 동법 시행령 제106조

㉥ 동법 시행령 제104조

11

선지풀이 ㉠ 수용자의 신체를 검사하는 경우에는 불필요한 고통이나 수치심을 느끼지 아니하도록 유의하여야 하며, 특히 신체를 면밀하게 검사할 필요가 있으면 다른 수용자가 볼 수 없는 차단된 장소에서 하여야 한다(형집행법 제93조 제2항).

㉡ 교도관은 시설의 안전과 질서유지를 위하여 필요하면 교정시설을 출입하는 수용자 외의 사람에 대하여 의류와 휴대품을 검사할 수 있다. 이 경우 출입자가 제92조의 금지물품을 지니고 있으면 교정시설에 맡기도록 하여야 하며, 이에 따르지 아니하면 출입을 금지할 수 있다(동법 제93조 제3항).

㉢ 교도관은 시설의 안전과 질서유지를 위하여 필요하면 교정시설을 출입하는 수용자 외의 사람에 대하여 의류와 휴대품을 검사할 수 있다. 이 경우 출입자가 제92조의 금지물품을 지니고 있으면 교정시설에 맡기도록 하여야 하며, 이에 따르지 아니하면 출입을 금지할 수 있다(동법 제93조 제5항).

㉣ 소장은 교도관에게 수용자의 거실, 작업장, 그 밖에 수용자가 생활하는 장소(이하 이 조에서 "거실 등"이라 한다)를 정기적으로 검사하게 하여야 한다. 다만, 법 제92조의 금지물품을 숨기고 있다고 의심되는 수용자와 법 제104조 제1항의 마약류사범·조직폭력사범 등 법무부령으로 정하는 수용자의 거실 등은 수시로 검사하게 할 수 있다(동법 시행령 제112조).

㉤ 동법 시행규칙 제166조 제2항

㉥ 동법 시행규칙 제166조 제3항

12
정답 ②

Tip

• 펜실베이니아(Pennsylvania System)제도는 절대 침묵과 정숙을 유지하며 주야 구분 없이 엄정한 독거수용을 통해 회오·반성을 목적으로 한 구금방식으로 엄정독거제, 분방제, 필라델피아제로 불린다.

장점	단점
① 수형자 간 통모가 불가능하여 동료 수형자 간 악풍감염의 폐해를 방지할 수 있다(펜실베니아제와 오번제의 공통점).	① 공동생활이 불가능하기 때문에 교정교육, 운동, 의료활동, 교도작업 등 사회적 훈련이 어렵다.
② 수형자 스스로의 정신적 개선작용으로 자신의 범죄에 대한 회오·반성 및 속죄할 기회를 제공하여 교화에 효과적이다.	② 구금성 정신질환 등 정신적·심리적 장애를 유발할 수 있다.
③ 고독의 공포가 취업자로 하여금 생산작업에 전념하게 할 수 있다.	③ 공동생활에 대한 적응능력 배양을 저해하여 원만한 사회복귀를 어렵게 할 수 있다.
④ 개별처우에 편리하다.	④ 동료 수용자 간 감시불편으로 자살의 가능성이 높아지고 건강상의 문제가 발생할 수 있다.
⑤ 통모에 의한 교정사고를 사전에 차단할 수 있으며, 미결수용자의 경우 증거인멸 방지에 효과적이다.	⑤ 개개 수형자의 독립된 생활공간 확보 등 행형경비가 많이 필요하다.
⑥ 계호 및 규율유지에 용이하다.	
⑦ 수형자의 사생활 침해를 방지하는 데 효과적이다.	

• 오번제는 엄정독거제의 결점을 보완하고 혼거제의 폐해인 수형자 상호 간의 악풍감염을 제거하기 위한 구금형태로 절충제(엄정독거제와 혼거제를 절충), 완화독거제(반독거제. 엄정독거제보다 완화된 형태), 교담(交談)금지제(침묵제. 주간작업시 엄중침묵 강요)라고도 한다.

13
정답 ④

선지풀이 ㉠ 형집행법 제99조 제2항

㉡ 교도관은 수용자가 다음 각 호(1. 이송·출정, 그 밖에 교정시설 밖의 장소로 수용자를 호송하는 때, 2. 도주·자살·자해 또는 다른 사람에 대한 위해의 우려가 큰 때, 3. 위력으로 교도관의 정당한 직무집행을 방해하는 때, 4. 교정시설의 설비·기구 등을 손괴하거나 그 밖에 시설의 안전 또는 질서를 해칠 우려가 큰 때)의 어느 하나에 해당하면 보호장비를 사용할 수 있다(동법 제97조 제1항).

㉢ 의무관은 법 제97조 제3항(건강상태 수시 확인)에 따라 보호장비 착용 수용자의 건강상태를 확인한 결과 특이사항을 발견한 경우에는 별지 제10호 서식의 보호장비 사용 심사부에 기록하여야 한다(동법 시행규칙 제182조).

㉣ 소장은 제169조 제5호부터 제7호까지(보호의자, 보호침대, 보호복)의 규정에 따른 보호장비를 사용하거나 같은 조 제8호의 보호장비(포승)를 별표 19의 방법(하체승)으로 사용하게 하는 경우에는 교도관으로 하여금 수시로 해당 수용자의 상태를 확인하고 매 시간마다 별지 제11호 서식의 보호장비 착용자 관찰부에 기록하게 하여야 한다. 다만, 소장은 보호장비 착용자를 법 제94조(전자장비를 이용한 계호)에 따라 전자영상장비로 계호할 때에는 별지 제9호 서식의 거실수용자 영상계호부에 기록하게 할 수 있다(동법 시행규칙 제185조).

㉤ 동법 시행규칙 제184조 제1항

㉥ 보호장비의 사용절차 등에 관하여 필요한 사항은 대통령령으로 정한다(동법 제98조 제3항).

14
정답 ②

선지풀이 ㉠ 동법 제113조 제1항

㉡ 동법 제113조 제2항

㉢ 징벌위원회는 징벌을 의결하는 때에 행위의 동기 및 정황, 교정성적, 뉘우치는 정도 등 그 사정을 고려할 만한 사유가 있는 수용자에 대하여 2개월 이상 6개월 이하의 기간 내에서 징벌의 집행을 유예할 것을 의결할 수 있다(형집행법 제114조 제1항).

㉣ 소장은 징벌집행의 유예기간 중에 있는 수용자가 다시 제107조의 징벌대상행위를 하여 징벌이 결정되면 그 유예한 징벌을 집행한다(동법 제114조 제2항).

㉤ 동법 제114조 제3항

㉥ 동법 제115조 제1항

15
정답 ③

선지풀이 ㉠ 형집행법 시행규칙 제31조 제1항

㉡ 소장은 수용자가 종교상담을 신청하거나 수용자에게 종교상담이 필요한 경우에는 해당 종교를 신봉하는 교도관 또는 교정참여인사(법 제130조의 교정위원, 그 밖에 교정행정에 참여하는 사회 각 분야의 사람 중 학식과 경험이 풍부한 사람을 말한다)로 하여금 상담하게 할 수 있다(동법 시행규칙 제33조).

㉢ 집필용구의 구입비용은 수용자가 부담한다. 다만, 소장은 수용자가 그 비용을 부담할 수 없는 경우에는 필요한 집필용구를 지급할 수 있다(동법 시행령 제74조).

㉣ 동법 시행규칙 제36조 제2항

㉤ 동법 제48조 제2항

㉥ 소장은 신문 등을 구독하는 수용자가 다음 각 호의 어느 하나(1. 허가 없이 다른 거실 수용자와 신문 등을 주고받을 때, 2. 그 밖에 법무부장관이 정하는 신문 등과 관련된 지켜야 할 사항을 위반하였을 때)에 해당하는 사유가 있으면 구독의 허가를 취소할 수 있다(동법 시행규칙 제36조 제1항).

16
정답 ①

정답풀이 ① 10+② 30+③ 4+④ 5+⑤ 10+⑥ 3=62

17 　　　　　　　　　　　　　　　　　　　　　　　　정답 ④

✅**정답풀이** (가) 법무부 장관은 교화프로그램의 효과를 높이기 위해 소속 공무원 중에서 전문인력을 선발 및 양성할 수 있다(형집행법 시행규칙 제119조의2 제1항).

(나) 소장은 방송에 대한 의견 수렴을 위하여 설문조사 등의 방법으로 수용자의 반응도 및 만족도를 측정할 수 있다(동법 시행규칙 제37조 제3항).

(다) 법무부 장관은 직업훈련을 위하여 필요한 경우에는 수형자를 다른 교정시설로 이송할 수 있다(동법 시행규칙 제127조 제1항).

(라) 소장은 교정시설의 안에서 천재지변이나 그 밖의 사정에 대한 피난의 방법이 없는 경우에는 수용자를 다른 장소로 이송할 수 있다(동법 제102조 제2항).

(마) 교도관은 접견·상담·진료, 그 밖에 수용자의 처우를 위하여 필요한 경우가 아니면 수용자와 외부인이 접촉하게 해서는 아니 된다(동법 시행령 제116조 제2항).

(바) 소장은 법원·검찰청·경찰관서 등으로부터 처음으로 교정시설에 수용되는 사람을 인수한 경우에는 호송인에게 인수서를 써 주어야 한다(동법 시행규칙 제113조 제1항 전단).

18 　　　　　　　　　　　　　　　　　　　　　　　　정답 ⑤

✅**정답풀이** 법 제61조 및 영 제86조에 따른 분류심사를 전담하는 교정시설(이하 이 절에서 "분류전담시설"이라 한다)의 장은 범죄의 피해가 중대하고 재범의 위험성이 높은 수형자(이하 이 절에서 "고위험군 수형자"라 한다)의 개별처우계획을 수립·조정하기 위해 고위험군 수형자의 개별적 특성과 재범의 위험성 등을 면밀히 분석·평가하기 위한 분류심사(이하 이 절에서 "정밀분류심사"라 한다)를 실시할 수 있다(형집행법 시행규칙 제96조의2 제1항).

✅**선지풀이** ① 동법 시행규칙 제62조 제1항
② 동법 시행규칙 제64조
③ 동법 시행규칙 제71조 제3항
④ 동법 시행규칙 제68조 제2항

19 　　　　　　　　　　　　　　　　　　　　　　　　정답 ⑤

✅**정답풀이** 소장은 다음 각 호[1. 고등학교 졸업 또는 이와 동등한 수준 이상의 학력이 인정될 것, 2. 교육개시일을 기준으로 형기의 3분의 1(21년 이상의 유기형 또는 무기형의 경우에는 7년)이 지났을 것, 3. 집행할 형기가 2년 이상일 것]의 요건을 갖춘 수형자가 제1항의 학사고시반 교육을 신청하는 경우에는 교육대상자로 선발할 수 있다(형집행법 시행규칙 제110조 제2항).

✅**선지풀이** ① 동법 시행규칙 제105조 제1항
② 동법 시행규칙 제103조 제2항
③ 동법 시행규칙 제106조 제2항
④ 동법 시행규칙 제105조 제3항

20 　　　　　　　　　　　　　　　　　　　　　　　　정답 ①

✅**정답풀이** ① 15+② 7+③ 3+④ 24+⑤ 12+⑥ 3＝64

21 　　　　　　　　　　　　　　　　　　　　　　　　정답 ④

✅**정답풀이** 소장은 자치생활 수형자들이 교육실, 강당 등 적당한 장소에서 월 1회 이상 토론회를 할 수 있도록 하여야 한다(형집행법 시행규칙 제86조 제3항).

✅**선지풀이** ① 동법 시행규칙 제85조 제1항
② 동법 시행규칙 제88조
③ 동법 시행규칙 제92조 제1항
⑤ 동법 시행규칙 제89조 제3항

22 　　　　　　　　　　　　　　　　　　　　　　　　정답 ②

✅**선지풀이** ㉠, ㉢ 소장은 제210조 각 호의 어느 하나[1. 다른 수용자에게 상습적으로 폭력을 행사하는 수용자, 2. 교도관을 폭행하거나 협박하여 징벌을 받은 전력이 있는 사람으로서 같은 종류의 징벌대상행위를 할 우려가 큰 수용자, 3. 수용생활의 편의 등 자신의 요구를 관철할 목적으로 상습적으로 자해를 하거나 각종 이물질을 삼키는 수용자, 4. 다른 수용자를 괴롭히거나 세력을 모으는 등 수용질서를 문란하게 하는 조직폭력수용자(조직폭력사범으로 행세하는 경우를 포함한다), 5. 조직폭력수용자로서 무죄 외의 사유로 출소한 후 5년 이내에 교정시설에 다시 수용된 사람, 6. 상습적으로 교정시설의 설비·기구 등을 파손하거나 소란행위를 하여 공무집행을 방해하는 수용자, 7. 도주(음모, 예비 또는 미수에 그친 경우를 포함한다)한 전력이 있는 사람으로서 도주의 우려가 있는 수용자, 8. 중형선고 등에 따른 심적 불안으로 수용생활에 적응하기 곤란하다고 인정되는 수용자, 9. 자살을 기도한 전력이 있는 사람으로서 자살할 우려가 있는 수용자, 10. 사회적 물의를 일으킨 사람으로서 죄책감 등으로 인하여 자살 등 교정사고를 일으킬 우려가 큰 수용자, 11. 징벌집행이 종료된 날부터 1년 이내에 다시 징벌을 받는 등 규율 위반의 상습성이 인정되는 수용자, 12. 상습적으로 법령에 위반하여 연락을 하거나 금지물품을 반입하는 등의 방법으로 부조리를 기도하는 수용자, 13. 그 밖에 교정시설의 안전과 질서유지를 위하여 엄중한 관리가 필요하다고 인정되는 수용자]에 해당하는 수용자에 대하여는 분류처우위원회의 의결을 거쳐 관심대상수용자로 지정한다. 다만, 미결수용자 등 분류처우위원회의 의결 대상자가 아닌 경우에도 관심대상수용자로 지정할 필요가 있다고 인정되는 수용자에 대하여는 교도관회의의 심의를 거쳐 관심대상수용자로 지정할 수 있다(형집행법 시행규칙 제211조 제1항).

㉡ 동법 시행규칙 제202조
㉣ 동법 시행규칙 제205조 제2항
㉤ 동법 시행규칙 제207조
㉥ 동법 시행규칙 제208조

23 　　　　　　　　　　　　　　　　　　　　　　　　정답 ③

✅**정답풀이** 소장은 수형자의 건전한 사회복귀를 위하여 필요하다고 인정하면 석방 전 3일 이내의 범위에서 석방예정자를 별도의 거실에 수용하여 장래에 관한 상담과 지도를 할 수 있다(형집행법 시행령 제141조).

✅**선지풀이** ① 동법 제123조
② 동법 제124조 제2항
④ 동법 시행령 제142조
⑤ 동법 시행령 제145조

24   정답 ④

선지풀이 ㉠ 형집행법 제41조 제3항 제1호

㉡ 동법 제41조 제2항 제1호

㉢ 동법 시행령 제65조 제1항 제2호

㉣ 소장은 다음 각 호(1. 수용자 또는 수신자가 전화통화 내용의 청취·녹음에 동의하지 아니할 때, 2. 수신자가 수용자와의 관계 등에 대한 확인 요청에 따르지 아니하거나 거짓으로 대답할 때, 3. 전화통화 허가 후 제25조 제1항 각 호의 어느 하나에 해당되는 사유가 발견되거나 발생하였을 때)의 어느 하나에 해당할 때에는 전화통화의 허가를 취소할 수 있다(동법 시행규칙 제27조).

㉤ 전화통화의 통화시간은 특별한 사정이 없으면 5분 이내로 한다(동법 시행규칙 제25조 제3항).

㉥ 교도관은 수용자의 접견, 편지수수, 전화통화 등의 과정에서 수용자의 처우에 특히 참고할 사항을 알게 된 경우에는 그 요지를 수용기록부에 기록해야 한다(동법 시행령 제71조).

25   정답 ③

선지풀이 ㉠ 소장은 수용자에게 건강유지에 적합한 의류·침구, 그 밖의 생활용품을 지급한다(형집행법 제22조 제1항). 운동복: 소년수용자로서 운동을 하는 때에 착용(형집행법 시행규칙 제5조 제8호)

㉡ 법무부장관은 제4조 및 제5조에도 불구하고 소년수용자의 나이·적성 등을 고려하여 필요하다고 인정하는 경우 의류의 품목과 품목별 착용 시기 및 대상을 달리 정할 수 있다(동법 시행규칙 제59조의4).

㉢ 소장은 노인(장애인·소년)수용자가 작업을 원하는 경우에는 나이·건강상태 등을 고려하여 해당 수용자가 감당할 수 있는 정도의 작업을 부과한다. 이 경우 의무관의 의견을 들어야 한다(동법 시행규칙 제48조 제2항).

㉣ 동법 시행규칙 제49조, 동법 시행규칙 제54조, 제46조 준용

㉤ 동법 제52조 제1항, 동법 시행령 제78조

부록 2 · 2025년도 7급(공채) 시험

Answer

01	④	02	②	03	③	04	④	05	①
06	②	07	②	08	①	09	②	10	②
11	③	12	④	13	③	14	④	15	②
16	④	17	①	18	①	19	③	20	①
21	③	22	④	23	③	24	③	25	④

01
정답 ④

✅ 정답풀이 서덜랜드의 차별적 접촉이론

㉠ 백지설 : 분화된 집단 가운데 어느 집단과 친밀감을 가지고 차별적 접촉을 갖느냐에 따라 백지와 같은 인간의 본성에 특정집단의 행동양식을 배우고 익혀나간다는 이론이다.

㉡ 정상인과 동일한 학습과정 : 범죄자는 정상인과 원래 다르다는 심리학적 분석을 수용하지 않고 범죄자도 정상인과 다름없는 성격과 사고방식을 갖는다는데서 출발한다.

㉢ 범죄자는 타인과의 접촉과정에서 범죄행위를 배우게 된다고 보았으며, 최우선적인 접촉대상은 부모, 가족, 친구 등이라고 하였다.

Tip 사회심리과정 9가지 명제

명제	특징
제1명제	따르드의 모방법칙을 수용하면서 보다 정교화된 학습과정을 바탕으로 범죄행위는 학습의 결과이다.
제2명제	범죄자도 정상인과 다름없는 성격과 사고방식을 갖춘 자로, 범죄행위는 의사소통과정에 있는 다른 사람과의 상호작용을 수행하는 과정에서 학습된다.
제3명제	범죄는 최우선적인 접촉대상인 부모, 가족, 친구 등 직접적인 친밀 집단과의 접촉과정에서 학습한다(라디오·TV·영화·신문·잡지 등과 같은 비인격적 매체는 범죄행위의 학습과 크게 관련이 없다).
제4명제	범죄행위 학습에는 범행기술, 동기, 욕망, 합리화 방법 그리고 태도와 구체적 방향의 학습을 포함한다.
제5명제	법규범을 우호적(긍정적) 또는 비우호적(부정적)으로 정의하는가에 따라 동기와 욕구의 특정한 방향을 학습한다.
제6명제	법에 대한 비우호적 정의가 우호적 정의보다 클 때 범죄를 실행한다. 즉 법률을 위반해도 무방하다는 생각을 학습한 정도가 법률을 위반하면 안 된다는 생각을 학습한 정도보다 클 때에 범죄를 저지르게 된다.
제7명제	차별적 접촉은 접촉의 빈도·기간·시기·강도에 따라 다르다. 즉 접촉의 빈도가 많고 길수록 학습의 영향은 더 커지고, 시기가 빠를수록 접촉의 강도가 클수록 더 강하게 학습된다.
제8명제	범죄자와 준법자와의 차이는 접촉유형에 있을 뿐 학습이 진행되는 과정에는 아무런 차이가 없다.
제9명제	범죄행위도 욕구와 가치의 표현이란 점에서 다른 일반행동과 동일하나, 일반적인 욕구나 가치관으로는 범죄행위를 설명할 수 없다. 어떤 사람들은 비범죄적 행동을 통해서도 동일한 욕구와 가치관을 표현하기 때문이다.

02
정답 ②

✅ 정답풀이 회복적 사법

㉠ 회복적 사법의 핵심가치는 피해자, 가해자 욕구뿐만 아니라 지역사회 욕구까지 반영하는 것이며 범죄가 발생하는 여건·환경에 관심을 둔다. 범죄로 인한 손해의 복구를 위해 중재, 협상, 화합의 방법을 강조하며 피해자 권리운동의 발전과 관련이 깊다.

㉡ 가해자에 대한 공식적 처벌보다는 피해자를 지원하고 지역사회를 재건하는데 역점을 두면서 가해자에겐 자신의 행위에 대해 책임감을 갖게 하는 제도로, 주로 비공식적 절차에 의해 범죄 피해에 대한 문제를 해결하고자 한다.

㉢ 회복적 사법은 중재자의 도움으로 범죄로 인한 피해자와 가해자, 그 밖의 관련자 및 지역공동체가 함께 범죄로 인한 문제를 치유하고 해결하는 데에 적극적으로 참여하는 절차를 의미한다.

㉣ 회복적 사법의 시각에서 보면 범죄행동은 법을 위반한 것일 뿐만 아니라 피해자와 지역사회에 해를 끼친 것이다.

03
정답 ③

✅ 정답풀이 ㄱ. 위원회는 위원장을 포함한 5명 이상 9명 이하의 위원으로 구성한다(형집행법 제120조 제1항). 위원장은 법무부차관이 되고, 위원은 판사, 검사, 변호사, 법무부 소속 공무원, 교정에 관한 학식과 경험이 풍부한 사람 중에서 법무부장관이 임명 또는 위촉한다(동법 제120조 제2항).

ㄴ. 위원회는 위원장을 포함한 5명 이상 7명 이하의 위원으로 구성하고, 위원장은 소장이 되며, 위원은 위원장이 소속 기관의 부소장 및 과장(지소의 경우에는 7급 이상의 교도관) 중에서 임명한다(동법 제62조 제2항).

ㄷ. 위원회는 위원장을 포함한 6명 이상 8명 이하의 위원으로 구성한다. 위원장은 소장이 되며, 위원은 소장이 소속기관의 부소장·과장(지소의 경우에는 7급 이상의 교도관) 및 교정에 관한 학식과 경험이 풍부한 외부인사 중에서 임명 또는 위촉한다. 이 경우 외부위원은 2명 이상으로 한다(동법 시행규칙 제131조).

ㄹ. 위원회는 위원장을 포함한 5명 이상 7명 이하의 위원으로 구성하고, 위원장은 소장의 바로 다음 순위자가 되며, 위원은 소장이 소속 기관의 과장(지소의 경우에는 7급 이상의 교도관) 및 교정에 관한 학식과 경험이 풍부한 외부인사 중에서 임명 또는 위촉한다. 이 경우 외부위원은 3명 이상으로 한다(법 제111조 제2항).

04
정답 ④

Tip 독거수용과 혼거수용

구분	독거수용	혼거수용
장점	• 수용자 스스로 반성·속죄의 기회 제공 • 수용자 간 악풍감염 예방, 위생상 감염병 예방 등에 유리 • 수용자 개별처우 용이 • 수용자의 명예감정 보호 • 증거인멸 및 공모·위증 방지 • 계호상 감시·감독 및 질서유지 편리	• 수용자의 심신단련 도모 • 건축비와 인건비 절감, 시설관리 용이 • 형벌 집행의 통일성 유지 • 직업훈련, 공동작업을 통한 재사회화와 사회적 훈련에 용이 • 수용자 상호 간의 감시를 통한 자살 등의 교정사고 방지에 기여
단점	• 집단적 교육훈련, 자치활동 등 사회적 훈련에 부적합 • 수용자 신체의 허약·정신장애의 우려 • 수형자 상호 간 감시부재로 자살사고 방지 곤란 • 많은 감독인원과 건축비로 비경제적	• 수용자 상호 간 갈등증폭, 악풍감염 우려 • 독거제보다 개별처우 곤란 • 출소 후 공범범죄의 가능성 • 계호상 감시감독 및 질서유지 곤란 • 위생·방역상 어려운 점

05 정답 ①

✅선지풀이 ② 휠러는 클레머의 가설을 검증하였는데, 수용기간에 따라 점진적으로 부문화가 파생된다는 클레머의 가정을 부정하고 교도소화는 수용단계에 따라 U형곡선으로 설명된다고 주장하였다.

형기 초기단계	가장 높은 친교도관적 태도 견지
형기 중기단계	친교도관적 태도가 가장 낮음(교도관에 의해 가장 적대적)
형기 말기단계	친교도관적 태도를 견지하고 수형자강령 거부

③ 서덜랜드와 크레세이(Sutherland & Cressey)는 수형자들이 지향하는 가치를 기준으로 범죄지향적 부문화, 수형지향적 부문화, 합법지향적 부문화로 구분하였다.

ㄱ 범죄지향적 부문화(Thief-oriented Subculture)은 부문화를 교정시설 내로 유입한 결과로 인식되고 있는데, 이들은 외부에서 터득한 반사회적인 범죄자의 부문화를 고집하고 장래 사회에 나가서도 계속 그러한 범죄생활을 행할 것을 지향하며, 그들 나름대로의 권력조직과 인간관계를 계속 유지한다.

ㄴ 수형지향적 부문화(Convict-oriented Subculture)은 교도소 사회에서의 모든 생활방식을 수용하고 적응하려고 하며, 자신의 수용생활을 보다 쉽고 편하게 보내기 위해 교도소 내에서의 지위 획득에만 몰두하며 출소 후의 생활에 대해서는 관심을 두지 않는다.

ㄷ 합법지향적 부문화(Legitimacy-oriented Subculture)은 수형자의 역할 중 '고지식자'에 해당되는 경우로 이들은 교정시설에 입소할 때도 범죄지향적 부문화에 속하지 않았고, 수용생활 동안에도 범죄나 수형생활지향적 부문화를 받아들이지 않는 수형자를 말한다.

④ 슈랙(Schrag)의 역할유형

유형	특성
친사회적 (prosocial) 고지식자 (square Johns)	• 친사회적 수형자로서 교정시설의 규율에 동조하고 법을 준수하는 생활을 긍정적으로 지향하며, 교도소 문화에 거의 가담하지 않고 직원들과 가깝게 지내는 유형의 수형자이다. • 중산층 출신의 화이트칼라범죄자나 격정범죄자가 많다.
반사회적 (antisocial) 정의한 (right guys)	• 반사회적 수형자로서 범죄자의 세계를 지향하며 부문화적 활동에 깊이 관여하고 사회를 부정적으로 보며 직원들과도 거의 관계를 갖지 않는다. • 하류계층 출신자가 많고 범죄도 폭력성 강력범죄인 경우가 많다. • 수형자들 세계에서 통용되는 계율을 엄격히 준수하며 동료수형자들의 이익을 깊이 생각하고 그 이익증진을 위해 앞장서서 싸우면서도 약한 수형자를 괴롭히는 일이 없기 때문에 동료 수형자들로부터는 진정한 리더로 인정된다.
가사회적 (pseudosocial) 정치인 (politicians)	• 가사회적 수형자로서 교정시설 내의 각종 재화와 용역을 위한 투쟁에서 이점을 확보하기 위해 직원과 동료 수형자를 모두 이용하는 자이다. • 사기나 횡령 등 경제범죄로 수용된 경우가 많다. • 수형자 부문화나 교도관에 의해 주도되는 합법적인 사회 어디에도 깊은 유대를 가지지 않는 교활한 자들이다.
비사회적 (asocial) 무법자 (outlaws)	• 비사회적 수형자로서 자신의 목적을 위하여 폭력을 이용하고 동료 수형자와 직원 모두를 피해자화하므로 교도관이나 수형자 모두로부터 배척받는다. • 이들은 일종의 조직 속의 패배자들이며 보통 폭력 또는 강력범죄자 중에서 비정상적·비공리적 범행을 한 자가 많다.

06 정답 ②

Tip ▶ 충격구금(Shock Incarceration)

의의	• 충격구금은 범죄인의 구금기간이 장기화됨에 따라 부정적 낙인의 골이 깊어지고 범죄적 악풍감염정도는 심화되지만 구금에 따른 박탈과 그로 인한 고통은 점차 줄어들게 된다는 점과 구금의 고통은 입소 후 6~7개월에 최고조에 달하다가 그 이후 급격히 떨어진다는 점을 근거로 구금의 고통이 가장 큰 기간만 구금하여 범죄제지효과를 극대화하자는 데 제도적 의의가 있다. • 보호관찰에 앞서 일시적인 구금의 고통이 미래 범죄행위에 대한 억지력을 발휘할 것이라고 가정하는 처벌형태로, 이는 장기구금에 따른 폐해와 부정적 요소를 해소하거나 줄이는 대신 구금이 가질 수 있는 긍정적 측면을 강조하기 위한 것이다. • 형의 유예 및 구금의 일부 장점들을 결합한 것으로 구금 이후 형의 집행을 유예하면서 보호관찰과 결합되는 형태로 운영되고 있다. • 짧은 기간 구금되지만 범죄자가 악풍에 감염될 우려가 있다.

유형	내용
충격가석방 (shock parole)	보호관찰에 회부하기 전에 단기간의 구금을 통해 교정시설의 실상을 인식하게 하여 다시 범죄를 하지 않도록 제지하자는 제도
분할구금 (split sentence)	보호관찰과 충격구금과 같은 단속적인 구금에 처하는 두 가지의 처벌형태
충격보호관찰 (Shock probation)	• 병영식 캠프의 전신, 1965년 오하이오에서 시작, 구금경력이 없는 청소년 대상으로 1~4개월 단기간 구금 후 보호관찰조건부 석방 • 목적: 보호관찰을 받기 전 충격을 가하여 보호관찰의 억지기능 보완, 동시에 시설수용으로 인한 부정적 폐해 방지효과 • 장점: 교도소 수용기간 감축, 대상자 사회복귀 유리, 가족관계 유지, 수용인원감소로 교정비용 절감효과 등 • 단점: 일단 구금의 악영향을 경험하므로 보호관찰 본래의 의미를 상실, 구금의 낙인효과 등
병영식 캠프 (boot camp)	• 1983년 미국 조지아주에서 구금형과 일반보호관찰에 대한 대체방안으로 개발 • 3~4개월간 군대식 엄격한 규율과 규칙적인 생활습관 및 책임의식 강조하는 단기훈련기간을 갖는 시설 • 수형자의 자원에 의해 실시, 과밀수용해소와 형기감소 목표 달성, 1990년대 가장 보편적인 중간처벌로 정착 • 운영주체: 주로 민간이 맡으며, 엄격한 규율아래 마약이나 알코올과의 접촉을 차단시키는 단기교정프로그램 • 군대식 훈련에 노동, 작업, 직업교육, 상담 등 다양한 교화적 측면도 강조 • 충격보호관찰과 유사하나 주교정국 관할이 아니고 보호관찰소 관할이라는 점에서 구별

07

정답 ②

Tip 과밀수용의 해소방안[브럼스타인(Blumstein)]

(1) 무익한 전략(Null Strategy)
아무런 대책을 세우지 않고 그냥 교정시설이 증가되는 수용자만큼 더 소화시킬 수밖에 없다는 수용전략이다.
(2) 선별적 무능력화(Selective Incapacitation)
교정시설의 증설이 어렵기 때문에 강력범죄의 대부분은 일부 중누범자들에 의해서 행해지고 있으므로 이들을 선별하여 수용함으로써 전체 강력범죄 중 상당부분을 예방할 수 있으므로 전체적으로 범죄감소효과를 거둘 수 있고 결과적으로 과밀수용을 해소할 수 있다는 전략이다(집합적 무능력화는 과밀수용의 원인이 될 수 있다).
(3) 인구 감소 전략 - 정문정책(Front-door)
① 구금 이전 단계에서 경미범죄자나 초범자를 대상으로 보호관찰, 가택구금, 벌금형, 배상처분, 사회봉사명령, 선도조건부 기소유예 등의 비구금적 제재로 전환시킴으로써 교정시설에 수용되는 인구 자체를 줄이자는 전략이다.
② 비판 : 강력범죄자에게 적용이 어렵고 오히려 형사사법망 확대의 결과를 초래하여 더 많은 사람을 교정의 대상으로 삼게 된다는 점이다.
(4) 인구 감소 전략 - 후문정책(Back-door)
① 일단 수용된 범죄자를 대상으로 보호관찰부 가석방, 선시제도 등을 이용하여 새로운 입소자들을 위한 공간확보를 위해 그들의 형기종료 이전에 미리 출소시키는 전략이다.
② 비판 : 가석방이나 선시제 등의 조기 석방제도는 과밀수용에 대한 신속하고 용이한 임시방편적 대안으로 이용되었으나 '회전식 교도소문 증후군(revolving prison door syndrome)'이라는 비판이 있다.
(5) 사법절차와 과정의 개선
① 형의 선고 시 수용능력 고려, 과밀의 경우 석방 허용 정책, 검찰의 기소나 법원의 양형결정 시에 수용능력과 현황에 관한 자료의 참고 등을 통한 과밀수용 해소전략이다.
② 경찰, 검찰, 법원 그리고 교정당국의 협의체를 통한 협의와 협조체제를 의미하는 것으로 교정의 주체성 · 주관성 · 능동성을 제고할 필요성을 강조하고 있다.
(6) 교정시설의 증설(Capacity Expansion)
① 가장 단순하면서도 쉽게 생각할 수 있는 전략이지만 경비부담의 문제가 크다.
② 시설이 증설되더라도 교정당국의 관료제적 성향으로 인하여 금방 과밀수용 현상이 재연될 것이라는 비판이 있다.

08

정답 ①

정답풀이 지역사회교정(community based correction)이란 지역사회와 범죄자와의 상호 의미 있는 유대라는 개념을 바탕으로 지역사회에서 행해지는 범죄자에 대한 다양한 제재와 비시설 내 교정프로그램을 말한다. 범죄에 대한 사회적 책임을 강조하고 재통합 모델의 관점에서 사회 내 처우 형태를 선호하며, 처우의 과학화보다는 처우의 사회화를 실현하는 제도이다. 범죄자에 대한 인도주의적 처우, 사회복귀의 긍정적 효과 그리고 교정경비의 절감과 재소자관리상 이익의 필요성 등의 요청에 의해 대두되었다.

선지풀이 ② 무능력화란 소수의 위험한 범죄인들이 사회의 다수 범죄를 범한다는 현대 고전주의 범죄학의 입장에서 제기된 것으로, 범죄방지 및 피해자 보호를 위해서는 범죄성이 강한 자들을 추방 · 구금 또는 사형에 처함으로써 이들 범죄자가 사회에 존재하면서 행할 가능성이 있는 범죄를 원천적으로 행하지 못하도록 범죄능력을 무력화시키자는 주장을 말한다. 유죄확정된 모든 강력범죄자에 적용하자는 집합적 무능력화와 범죄성이 강한 개별 범죄자를 선별적으로 구금하거나 형량을 강화하자는 선별적 무능력화로 구분할 수 있다.
③ 응보란 과거 범죄행위에 대한 도덕적 평가로서 그에 상응한 처벌을 의미한다. 응보에 기초한 처벌, 적절한 처벌의 제안 그리고 순화된 응보 모델 등의 방법으로 형벌에 대한 응보적 합리성의 도덕적 기초를 마련

하려는 연구가 지속되고 있다. 공리란 미래가치의 추구, 즉 특정의 바람직한 목적 있는 처벌을 의미한다. 벤담(Bentham)의 공리주의는 인간은 이성적이기 때문에 최대의 즐거움과 최소한의 고통을 얻기 위해 필요한 모든 것을 행한다고 보고, 만약 형벌이 범죄에 상응하는 처벌이라면 범죄행위를 억제할 수 있을 것이라고 확신하였다.
④ 제지이론은 인간은 합리적으로 즐거움과 고통, 이익과 비용을 계산할 줄 아는 이성적 존재이기 때문에 범죄의 비용이 높을수록 범죄수준은 낮아질 것이라는 가정, 즉 처벌을 강화하면 두려움과 공포로 인하여 사람들의 범죄동기가 억제되고 범죄는 줄어들 것이라는 가정에 기초한 이론이다. 제지이론은 일반제지(일반예방)와 특별제지(특별예방)로 설명하고, 제지(억제)의 효과는 처벌의 확실성, 엄중성, 신속성의 3가지 차원에서 결정되므로 범죄자에 대한 엄정한 처벌이 강조된다.

09

정답 ②

선지풀이 ① 상담책임자는 감독교도관 또는 상담 관련 전문교육을 이수한 교도관을 우선하여 지정하여야 하며, 상담대상자는 상담책임자 1명당 10명 이내로 하여야 한다(동법 시행규칙 제196조 제2항).
③ 소장은 조직폭력수용자에게 거실 및 작업장 등의 봉사원, 반장, 조장, 분임장, 그 밖에 수용자를 대표하는 직책을 부여해서는 아니 된다(시행규칙 제200조).
④ 소장은 조직폭력수형자가 작업장 등에서 다른 수형자와 음성적으로 세력을 형성하는 등 집단화할 우려가 있다고 인정하는 경우에는 법무부장관에게 해당 조직폭력수형자의 이송을 지체 없이 신청하여야 한다(시행규칙 제201조).

10

정답 ④

선지풀이 ① 위하적 단계(공형벌, 일반예방)는 고대부터 18세기까지를 말하며, 14~15세기의 이단자 탄압의 시기에는 특히 교회법의 위반자를 처벌하면서도 동시에 일반사회 범죄인들의 피난처로 교회가 이용되기도 하였다. 16세기경에는 왕권강화와 강력한 공(公)형벌(일반예방에 입각한 심리강제와 위하)개념에 따른 준엄하고 잔인한 공개적 처벌을 포함한 형벌제도와 순회판사제도가 있었던 시기로, 『카롤리나 형법전』이 대표적인 법전이라 할 수 있다. 수형자에 대한 행형은 야만성(사형과 신체형 중심)을 탈피하지 못했고 교육적 목적이 전혀 고려되지 않은 음침한 지하의 혈창, 성벽의 폐허 등의 행형건축이 주로 이용되었다.
② 교육적 개선단계(자유형 중심, 죄형법정주의, 구금제도의 발전, 누진처우제도)는 18세기 말엽부터 19세기 중반에 걸쳐 박애주의사상에 입각한 형벌관의 변화가 있었다. 위하적 잔혹형에서 박애적 관용형으로, 죄형처단주의에서 죄형법정주의에 의한 균형 있는 처벌로, 생명형과 신체형 위주에서 자유형으로의 변화를 가져왔으며, 자유박탈의 목적이 응보적 · 위하적 · 해악적 중심에서 교정적 · 개선적 · 교화적 목적으로 변화하였다.
③ 과학적 처우단계(형벌의 개별화, 특별예방, 과학적 분류심사)는 19세기 말부터 20세기 초 형벌의 개별화가 주장되면서 진취적이고 실증적인 범죄의 분석과 범죄자에 대한 처우로써 사회를 범죄로부터 구제 내지 방어하려는 방향이 제시되면서 발달하였다. 수형자에 대한 과학적 처우를 위해서는 훈련된 교도관으로 하여금 수용자의 구금분류와 처우를 담당하게 하고, 수용자의 적성발견과 개별적 처우를 통해 건전한 사회인으로의 재사회화를 도모하는 것에 초점을 두었다.

11
정답 ③

정답풀이 소장은 19세 미만의 신입자 그 밖에 특히 필요하다고 인정하는 수용자에 대하여는 신입자거실 수용기간을 30일까지 연장할 수 있다(동법 시행령 제18조 제3항).

선지풀이 ① 형집행법 시행령 제14조
② 동법 시행령 제15조
④ 동법 시행령 제19조

12
정답 ④

정답풀이 가석방자는 그의 주거지에 도착하였을 때에는 지체 없이 종사할 직업 등 생활계획을 세우고 이를 관할경찰서의 장에게 서면으로 신고하여야 한다(가석방관리규정 제6조).

선지풀이 ① 가석방관리규정 제3조
② 가석방관리규정 제4조 제1항
③ 가석방관리규정 제4조 제2항

13
정답 ③

정답풀이 작성 또는 집필한 문서나 도화가 제43조 제5항(편지의 발신·수신 금지사유)의 어느 하나에 해당하면 제43조 제7항(보관 및 폐기)을 준용한다(법 제49조 제3항).

> [외부발송 금지 문서나 도화의 보관 및 폐기 시 편지의 발신·수신 금지사유(법 제43조 제5항) 준용]
> 1. 암호·기호 등 이해할 수 없는 특수문자로 작성되어 있는 때
> 2. 범죄의 증거를 인멸할 우려가 있는 때
> 3. 형사 법령에 저촉되는 내용이 기재되어 있는 때
> 4. 수용자의 처우 또는 교정시설의 운영에 관하여 명백한 거짓사실을 포함하고 있는 때
> 5. 사생활의 비밀 또는 자유를 침해할 우려가 있는 때
> 6. 수형자의 교화 또는 건전한 사회복귀를 해칠 우려가 있는 때
> 7. 시설의 안전 또는 질서를 해칠 우려가 있는 때
>
> [외부발송 금지 문서나 도화의 관리 시 편지의 보관 및 폐기규정(법 제43조 제7항) 준용]
> ② 소장은 외부 발송이 금지된 문서나 도화는 그 구체적인 사유를 서면으로 작성해 관리하고, 수용자에게 그 사유를 알린 후 교정시설에 보관한다. 다만, 수용자가 동의하면 폐기할 수 있다(법 제43조 제7항 준용).

선지풀이 ① 수용자는 문서 또는 도화를 작성하거나 문예·학술, 그 밖의 사항에 관하여 집필할 수 있다. 다만, 소장이 시설의 안전 또는 질서를 해칠 명백한 위험이 있다고 인정하는 경우는 예외로 한다(형집행법 제49조 제1항)
② 동법 제49조 제2항
④ 동법 제49조 제4항

14
정답 ④

정답풀이 동법 시행규칙 제94조

선지풀이 ① 수형자의 경비처우급별 접견의 허용횟수는 다음 각 호와 같다(시행규칙 제87조 제1항·제2항)

개방처우급	1일 1회	–
완화경비처우급	월 6회	2호부터 4호까지의 경우 접견은 1일 1회만 허용한다. 다만, 처우상 특히 필요한 경우에는 그러하지 아니하다.
일반경비처우급	월 5회	
중경비처우급	월 4회	

Tip 접견횟수 늘릴 사유

> 소장은 수형자가 다음의 어느 하나에 해당하면 접견 횟수를 늘릴 수 있다(시행령 제59조 제2항).
> 1. 19세 미만인 때
> 2. 교정성적이 우수한 때
> 3. 교화 또는 건전한 사회복귀를 위하여 특히 필요하다고 인정되는 때

② 소장은 개방처우급·완화경비처우급 또는 자치생활 수형자에 대하여 월 2회 이내에서 경기 또는 오락회를 개최하게 할 수 있다. 다만, 소년수형자에 대하여는 그 횟수를 늘릴 수 있다(동법 시행규칙 제91조).
③ 소장은 개방처우급·완화경비처우급 수형자에 대하여 교정시설 밖에서 이루어지는 다음에 해당하는(1. 사회견학, 2. 사회봉사, 3. 자신이 신봉하는 종교행사 참석, 4. 연극, 영화, 그 밖의 문화공연 관람)활동을 허가할 수 있다. 다만, 처우상 특히 필요한 경우에는 일반경비처우급 수형자에게도 이를 허가할 수 있다.

15
정답 ②

정답풀이 사회내 처우는 사회 내에서 보호관찰관 등의 지도·감독·원조를 통해 재범을 방지하고 개선을 도모하는 제도로, 진정한 자유의 학습은 자유 가운데에서 이루어져야 한다는 이념에 기초하고 있으며, 가석방, 보호관찰, 사회봉사·수강명령, 갱생보호, 전자감시, 가택구금, 외출제한명령 등이 있다.

장점	① 구금에 따른 범죄배양효과 내지 낙인효과 방지, 형사사법기관의 부담을 경감
	② 지역사회 자원의 참여로 교정에 대한 시민의 관심이 높아지고, 참여의식 강화
	③ 범죄인의 경제활동 등 지역사회에서 일상생활이 가능하므로, 사회적 관계성 유지 가능
	④ 알코올중독자, 마약사용자, 경범죄인 등 통상의 형사재판절차에서 전환 방안으로 활용 가능
단점	① 사회내 처우시설은 지역사회의 이기주의로 반대 직면 가능
	② 신종의 사회통제전략(형사사법망의 확대)으로 과잉구금 문제의 회피전략임

16 정답 ④

정답풀이 샘슨과 라웁의 나이등급이론은 일탈행동이 생애 전 과정을 통해 안정적으로 유지된다는 관점에 반대하고 생애과정을 거치면서 범죄성의 안정성은 변화한다는 관점을 제시하여 생애과정이론을 지지하였다. 어릴 때 비행소년이었던 사람이 후에 정상적인 삶을 살게 되는 것은 결혼이나 군복무, 직업, 형사사법절차에의 경험과 같은 사회자본에서 그 원인을 찾고 있으며, 이와 같은 인생의 계기를 통해 공식적 혹은 비공식적 통제가 가능하게 되고 그런 통제를 통해 범죄에서 탈출하게 된다는 것이다.

17 정답 ①

정답풀이 소장은 소년수형자의 선도를 위하여 필요한 경우에는 다음[1. 집행할 형기 중에 해당 훈련과정을 이수할 수 있을 것(기술숙련과정 집체직업훈련 대상자는 제외), 2. 직업훈련에 필요한 기본소양을 갖추었다고 인정될 것, 3. 해당 과정의 기술이 없거나 재훈련을 희망할 것, 4. 석방 후 관련 직종에 취업할 의사가 있을 것]의 요건을 갖추지 못한 경우에도 직업훈련 대상자로 선정하여 교육할 수 있다.

선지풀이 ② 소장은 직업훈련 대상자가 다음의 어느 하나(1. 징벌대상행위의 혐의가 있어 조사를 받게 된 경우, 2. 심신이 허약하거나 질병 등으로 훈련을 감당할 수 없는 경우, 3. 소질·적성·훈련성적 등을 종합적으로 고려한 결과 직업훈련을 계속할 수 없다고 인정되는 경우, 4. 그 밖에 직업훈련을 계속할 수 없다고 인정되는 경우)에 해당하는 경우에는 직업훈련을 보류할 수 있다(형집행법 시행규칙 제128조).
③ 소장은 수형자가 개방처우급 또는 완화경비처우급으로서 직업능력 향상을 위하여 특히 필요한 경우에는 교정시설 외부의 공공기관 또는 기업체 등에서 운영하는 직업훈련을 받게 할 수 있다(동법 시행규칙 제96조 제1항)
④ 직업훈련 대상자는 소속기관의 수형자 중에서 소장이 선정한다. 다만, 집체직업훈련(직업훈련 전담 교정시설이나 그 밖에 직업훈련을 실시하기에 적합한 교정시설에 수용하여 실시하는 훈련) 대상자는 집체직업훈련을 실시하는 교정시설의 관할 지방교정청장이 선정한다(동법 시행규칙 제124조 제2항).

18 정답 ①

정답풀이 형집행법 제117조의2 제2항

선지풀이 ② 정보의 공개 및 우송 등에 들 것으로 예상되는 비용을 미리 납부하여야 하는 수용자가 비용을 납부하지 아니한 경우 법무부장관, 지방교정청장 또는 소장은 그 비용을 납부할 때까지 「공공기관의 정보공개에 관한 법률」제11조(정보공개 여부의 결정)에 따른 정보공개 여부의 결정을 유예할 수 있다(동법 제117조의2 제3항).
③ 정보의 공개 및 우송 등에 들 것으로 예상되는 비용을 미리 수용자에게 납부하게 하는 경우 정보공개청구 예상비용의 산정방법, 납부방법, 납부기간, 그 밖에 비용납부에 관하여 필요한 사항은 법무부장관이 정한다(동법 시행령 제139조의2 제8항).
④ 법무부장관, 지방교정청장 또는 소장은 비공개 결정을 한 경우에는 납부된 비용의 전부를 반환하고 부분공개 결정을 한 경우에는 공개 결정한 부분에 대하여 드는 비용을 제외한 금액을 반환하여야 한다(동법 시행령 제139조의2 제6항).

19 정답 ③

정답풀이 동법 제113조 제3항

선지풀이 ① 교육대상자의 선발이 취소되거나 교육대상자가 교육을 수료하였을 때에는 선발 당시 소속기관으로 이송한다. 다만, 다음 각 호의 어느 하나[1. 집행할 형기가 이송 사유가 발생한 날부터 3개월 이내인 때, 2. 제105조 제1항 제3호(징벌을 받고 교육 부적격자로 판단되는 때)의 사유로 인하여 교육대상자 선발이 취소된 때, 3. 소속기관으로의 이송이 부적당하다고 인정되는 특별한 사유가 있는 때]에 해당하는 경우에는 소속기관으로 이송하지 아니하거나 다른 기관으로 이송할 수 있다(행집행법 시행규칙 제106조).
② 교육과정·외부통학·위탁교육 등에 관하여 필요한 사항은 법무부령으로 정한다(동법 제63조 제4항).
④ 작업·직업훈련 수형자 등도 독학으로 검정고시·학사고시 등에 응시하게 할 수 있다. 이 경우 자체 평가시험 성적 등을 고려해야 한다(동법 시행규칙 제107조).

20 정답 ①

정답풀이 ① 소장은 법 제116조 제1항(소장 면담)에 따라 수용자가 면담을 신청한 경우에는 그 인적사항을 면담부에 기록하고 특별한 사정이 없으면 신청한 순서에 따라 면담하여야 한다(형집행법 시행령 제138조 제1항). 소장은 제1항에 따라 수용자를 면담한 경우에는 그 요지를 면담부에 기록하여야 한다(형집행법 시행령 제138조 제2항).

선지풀이 ② 청원하려는 수용자는 청원서를 작성하여 봉한 후 소장에게 제출하여야 한다. 다만, 순회점검공무원에 대한 청원은 말로도 할 수 있다(동법 제117조 제2항). 소장은 청원서를 개봉하여서는 아니 되며, 이를 지체 없이 법무부장관·순회점검공무원 또는 관할 지방교정청장에게 보내거나 순회점검공무원에게 전달하여야 한다(동법 제117조 제3항).
③ 동법 시행령 제139조 제4항
④ 동법 제118조

21 정답 ③

정답풀이 소장은 가족이라 하더라도 교화상 부적당하다고 인정되는 사람은 수용자와의 만남을 제한할 수 있다(동 지침 제5조 제2항).

선지풀이 ① 다음 각 호의 어느 하나(1. 「민법」상의 미성년 자녀 또는 65세 이상의 부모가 있거나 가족의 사망 등으로 심적 안정이 필요한 자, 2. 소년, 65세 이상 고령자 및 장애인으로서 가족으로부터 관심과 지원이 필요한 자, 3. 학업 및 직업능력개발훈련 성적이 우수하여 격려가 필요한 자, 4. 교도작업 능률향상, 교정사고 방지, 그 밖의 선행 등으로 수용생활에 모범이 되는 자, 5. 소장이 교화상 특히 가족관계회복 지원이 필요하다고 인정하는 자)에 해당하는 경우에는 가족관계회복 지원 대상자로 선정할 수 있다(수용자 사회복귀지원 등에관한 지침 제4조).
② 동 지침 제7조 제5항(외래인의 휴대품 검사 등)
④ 소장은 가족만남의 날, 가족만남의 시간 등 가족관계회복 지원 프로그램 참여 수용자의 복장은 모범수형자복 또는 평상복으로 한다(동 지침 제9조 제1항). 소장은 제1항에도 불구하고 교화상 필요하다고 인정되는 경우, 가족관계회복 지원 프로그램 참여 수용자에게 자비구매 의류 등을 착용하게 할 수 있다(동 지침 제9조 제2항).

22
정답 ④

✅ 정답풀이 동법 제5조 제3항

✏️ 선지풀이 ① 대통령령으로 정한 금액 범위 내의 벌금형이 확정된 벌금 미납자는 검사의 납부명령일부터 30일 이내에 주거지를 관할하는 지방 검찰청(지방검찰청지청을 포함한다. 이하 같다)의 검사에게 사회봉사를 신청할 수 있다. 다만, 검사로부터 벌금의 일부납부 또는 납부연기를 허가받은 자는 그 허가기한 내에 사회봉사를 신청할 수 있다(벌금미납자 법 제4조 제1항). 「벌금 미납자의 사회봉사 집행에 관한 특례법」(이하 "법"이라 한다) 제4조 제1항 본문에 따른 벌금형의 금액은 500만원으로 한다(동법 시행령 제2조).
② 다음의 어느 하나(1. 징역 또는 금고와 동시에 벌금을 선고받은 사람, 2. 법원으로부터 벌금 선고와 동시에 벌금을 완납할 때까지 노역장에 유치할 것을 명받은 사람, 3. 다른 사건으로 형 또는 구속영장이 집행되거나 노역장에 유치되어 구금 중인 사람, 4. 사회봉사를 신청하는 해당 벌금에 대하여 법원으로부터 사회봉사를 허가받지 못하거나 취소당한 사람. 다만, 사회봉사 불허가 사유가 소멸한 경우에는 그러하지 아니하다.)에 해당하는 사람은 사회봉사를 신청할 수 없다(동법 제4조 제2항)
③ 사회봉사를 신청할 때에 필요한 서류 및 제출방법에 관한 사항은 대통령령으로 정하되, 신청서식 및 서식에 적을 내용 등은 법무부령으로 정한다(동법 제4조 제3항)

23
정답 ③

✅ 정답풀이 소장은 유아의 양육을 허가하지 아니하는 경우에는 수용자의 의사를 고려하여 유아보호에 적당하다고 인정하는 법인 또는 개인에게 그 유아를 보낼 수 있다. 다만, 적당한 법인 또는 개인이 없는 경우에는 그 유아를 해당 교정시설의 소재지를 관할하는 시장·군수 또는 구청장에게 보내서 보호하게 하여야 한다(동법 제80조 제1항). 양육이 허가된 유아가 출생 후 18개월이 지나거나, 유아양육의 허가를 받은 수용자가 허가의 취소를 요청하는 때 또는 법 제53조 제1항(유아 양육 불허사유) 각 호의 어느 하나에 해당되는 때에도 제1항과 같다(동법 제80조 제2항).

✏️ 선지풀이 ① 여성수용자는 자신이 출산한 유아를 교정시설에서 양육할 것을 신청할 수 있다. 이 경우 소장은 다음 각 호의 어느 하나(1. 유아가 질병·부상, 그 밖의 사유로 교정시설에서 생활하는 것이 특히 부적당하다고 인정되는 때, 2. 수용자가 질병·부상, 그 밖의 사유로 유아를 양육할 능력이 없다고 인정되는 때, 3. 교정시설에 감염병이 유행하거나 그 밖의 사정으로 유아양육이 특히 부적당한 때)에 해당하는 사유가 없으면, 생후 18개월에 이르기까지 허가하여야 한다(형집행법 제53조 제1항).
② 동법 제79조
④ 동법 제53조 제2항

24
정답 ③

✅ 정답풀이 사회정착지원의 기간은 6개월 이내로 하되, 6개월 이내의 범위에서 한 번에 한하여 그 기간을 연장할 수 있다(동법 제45조2 제2항).

✏️ 선지풀이 ① 보호소년법 제43조 제1항
② 동법 제45조 제2항
④ 동법 제45조2 제3항

25
정답 ④

Tip 중간처우(시행규칙 제93조)

교정시설 설치 개방시설 수용 사회적응 필요교육, 취업지원 등 적정처우 대상자(제1항)	지역사회에 설치된 개방시설 수용 사회적응 필요교육, 취업지원 등 적정처우 대상자(제2항)
1. 개방처우급 혹은 완화경비처우급 수형자 2. 형기가 2년 이상인 사람	
3. 범죄 횟수가 3회 이하인 사람 4. 중간처우를 받는 날부터 가석방 또는 형기 종료 예정일까지 기간이 3개월 이상 2년 6개월 미만인 사람	3. 범죄 횟수가 1회인 사람 4. 중간처우를 받는 날부터 가석방 또는 형기 종료 예정일까지의 기간이 1년 6개월 미만인 사람

제1항 및 제2항에 따른 중간처우 대상자의 선발절차, 교정시설 또는 지역사회에 설치하는 개방시설의 종류 및 기준, 그 밖에 필요한 사항은 법무부장관이 정한다(제3항).

부록 3 · 2025년도 9급(공채) 시험

Answer

01	①	02	①	03	②	04	③	05	②
06	③	07	①	08	④	09	④	10	①
11	③	12	②	13	④	14	③	15	①
16	①	17	④	18	④	19	③	20	③

01
정답 ①

☑정답풀이 사회통제이론과 사회학습이론을 통합하여 범죄행위는 행위자와 환경이 상호작용하는 발전적 과정에 의하여 발생한다고 하였다.그의 가장 중요한 주장은 인과모형의 변수들이 상호간에 영향을 미친다는 것이다. 예를 들어, 아동기에 부모와의 애착이 약하면 비행친구와의 접촉이 증가하고, 이는 다시 부모에 대한 애착을 더 약화시킨다. 또한 비행친구와의 접촉은 비행행위를 유발하고, 비행행위는 다시 같은 상태의 친구들과의 접촉을 강화한다. 그리고 비행참여의 수준이 높아지면 사회적 유대가 더욱 약화된다. 그는 이처럼 범죄의 관련요인들이 시간이 흐름에 따라 서로를 강화하여 지속적 일탈의 가능성을 높인다고 보았다. 그는 생애과정의 단계별로 변수들의 영향력이 다를 수 있다는 사실을 강조하였다(예: 10대 초반에서 중반은 학교, 10대 후반은 대학진학·취업·군복무). 이러한 변수들이 비행을 지속할지 아니면 그만둘지를 결정하는데 중요한 역할을 한다.

☑선지풀이 ② 패터슨(Patterson)은 비행청소년이 되어가는 두 가지 경로에 따라 조기 개시형(초기 진입자)과 만기 개시형(후기 진입자)으로 구분하였다.
③ 낙인이론의 범죄원인은 범죄인과 사회의 상호작용에 의한 사회적 낙인과 반작용, 특히 낙인의 주체인 법집행기관의 역할에 초점을 맞춘 규범회의주의의 입장에 있다(범죄행위보다는 범죄행위에 대한 통제기관의 빈작용에 관심을 가진다). 범죄는 일정한 행위속성의 결과가 아니라, 통제기관에 의해 일탈행위에 대한 '사회적 반응'이 범죄로 규정된다.
④ 버제스와 에이커스(Burgess & Akers)의 차별적 강화이론(사회학습이론)은 범죄행위의 결과로서 보상이 취득되고 처벌이 회피될 때 그 행위는 강화되는 반면, 보상이 상실되고 처벌이 강화되면 그 행위는 약화된다.에이커스는 개인의 범죄활동을 설명하기 위하여 차별적 접촉, 차별적 강화, 모방, 정의 개념을 제시하였다.

02
정답 ①

☑정답풀이 소장은 미결수용자의 처우를 위하여 특히 필요하다고 인정하면 제58조 제1항(근무시간 내 접견)에도 불구하고 접견 시간대 외에도 접견하게 할 수 있고, 변호인이 아닌 사람과 접견하는 경우에도 제58조 제2항(30분 이내의 접견) 및 제101조(매일 1회의 접견횟수)에도 불구하고 접견시간을 연장하거나 접견 횟수를 늘릴 수 있다(형집행법 시행령 제102조).

☑선지풀이 ② 동법 제82조
③ 동법 제83조
④ 동법 제84조

03
정답 ②

☑정답풀이 교도작업법 제11조의2

☑선지풀이 ① 특별회계는 법무부장관이 운용·관리한다(동법 제8조).
③ 법무부장관은 교도작업제품의 전시 및 판매를 위하여 필요한 시설을 설치·운영하거나 전자상거래 등의 방법으로 교도작업제품을 판매할 수 있다(동법 제7조).
④ 법무부장관은 교도작업으로 생산되는 제품의 종류와 수량을 회계연도 개시 1개월 전까지 공고하여야 한다(동법 제4조).

04
정답 ③

☑정답풀이 조정된 처우등급에 따른 처우는 그 조정이 확정된 다음 날부터 한다. 이 경우 조정된 처우등급은 그 달 초일부터 적용된 것으로 본다(형집행법 제82조 제1항).

☑선지풀이 ①, ② 동법 시행규칙 제81조
④ 동법 시행규칙 제82조

05
정답 ②

☑정답풀이 수용자는 「공공기관의 정보공개에 관한 법률」에 따라 법무부장관, 지방교정청장 또는 소장에게 정보의 공개를 청구할 수 있다(형집행법 제117조의2 제1항).

06
정답 ③

☑정답풀이 치료감호와 형이 병과된 경우에는 치료감호를 먼저 집행한다. 이 경우 치료감호의 집행기간은 형 집행기간에 포함한다(동법 제18조).

☑선지풀이 ① 치료감호법 제16조 제2항
② 동법 제32조 제2항
④ 동법 제31조

07
정답 ①

☑정답풀이 재판소 구성법: 1895년 3월 5일 법률 제1호로 제정(사법권 독립)
㉠ 신체형·생명형 위주에서 자유형 체계로 전환: '징역처단례(1895)'제정, 5형(태·장·도·유·사) 중 장형폐지, 도형은 징역으로 바꾸고, 유형은 정치범(국사범)에 한해서 적용(폐지×)하는 등 자유형 중심의 근대 행형체계로 전환시키는 계기
㉡ 감옥사무의 일원화: 형조소속의 전옥서를 경무청 감옥서로 변경, 직수아문(형조·의금부·한성부·포도청 등)에 부설되어 있었던 옥을 모두 폐지하고, 감옥사무를 감옥서로 일원화
㉢ 미결수와 기결수 구분: 미결수와 기결수를 구분하여 분리 수용하게 하고, 징역형을 받은 자는 감옥서에서 노역에 종사
㉣ 감옥규칙과 징역표 제정: 감옥 운영의 기준이 되는 감옥규칙과 징역수형자의 누진처우를 규정하는 징역표 등을 제정

08
정답 ②

정답풀이 형집행법 시행규칙 제16조

선지풀이 ① 소장은 감염병의 유행 등으로 자비구매물품의 사용이 중지된 경우에는 구매신청을 제한할 수 있다(동법 시행규칙 제17조 제2항).
③ 법무부장관은 자비구매물품 공급의 교정시설 간 균형 및 교정시설의 안전과 질서유지를 위하여 공급물품의 품목 및 규격 등에 대한 통일된 기준을 제시할 수 있다(동법 시행규칙 제16조 제3항).
④ 검수관은 공급제품이 부패, 파손, 규격미달, 그 밖의 사유로 수용자에게 공급하기에 부적당하다고 인정하는 경우에는 소장에게 이를 보고하고 필요한 조치를 하여야 한다(동법 시행규칙 제19조 제2항).

09
정답 ④

정답풀이 취사·청소·간병 등 교정시설의 운영과 관리에 필요한 작업의 1일 작업시간은 12시간 이내로 한다(형집행법 제71조 제2항).

선지풀이 ① 동법 제71조 제1항
② 동법 제71조 제5항 제2호
③ 동법 제71조 제4항

10
정답 ①

정답풀이 제지이론은 인간은 합리적으로 즐거움과 고통, 이익과 비용을 계산할 줄 아는 이성적 존재이기 때문에 범죄의 비용이 높을수록 범죄 수준은 낮아질 것이라는 가정, 즉 처벌을 강화하면 두려움과 공포로 인하여 사람들의 범죄동기가 억제되고 범죄는 줄어들 것이라는 가정에 기초한 이론이다. 일반제지(일반예방)와 특별제지(특별예방)로 설명하고, 제지(억제)의 효과는 처벌의 확실성, 엄중성, 신속성의 3가지 차원에서 결정되므로 범죄자에 대한 엄정한 처벌이 강조된다.

선지풀이 ② 처벌의 엄중성(severity): 벌금의 액수나 형기 등 형벌의 정도 또는 강도를 강하고 엄하게 집행할수록 법률위반의 정도는 낮아진다는 가정이다.
③ 처벌의 확실성(certainty): 범죄의 결과로 처벌을 경험할 가능성을 의미하며 처벌받을 확률이 높을수록, 즉 처벌이 확실할수록 법률위반의 정도는 줄어들 것이라고 가정된다(⇨ 수사기관의 검거율과 관련이 있다).
④ 처벌의 신속성(swiftness): 범죄행위와 처벌 경험의 시간적 간격을 말하는 것으로 범행 후 빨리 처벌될수록 범죄가 더 많이 제지될 것이라고 가정된다.

11
정답 ③

정답풀이 분류심사업무 교도관 수형자가 교정성적이 우수하고 재범의 우려가 없는 등 가석방 요건을 갖추었다고 인정되는 경우에는 상관에게 보고하는 등 적절한 조치를 하여야 한다(동 규칙 제73조).

선지풀이 ① 교도관직무규칙 제60조
② 동 규칙 제64조
④ 동 규칙 제63조 제3항

12
정답 ②

정답풀이 소장은 분류심사를 위하여 수형자를 대상으로 상담 등을 통한 신상에 관한 개별사안의 조사, 심리·지능·적성 검사, 그 밖에 필요한 검사를 할 수 있다(형집행법 제59조 제3항).

선지풀이 ① 동법 제59조 제1항
③ 동법 제59조 제4항
④ 동법 제61조

13
정답 ④

정답풀이 교정시설의 설치 및 운영에 관한 업무의 일부를 위탁받을 수 있는 법인의 자격요건, 교정시설의 시설기준, 수용대상자의 선정기준, 수용자 처우의 기준, 위탁절차, 국가의 감독, 그 밖에 필요한 사항은 따로 법률로 정한다(동법 제7조 제2항).

선지풀이 ① 동법 제6조 제1항
② 교정시설의 거실·작업장·접견실이나 그 밖의 수용생활을 위한 설비는 그 목적과 기능에 맞도록 설치되어야 한다. 특히, 거실은 수용자가 건강하게 생활할 수 있도록 적정한 수준의 공간과 채광·통풍·난방을 위한 시설이 갖추어져야 한다(동법 제6조 제2항).
③ 동법 제8조

14
정답 ③

정답풀이 ③ 현행법령상 귀휴제도

> 1. 일반귀휴
>   ㉠ 소장은 6개월 이상 형을 집행받은 수형자로서 그 형기의 3분의 1(21년 이상의 유기형 또는 무기형의 경우에는 7년)이 지나고 교정성적이 우수한 사람이 다음의 어느 하나[1. 가족 또는 배우자의 직계존속이 위독한 때, 2. 질병이나 사고로 외부의료시설에의 입원이 필요한 때, 3. 천재지변이나 그 밖의 재해로 가족, 배우자의 직계존속 또는 수형자 본인에게 회복할 수 없는 중대한 재산상의 손해가 발생하였거나 발생할 우려가 있는 때, 4. 그 밖에 교화 또는 건전한 사회복귀를 위하여 법무부령으로 정하는 사유(1. 직계존속, 배우자, 배우자의 직계존속 또는 본인의 회갑일이나 고희일인 때, 2. 본인 또는 형제자매의 혼례가 있는 때, 3. 직계비속이 입대하거나 해외유학을 위하여 출국하게 된 때, 4. 직업훈련을 위하여 필요한 때, 5. 「숙련기술장려법」 제20조 제2항에 따른 국내기능경기대회의 준비 및 참가를 위하여 필요한 때, 6. 출소 전 취업 또는 창업 등 사회복귀 준비를 위하여 필요한 때, 7. 입학식·졸업식 또는 시상식에 참석하기 위하여 필요한 때, 8. 출석수업을 위하여 필요한 때, 9. 각종 시험에 응시하기 위하여 필요한 때, 10. 그 밖에 가족과의 유대강화 또는 사회적응능력 향상을 위하여 특히 필요한 때)가 있는 때]에 해당하면 1년 중 20일 이내의 귀휴를 허가할 수 있다(법 제77조 제1항).
>   ㉡ 일반귀휴의 경우 형기를 계산할 때 부정기형은 단기를 기준으로 하고, 2개 이상의 징역 또는 금고의 형을 선고받은 수형자의 경우에는 그 형기를 합산한다.
> 2. 특별귀휴: 소장은 다음의 어느 하나(1. 가족 또는 배우자의 직계존속이 사망한 때, 2. 직계비속의 혼례가 있는 때)에 해당하는 사유가 있는 수형자에 대하여는 5일 이내의 특별귀휴를 허가할 수 있다(법 제77조 제2항).

15 정답 ①

☑정답풀이 **가족만남의 날 행사등(형집행법 시행규칙 제89조)**

㉠ 소장은 개방처우급·완화경비처우급 수형자에 대하여 가족 만남의 날 행사에 참여하게 하거나 가족 만남의 집을 이용하게 할 수 있다. 이 경우 제87조의 접견 허용횟수에는 포함되지 아니한다(제1항).

㉡ 제1항의 경우 소장은 가족이 없는 수형자에 대하여는 결연을 맺었거나 그 밖에 가족에 준하는 사람으로 하여금 그 가족을 대신하게 할 수 있다(제2항).

㉢ 소장은 제1항에도 불구하고 교화를 위하여 특히 필요한 경우에는 일반경비처우급 수형자에 대하여도 가족 만남의 날 행사 참여 또는 가족 만남의 집 이용을 허가할 수 있다(제3항).

㉣ 제1항 및 제3항에서 "가족 만남의 날 행사"란 수형자와 그 가족이 교정시설의 일정한 장소에서 다과와 음식을 함께 나누면서 대화의 시간을 갖는 행사를 말하며, "가족 만남의 집"이란 수형자와 그 가족이 숙식을 함께 할 수 있도록 교정시설에 수용동과 별도로 설치된 일반주택 형태의 건축물을 말한다(제4항).

☑선지풀이 ② 소장은 개방처우급·완화경비처우급 또는 자치생활 수형자에 대하여 월 2회 이내에서 경기 또는 오락회를 개최하게 할 수 있다. 다만, 소년수형자에 대하여는 그 횟수를 늘릴 수 있다(동법 시행규칙 제91조 제1항).

③, ④ 사회적 처우(동법 시행규칙 제92조) 소장은 개방처우급·완화경비처우급 수형자에 대하여 교정시설 밖에서 이루어지는 다음 각 호[1. 사회견학, 2. 사회봉사, 3. 자신이 신봉하는 종교행사 참석, 4. 연극, 영화 그 밖의 문화공연 관람]에 해당하는 활동을 허가할 수 있다. 다만, 처우상 특히 필요한 경우에는 일반경비처우급 수형자에게도 이를 허가할 수 있다(제1항). 제1항 각 호의 활동을 허가하는 경우 소장은 별도의 수형자 의류를 지정하여 입게 한다. 다만, 처우상 필요한 경우에는 자비구매 의류를 입게 할 수 있다(제2항). 제1항 제4호의 활동에 필요한 비용은 수형자가 부담한다. 다만, 처우상 필요한 경우에는 예산의 범위에서 그 비용을 지원할 수 있다(제3항).

16 정답 ①

☑정답풀이 범죄인을 교도소나 소년원에 구금하는 대신에 정상적인 사회생활을 영위하게 하면서 일정한 기간 내에 지정된 시간 동안 무보수로 근로에 종사하도록 명하는 제도이다.

17 정답 ④

☑정답풀이 갱생보호사업의 허가를 받은 자 또는 공단은 갱생보호 대상자의 적절한 보호를 위하여 필요한 경우 갱생보호 대상자의 동의를 받아 수용기관의 장에게 다음 각 호의 사항[1. 수용기간, 2. 가족 관계 및 보호자 관계, 3. 직업경력 및 학력, 4. 생활환경, 5. 성장과정, 6. 심리적 특성, 7. 범행내용 및 범죄횟수]을 통보하여 줄 것을 요청할 수 있다(동법 제46조의2 제1항). 제1항의 요청을 받은 수용기관의 장은 특별한 사유가 없으면 이에 협조하여야 한다(제2항).

☑선지풀이 ① 보호관찰법 제14조
② 동법 제65조
③ 동법 제97조

18 정답 ④

☑정답풀이 전환제도의 장점은 ㉡, ㉢, ㉣

장점	㉠ 정식의 형사절차보다 경제적인 방법으로 범죄문제를 처리할 수 있고, 범죄자에 대한 보다 인도적인 처우방법이다. ㉡ 범죄자를 전과자로 낙인찍는 낙인효과를 줄일 수 있다. ㉢ 범죄적 낙인으로 인한 부정적 위험을 피함으로써 이차적 일탈을 방지한다. ㉣ 형사사법기관의 업무량을 줄여 상대적으로 중요한 범죄사건에 집중할 수 있도록 하여 형사사법제도의 능률성과 신축성을 가져온다.
문제점	㉠ 사회통제망의 확대 : 다이버전의 등장으로 인하여 그동안 형사사법의 대상조차 되지 않았던 문제가 통제대상이 되어 오히려 사회적 통제가 강화될 우려가 있다. ㉡ 형벌의 고통을 감소시켜 오히려 재범의 위험성을 증가시킬 수 있다. ㉢ 범죄원인 제거에는 큰 효과가 없다는 비판이 있다. ㉣ 선별적 법집행으로 인하여 형사사법의 불평등을 가져올 수 있다. ㉤ 다이버전은 재판절차 전 형사개입이라는 점에서 또 다른 형사사법절차의 창출이라는 비판도 있다.

19 정답 ③

☑정답풀이 소장은 노인수용자가 작업을 원하는 경우에는 나이·건강상태 등을 고려하여 해당 수용자가 감당할 수 있는 정도의 작업을 부과하되, 이 경우 의무관의 의견을 들어야 한다(형집행법 시행규칙 제48조 제2항).

☑선지풀이 ① 동법 시행규칙 제52조
② 동법 시행규칙 제53조
④ 동법 시행규칙 제46조

20 정답 ③

☑정답풀이 박스 내용은 소년법 제25조의3(화해권고)에 대한 내용으로 '소년의 품행 교정, 피해자 보호, 피해 변상 등 피해자와의 화해'는 회복적 사법에 해당한다.

③ 회복적 사법은 강력범죄를 포함한 다양한 범죄와 범죄자에게 적용될 수 있지만, 일반적인 형사사법보다는 소년사법에서 중시된다. 소년 범죄자에게 진심으로 반성할 수 있는 기회를 제공함으로써 재사회화에 도움이 되므로, 회복적 사법은 사회적 무질서를 바로잡는 것과 무관하지 않다.

빠른 정답 찾기

1회

1. ①	2. ①	3. ④	4. ①	5. ③
6. ③	7. ①	8. ④	9. ②	10. ①
11. ④	12. ④	13. ③	14. ②	15. ②
16. ②	17. ②	18. ④	19. ④	20. ④

7회

1. ④	2. ②	3. ③	4. ①	5. ②
6. ④	7. ④	8. ②	9. ①	10. ②
11. ①	12. ③	13. ②	14. ③	15. ①
16. ④	17. ③	18. ①	19. ①	20. ③

2회

1. ②	2. ②	3. ②	4. ③	5. ②
6. ②	7. ④	8. ②	9. ③	10. ④
11. ②	12. ④	13. ②	14. ③	15. ④
16. ④	17. ④	18. ①	19. ②	20. ③

8회

1. ④	2. ①	3. ①	4. ④	5. ④
6. ③	7. ②	8. ②	9. ③	10. ②
11. ③	12. ④	13. ②	14. ④	15. ③
16. ④	17. ②	18. ②	19. ①	20. ④

3회

1. ②	2. ④	3. ②	4. ④	5. ②
6. ①	7. ③	8. ①	9. ②	10. ④
11. ②	12. ①	13. ②	14. ③	15. ④
16. ③	17. ④	18. ③	19. ①	20. ③

9회

1. ③	2. ②	3. ④	4. ②	5. ①
6. ③	7. ④	8. ④	9. ②	10. ④
11. ③	12. ④	13. ③	14. ②	15. ④
16. ②	17. ②	18. ④	19. ④	20. ②

4회

1. ④	2. ②	3. ②	4. ①	5. ④
6. ④	7. ③	8. ④	9. ④	10. ②
11. ②	12. ②	13. ①	14. ②	15. ①
16. ②	17. ③	18. ①	19. ②	20. ④

10회

1. ③	2. ④	3. ②	4. ②	5. ①
6. ③	7. ③	8. ③	9. ④	10. ①
11. ②	12. ①	13. ①	14. ③	15. ②
16. ③	17. ④	18. ②	19. ②	20. ①

5회

1. ②	2. ①	3. ②	4. ③	5. ④
6. ②	7. ②	8. ④	9. ④	10. ③
11. ①	12. ①	13. ①	14. ③	15. ④
16. ②	17. ②	18. ②	19. ④	20. ③

11회

1. ③	2. ④	3. ①	4. ④	5. ①
6. ①	7. ③	8. ②	9. ①	10. ①
11. ①	12. ③	13. ④	14. ④	15. ③
16. ④	17. ②	18. ②	19. ①	20. ②

6회

1. ③	2. ②	3. ④	4. ③	5. ③
6. ②	7. ③	8. ①	9. ④	10. ④
11. ②	12. ②	13. ②	14. ①	15. ③
16. ①	17. ④	18. ④	19. ④	20. ①

12회

1. ①	2. ③	3. ④	4. ④	5. ②
6. ④	7. ④	8. ③	9. ①	10. ②
11. ②	12. ②	13. ①	14. ④	15. ②
16. ②	17. ③	18. ④	19. ③	20. ③

부록1

2025년도 5급(교정관) 승진 시험

1. ⑤	2. ⑤	3. ②	4. ①	5. 없음
6. ③	7. ⑤	8. ⑤	9. ④	10. ②
11. ④	12. ②	13. ④	14. ②	15. ③
16. ①	7. ④	18. ⑤	19. ⑤	20. ①
21. ④	22. ②	23. ③	24. ④	25. ③

부록 2

2025년도 7급(공채) 시험

1. ④	2. ②	3. ③	4. ④	5. ①
6. ②	7. ②	8. ①	9. ②	10. ④
11. ③	12. ④	13. ③	14. ④	15. ②
16. ④	17. ①	18. ①	19. ③	20. ①
21. ③	22. ④	23. ③	24. ③	25. ④

부록 3

2025년도 9급(공채) 시험

1. ①	2. ①	3. ②	4. ③	5. ②
6. ③	7. ①	8. ②	9. ④	10. ①
11. ③	12. ②	13. ④	14. ③	15. ①
16. ①	17. ④	18. ④	19. ③	20. ③

이준

주요 약력

박문각 종로고시학원, 박문각 공무원학원, 백석문화대학교
공무원학부를 비롯한 다양한 분야에서 교정학 전문강사로
활동해왔다. 교정학 강의를 매개로 한 교정공무원들과의 소
중한 만남을 통해 교정사랑의 깊이를 더하면서 대학원에서
'교정시설에서 수용자 한글 표준어 사용'에 관한 연구과제로
교정이해의 폭을 넓혀가고 있다. 현재 박문각 공무원학원
교정직·보호직 대표강사로 활동 하고 있다.

주요 저서

2026 마법교정학 기본서(박문각)
2026 마법형사정책 기본서(박문각)
2026 마법교정학 단원별 기출문제(박문각)
2026 마법형사정책 단원별 기출문제(박문각)
2026 마법교정학·형사정책 압축암기장(박문각)
2026 마법교정학 관계법령집(박문각)
2026 마법형사정책 관계법령집(박문각)
2026 마법교정학·형사정책 기출 지문 익힘장(박문각)
2026 마법교정학·형사정책 FINAL 적중모의고사(박문각)
마법교정학 요약 필독서(박문각)
마법형사정책 요약 필독서(박문각)
마법교정학 승진 필독서(박문각)
마법교정학·형사정책 연도별 기출문제집(박문각)

이준 마법교정학·형사정책
FINAL 적중모의고사

초판 인쇄 | 2026. 1. 12.　**초판 발행** | 2026. 1. 15.　**편저자** | 이준

발행인 | 박 용　**발행처** | (주)박문각출판　**등록** | 2015년 4월 29일 제2019-000137호

주소 | 06654 서울시 서초구 효령로 283 서경 B/D 4층　**팩스** | (02)584-2927

전화 | 교재 문의 (02)6466-7202

정가 16,000원
ISBN 979-11-7519-628-5

2026년도 9급 국가공무원 공개경쟁채용시험 필기시험 답안지

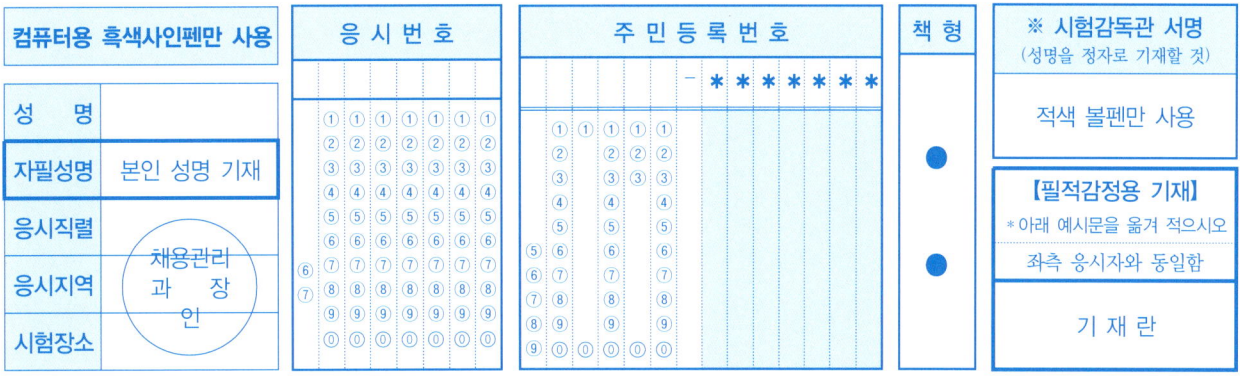

문번	제1회	문번	제2회	문번	제3회	문번	제4회	문번	제5회	문번	제6회
1	① ② ③ ④	1	① ② ③ ④	1	① ② ③ ④	1	① ② ③ ④	1	① ② ③ ④	1	① ② ③ ④
2	① ② ③ ④	2	① ② ③ ④	2	① ② ③ ④	2	① ② ③ ④	2	① ② ③ ④	2	① ② ③ ④
3	① ② ③ ④	3	① ② ③ ④	3	① ② ③ ④	3	① ② ③ ④	3	① ② ③ ④	3	① ② ③ ④
4	① ② ③ ④	4	① ② ③ ④	4	① ② ③ ④	4	① ② ③ ④	4	① ② ③ ④	4	① ② ③ ④
5	① ② ③ ④	5	① ② ③ ④	5	① ② ③ ④	5	① ② ③ ④	5	① ② ③ ④	5	① ② ③ ④
6	① ② ③ ④	6	① ② ③ ④	6	① ② ③ ④	6	① ② ③ ④	6	① ② ③ ④	6	① ② ③ ④
7	① ② ③ ④	7	① ② ③ ④	7	① ② ③ ④	7	① ② ③ ④	7	① ② ③ ④	7	① ② ③ ④
8	① ② ③ ④	8	① ② ③ ④	8	① ② ③ ④	8	① ② ③ ④	8	① ② ③ ④	8	① ② ③ ④
9	① ② ③ ④	9	① ② ③ ④	9	① ② ③ ④	9	① ② ③ ④	9	① ② ③ ④	9	① ② ③ ④
10	① ② ③ ④	10	① ② ③ ④	10	① ② ③ ④	10	① ② ③ ④	10	① ② ③ ④	10	① ② ③ ④
11	① ② ③ ④	11	① ② ③ ④	11	① ② ③ ④	11	① ② ③ ④	11	① ② ③ ④	11	① ② ③ ④
12	① ② ③ ④	12	① ② ③ ④	12	① ② ③ ④	12	① ② ③ ④	12	① ② ③ ④	12	① ② ③ ④
13	① ② ③ ④	13	① ② ③ ④	13	① ② ③ ④	13	① ② ③ ④	13	① ② ③ ④	13	① ② ③ ④
14	① ② ③ ④	14	① ② ③ ④	14	① ② ③ ④	14	① ② ③ ④	14	① ② ③ ④	14	① ② ③ ④
15	① ② ③ ④	15	① ② ③ ④	15	① ② ③ ④	15	① ② ③ ④	15	① ② ③ ④	15	① ② ③ ④
16	① ② ③ ④	16	① ② ③ ④	16	① ② ③ ④	16	① ② ③ ④	16	① ② ③ ④	16	① ② ③ ④
17	① ② ③ ④	17	① ② ③ ④	17	① ② ③ ④	17	① ② ③ ④	17	① ② ③ ④	17	① ② ③ ④
18	① ② ③ ④	18	① ② ③ ④	18	① ② ③ ④	18	① ② ③ ④	18	① ② ③ ④	18	① ② ③ ④
19	① ② ③ ④	19	① ② ③ ④	19	① ② ③ ④	19	① ② ③ ④	19	① ② ③ ④	19	① ② ③ ④
20	① ② ③ ④	20	① ② ③ ④	20	① ② ③ ④	20	① ② ③ ④	20	① ② ③ ④	20	① ② ③ ④

문번	제7회	문번	제8회	문번	제9회	문번	제10회	문번	제11회	문번	제12회
1	① ② ③ ④	1	① ② ③ ④	1	① ② ③ ④	1	① ② ③ ④	1	① ② ③ ④	1	① ② ③ ④
2	① ② ③ ④	2	① ② ③ ④	2	① ② ③ ④	2	① ② ③ ④	2	① ② ③ ④	2	① ② ③ ④
3	① ② ③ ④	3	① ② ③ ④	3	① ② ③ ④	3	① ② ③ ④	3	① ② ③ ④	3	① ② ③ ④
4	① ② ③ ④	4	① ② ③ ④	4	① ② ③ ④	4	① ② ③ ④	4	① ② ③ ④	4	① ② ③ ④
5	① ② ③ ④	5	① ② ③ ④	5	① ② ③ ④	5	① ② ③ ④	5	① ② ③ ④	5	① ② ③ ④
6	① ② ③ ④	6	① ② ③ ④	6	① ② ③ ④	6	① ② ③ ④	6	① ② ③ ④	6	① ② ③ ④
7	① ② ③ ④	7	① ② ③ ④	7	① ② ③ ④	7	① ② ③ ④	7	① ② ③ ④	7	① ② ③ ④
8	① ② ③ ④	8	① ② ③ ④	8	① ② ③ ④	8	① ② ③ ④	8	① ② ③ ④	8	① ② ③ ④
9	① ② ③ ④	9	① ② ③ ④	9	① ② ③ ④	9	① ② ③ ④	9	① ② ③ ④	9	① ② ③ ④
10	① ② ③ ④	10	① ② ③ ④	10	① ② ③ ④	10	① ② ③ ④	10	① ② ③ ④	10	① ② ③ ④
11	① ② ③ ④	11	① ② ③ ④	11	① ② ③ ④	11	① ② ③ ④	11	① ② ③ ④	11	① ② ③ ④
12	① ② ③ ④	12	① ② ③ ④	12	① ② ③ ④	12	① ② ③ ④	12	① ② ③ ④	12	① ② ③ ④
13	① ② ③ ④	13	① ② ③ ④	13	① ② ③ ④	13	① ② ③ ④	13	① ② ③ ④	13	① ② ③ ④
14	① ② ③ ④	14	① ② ③ ④	14	① ② ③ ④	14	① ② ③ ④	14	① ② ③ ④	14	① ② ③ ④
15	① ② ③ ④	15	① ② ③ ④	15	① ② ③ ④	15	① ② ③ ④	15	① ② ③ ④	15	① ② ③ ④
16	① ② ③ ④	16	① ② ③ ④	16	① ② ③ ④	16	① ② ③ ④	16	① ② ③ ④	16	① ② ③ ④
17	① ② ③ ④	17	① ② ③ ④	17	① ② ③ ④	17	① ② ③ ④	17	① ② ③ ④	17	① ② ③ ④
18	① ② ③ ④	18	① ② ③ ④	18	① ② ③ ④	18	① ② ③ ④	18	① ② ③ ④	18	① ② ③ ④
19	① ② ③ ④	19	① ② ③ ④	19	① ② ③ ④	19	① ② ③ ④	19	① ② ③ ④	19	① ② ③ ④
20	① ② ③ ④	20	① ② ③ ④	20	① ② ③ ④	20	① ② ③ ④	20	① ② ③ ④	20	① ② ③ ④

2026년도 9급 국가공무원 공개경쟁채용시험 필기시험 답안지

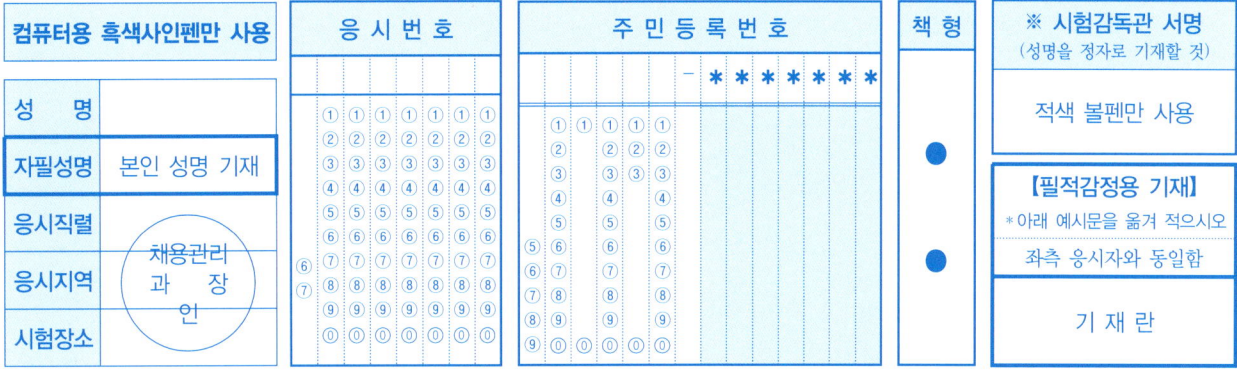

컴퓨터용 흑색사인펜만 사용

성 명	
자필성명	본인 성명 기재
응시직렬	
응시지역	채용관리과 장 인
시험장소	

응 시 번 호							
	①	①	①	①	①	①	①
	②	②	②	②	②	②	②
	③	③	③	③	③	③	③
	④	④	④	④	④	④	④
	⑤	⑤	⑤	⑤	⑤	⑤	⑤
	⑥	⑥	⑥	⑥	⑥	⑥	⑥
⑥	⑦	⑦	⑦	⑦	⑦	⑦	⑦
⑦	⑧	⑧	⑧	⑧	⑧	⑧	⑧
	⑨	⑨	⑨	⑨	⑨	⑨	⑨
	⓪	⓪	⓪	⓪	⓪	⓪	⓪

주 민 등 록 번 호						-	*	*	*	*	*	*	*
	①	①	①	①	①								
	②		②	②	②								
	③		③	③	③								
	④		④		④								
	⑤		⑤		⑤								
⑤	⑥		⑥		⑥								
⑥	⑦		⑦		⑦								
⑦	⑧		⑧		⑧								
⑧	⑨		⑨		⑨								
⑨	⓪	⓪	⓪	⓪	⓪								

책 형

※ 시험감독관 서명
(성명을 정자로 기재할 것)

적색 볼펜만 사용

【필적감정용 기재】
*아래 예시문을 옮겨 적으시오

좌측 응시자와 동일함

기 재 란

문번	제1회	문번	제2회	문번	제3회	문번	제4회	문번	제5회	문번	제6회
1	① ② ③ ④	1	① ② ③ ④	1	① ② ③ ④	1	① ② ③ ④	1	① ② ③ ④	1	① ② ③ ④
2	① ② ③ ④	2	① ② ③ ④	2	① ② ③ ④	2	① ② ③ ④	2	① ② ③ ④	2	① ② ③ ④
3	① ② ③ ④	3	① ② ③ ④	3	① ② ③ ④	3	① ② ③ ④	3	① ② ③ ④	3	① ② ③ ④
4	① ② ③ ④	4	① ② ③ ④	4	① ② ③ ④	4	① ② ③ ④	4	① ② ③ ④	4	① ② ③ ④
5	① ② ③ ④	5	① ② ③ ④	5	① ② ③ ④	5	① ② ③ ④	5	① ② ③ ④	5	① ② ③ ④
6	① ② ③ ④	6	① ② ③ ④	6	① ② ③ ④	6	① ② ③ ④	6	① ② ③ ④	6	① ② ③ ④
7	① ② ③ ④	7	① ② ③ ④	7	① ② ③ ④	7	① ② ③ ④	7	① ② ③ ④	7	① ② ③ ④
8	① ② ③ ④	8	① ② ③ ④	8	① ② ③ ④	8	① ② ③ ④	8	① ② ③ ④	8	① ② ③ ④
9	① ② ③ ④	9	① ② ③ ④	9	① ② ③ ④	9	① ② ③ ④	9	① ② ③ ④	9	① ② ③ ④
10	① ② ③ ④	10	① ② ③ ④	10	① ② ③ ④	10	① ② ③ ④	10	① ② ③ ④	10	① ② ③ ④
11	① ② ③ ④	11	① ② ③ ④	11	① ② ③ ④	11	① ② ③ ④	11	① ② ③ ④	11	① ② ③ ④
12	① ② ③ ④	12	① ② ③ ④	12	① ② ③ ④	12	① ② ③ ④	12	① ② ③ ④	12	① ② ③ ④
13	① ② ③ ④	13	① ② ③ ④	13	① ② ③ ④	13	① ② ③ ④	13	① ② ③ ④	13	① ② ③ ④
14	① ② ③ ④	14	① ② ③ ④	14	① ② ③ ④	14	① ② ③ ④	14	① ② ③ ④	14	① ② ③ ④
15	① ② ③ ④	15	① ② ③ ④	15	① ② ③ ④	15	① ② ③ ④	15	① ② ③ ④	15	① ② ③ ④
16	① ② ③ ④	16	① ② ③ ④	16	① ② ③ ④	16	① ② ③ ④	16	① ② ③ ④	16	① ② ③ ④
17	① ② ③ ④	17	① ② ③ ④	17	① ② ③ ④	17	① ② ③ ④	17	① ② ③ ④	17	① ② ③ ④
18	① ② ③ ④	18	① ② ③ ④	18	① ② ③ ④	18	① ② ③ ④	18	① ② ③ ④	18	① ② ③ ④
19	① ② ③ ④	19	① ② ③ ④	19	① ② ③ ④	19	① ② ③ ④	19	① ② ③ ④	19	① ② ③ ④
20	① ② ③ ④	20	① ② ③ ④	20	① ② ③ ④	20	① ② ③ ④	20	① ② ③ ④	20	① ② ③ ④

문번	제7회	문번	제8회	문번	제9회	문번	제10회	문번	제11회	문번	제12회
1	① ② ③ ④	1	① ② ③ ④	1	① ② ③ ④	1	① ② ③ ④	1	① ② ③ ④	1	① ② ③ ④
2	① ② ③ ④	2	① ② ③ ④	2	① ② ③ ④	2	① ② ③ ④	2	① ② ③ ④	2	① ② ③ ④
3	① ② ③ ④	3	① ② ③ ④	3	① ② ③ ④	3	① ② ③ ④	3	① ② ③ ④	3	① ② ③ ④
4	① ② ③ ④	4	① ② ③ ④	4	① ② ③ ④	4	① ② ③ ④	4	① ② ③ ④	4	① ② ③ ④
5	① ② ③ ④	5	① ② ③ ④	5	① ② ③ ④	5	① ② ③ ④	5	① ② ③ ④	5	① ② ③ ④
6	① ② ③ ④	6	① ② ③ ④	6	① ② ③ ④	6	① ② ③ ④	6	① ② ③ ④	6	① ② ③ ④
7	① ② ③ ④	7	① ② ③ ④	7	① ② ③ ④	7	① ② ③ ④	7	① ② ③ ④	7	① ② ③ ④
8	① ② ③ ④	8	① ② ③ ④	8	① ② ③ ④	8	① ② ③ ④	8	① ② ③ ④	8	① ② ③ ④
9	① ② ③ ④	9	① ② ③ ④	9	① ② ③ ④	9	① ② ③ ④	9	① ② ③ ④	9	① ② ③ ④
10	① ② ③ ④	10	① ② ③ ④	10	① ② ③ ④	10	① ② ③ ④	10	① ② ③ ④	10	① ② ③ ④
11	① ② ③ ④	11	① ② ③ ④	11	① ② ③ ④	11	① ② ③ ④	11	① ② ③ ④	11	① ② ③ ④
12	① ② ③ ④	12	① ② ③ ④	12	① ② ③ ④	12	① ② ③ ④	12	① ② ③ ④	12	① ② ③ ④
13	① ② ③ ④	13	① ② ③ ④	13	① ② ③ ④	13	① ② ③ ④	13	① ② ③ ④	13	① ② ③ ④
14	① ② ③ ④	14	① ② ③ ④	14	① ② ③ ④	14	① ② ③ ④	14	① ② ③ ④	14	① ② ③ ④
15	① ② ③ ④	15	① ② ③ ④	15	① ② ③ ④	15	① ② ③ ④	15	① ② ③ ④	15	① ② ③ ④
16	① ② ③ ④	16	① ② ③ ④	16	① ② ③ ④	16	① ② ③ ④	16	① ② ③ ④	16	① ② ③ ④
17	① ② ③ ④	17	① ② ③ ④	17	① ② ③ ④	17	① ② ③ ④	17	① ② ③ ④	17	① ② ③ ④
18	① ② ③ ④	18	① ② ③ ④	18	① ② ③ ④	18	① ② ③ ④	18	① ② ③ ④	18	① ② ③ ④
19	① ② ③ ④	19	① ② ③ ④	19	① ② ③ ④	19	① ② ③ ④	19	① ② ③ ④	19	① ② ③ ④
20	① ② ③ ④	20	① ② ③ ④	20	① ② ③ ④	20	① ② ③ ④	20	① ② ③ ④	20	① ② ③ ④